KB035397

저자 허준석 정승익

랭기지플러스

초판발행	2016년 12월 23일
초판 4쇄	2021년 3월 3일
저자	허준석, 정승익
책임 편집	송지은, 진혜정, 김한나
펴낸이	엄태상
마케팅 본부	이승욱, 전한나, 왕성석, 노원준, 조인선, 조성민
경영기획	마정인, 최성훈, 정다운, 김다미, 오희연
제작	조성근
물류	정종진, 윤덕현, 양희은, 신승진
펴낸곳	랭기지플러스
주소	서울시 종로구 자하문로 300 시사빌딩
주문 및 교재 문의	1588-1582
팩스	(02)3671-0500
홈페이지	www.sisabooks.com
이메일	book_english@sisadream.com
등록일자	2000년 8월 17일
등록번호	제1-2718호

ISBN 978-89-5518-778-6 (53740)

머리말

안녕하세요? 혼공지기 허준석, 정승익입니다. 어려운 영어, 이제는 혼자서도 책을 찬찬히 넘기면서 공부할 수 있게 되었습니다. 그리고 '혼자서도 공부할 수 있다'는 의미에서 '혼공' 시리즈를 내게 되었답니다. 온라인과 TV에서 영어교육으로 힘쓰는 허준석 선생님과 정승익 선생님이 힘을 모아 밤샘 회의를 거듭했지요. 졸리고 눈꺼풀이 떨어져도 내용에 대한 열정은 활활 불타 올랐답니다. 특히 학생들의 관점에서 많은 고민을 했습니다.

많은 학생들은 영어 독해를 잘하기 위해 무엇이 필요할까에 대해 고민합니다. 우린 짧게는 5년에서 길게는 10년 동안 시키는 대로 단어 많이 외우고, 구문 분석한 것을 열심히 필기 했지요. 하지만, 그럼에도 수십만 수험생들의 영어 성적은 제자리를 거듭하고 있답니다. 단어 공부는 끝이 없고, 독해는 문제만 지겹게 풀어대도 답이 없고… 그래서 구문 책을 혼자 공부할 수 있도록 '친절'하게 만들어 보자는 생각을 책에 담았습니다.

재미있는 해설, 많지 않은 분량, 놓칠 수 없는 문법 내용까지 자연스럽게 녹였습니다. 게다가 단어 공부까지 할 수 있도록 엄선한 단어 400개를 하루에 20개씩 소화할 수 있도록 분량 안배에 최선을 다했답니다.

해설을 넘겨서 직접 확인해보시고, 본문을 넘겨서 체계성에 감탄해보세요. 그리고 딱 20일 동안 핵심 개념을 짧게 학습해보세요. 부족한 부분은 네이버 '혼공 영어' 카페에 질문 남겨주시면, 바로 피드백 받을 수 있답니다. 더 이상 두꺼운 책과 긴 강의로 고통받지 말고 우리 '혼공 팸'이 되어 영어 공부의 큰 그림을 잘 잡을 수 있길 바랍니다.

2016년 날씨가 추워질 즈음

허준석, 정승익 샘

구성과 특징

1. 그 어떤 책에서도 볼 수 없었던 친절한 해설이 제공됩니다. 강의에서 나오는 노하우를 친근한 말투로 해설에 담았습니다. 문장이 길어도 위트 있는 설명으로 읽는 재미를 느낄 수 있습니다.

2. 구문의 모든 것을 간단한 내용부터 다소 복잡한 내용까지 난이도 순서대로 정확하게 배열했습니다. 하나하나 해석이 되는 즐거움을 느끼면서, 완독까지 갈 수 있도록 구문을 공부할 수 있답니다.

3. 최소한의 문법을 다시 한번 정리할 수 있도록, 각 일차마다 문법을 녹였습니다. 그 문법 역시 친절한 해설과 함께 공부할 수 있습니다. 고로, 구문과 문법을 동시에 다 잡을 수 있답니다.

4. 고등학생이 알아야 할 필수 단어 400개를 선별하였습니다. 거창하게 1000개를 공부하는 것보다 매일매일 일정에 맞추어서 20개씩 학습할 수 있는 현실적인 목표를 제공합니다. 한 페이지를 보면서 스스로 퀴즈를 내보듯이 학습할 수 있어 효과가 배가됩니다.

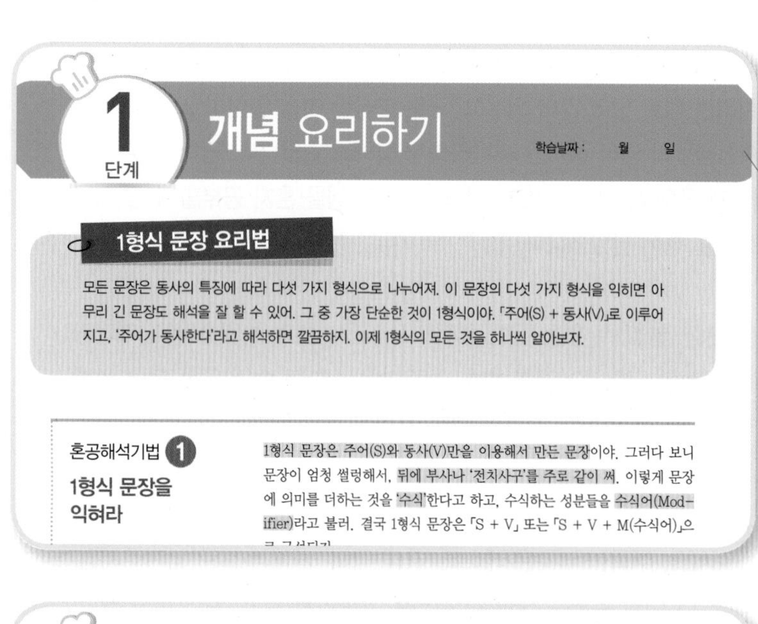
1 단계 개념 요리하기 학습날짜: 월 일

1형식 문장 요리법

모든 문장은 동사의 특징에 따라 다섯 가지 형식으로 나누어져. 이 문장의 다섯 가지 형식을 익히면 아무리 긴 문장도 해석을 잘 할 수 있어. 그 중 가장 단순한 것이 1형식이야. 「주어(S) + 동사(V)」로 이루어지고, '주어가 동사한다'라고 해석하면 깔끔하지. 이제 1형식의 모든 것을 하나씩 알아보자.

혼공해석기법 1 1형식 문장을 익혀라

1형식 문장은 주어(S)와 동사(V)만을 이용해서 만든 문장이야. 그러다 보니 문장이 엄청 썰렁해서, 뒤에 부사나 '전치사구'를 주로 같이 써. 이렇게 문장에 의미를 더하는 것을 '수식'한다고 하고, 수식하는 성분들을 수식어(Modifier)라고 불러. 결국 1형식 문장은 「S + V」 또는 「S + V + M(수식어)」으로 구성되지.

1단계 개념 요리하기

강의를 듣는 것 같은 자세하고 친절한 설명으로 구문독해의 기초가 되는 문법사항을 풀어냈습니다. 선생님들이 제시하는 혼공해석기법을 통해 문법을 익히고 이를 구문독해에 적용할 수 있습니다.

2 단계 문법 요리하기

다음 우리말 의미에 맞게 박스 안에서 알맞은 것을 골라 보자.

1 There [is / was] no royal road to learning. 공부에 있어 왕도는 없다.

2 One old man [stood / paid] on the street. 한 늙은 남자가 길에 서 있었다.

3 Every vote [counts / flies] in an election. 모든 표는 선거에서 중요하다.

4 She [came / told] back with the cups. 그녀는 컵들을 가지고 돌아 왔다.

2단계 문법 요리하기

1단계에서 학습한 문법사항을 문제를 통해 확인해볼 수 있습니다. 중학교에서 놓칠 수 있었던 내용까지 마지막으로 잡아주기 때문에, 짧지만 꼼꼼하게 학습할 수 있습니다.

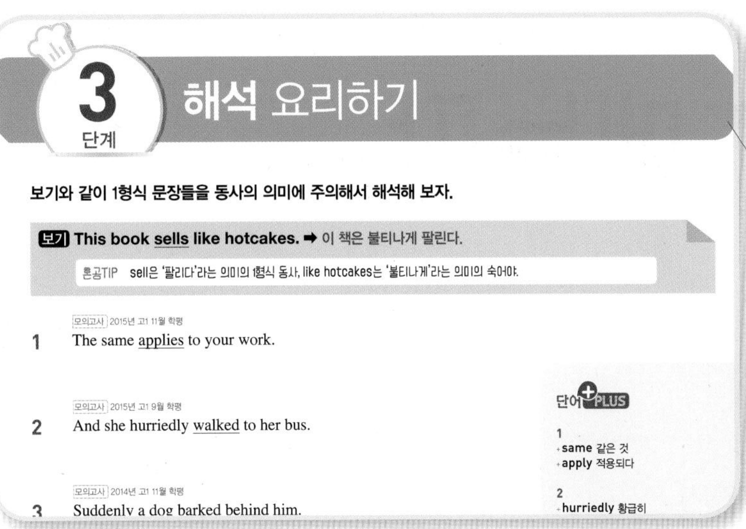
3 단계 해석 요리하기

보기와 같이 1형식 문장들을 동사의 의미에 주의해서 해석해 보자.

보기 This book sells like hotcakes. ➡ 이 책은 불티나게 팔린다.

혼공TIP sell은 '팔리다'라는 의미의 1형식 동사, like hotcakes는 '불티나게'라는 의미의 숙어야.

모의고사 2015년 고1 11월 학평
1 The same applies to your work.

모의고사 2015년 고1 9월 학평
2 And she hurriedly walked to her bus.

모의고사 2014년 고1 11월 학평
3 Suddenly a dog barked behind him.

단어 PLUS
1
- same 같은 것
- apply 적용되다
2
- hurriedly 황급히

● 3단계 해석 요리하기

최신 경향의 모의고사 기출 문장으로 구문독해를 훈련할 수 있습니다. 해석에 막힘이 없도록 각 문장의 단어를 제공합니다. 또한 핵심을 찌르는 해설을 통해 깔끔하게 학습할 수 있습니다.

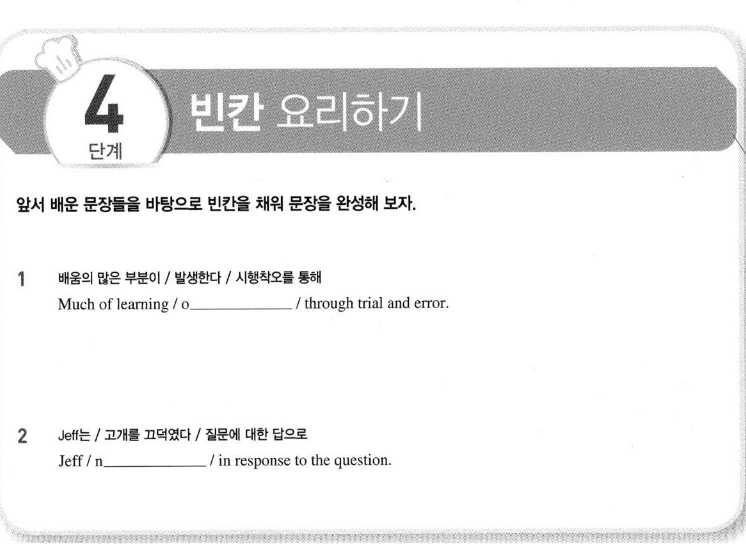
4 단계 빈칸 요리하기

앞서 배운 문장들을 바탕으로 빈칸을 채워 문장을 완성해 보자.

1 배움의 많은 부분이 / 발생한다 / 시행착오를 통해
Much of learning / o____________ / through trial and error.

2 Jeff는 / 고개를 끄덕였다 / 질문에 대한 답으로
Jeff / n____________ / in response to the question.

● 4단계 빈칸 요리하기

3단계에서 해석한 문장들의 빈칸을 채우며 다시 한번 학습한 문장을 되새길 수 있습니다. 빈칸 추론과 같이 고난도 문항에 대한 두려움도 없애고, 어휘학습도 할 수 있고 나아가 의미를 보고 가볍게 영작까지 해볼 수도 있습니다.

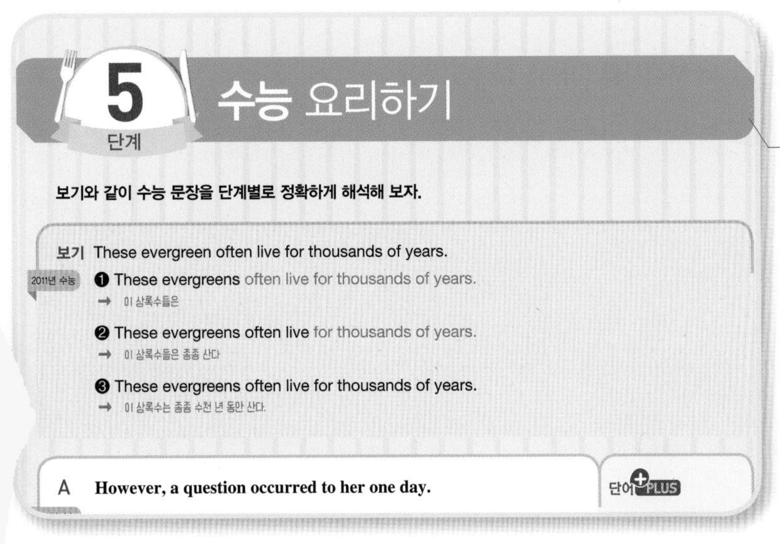
5 단계 수능 요리하기

보기와 같이 수능 문장을 단계별로 정확하게 해석해 보자.

보기 These evergreen often live for thousands of years.

2011년 수능
❶ These evergreens often live for thousands of years.
→ 이 상록수들은
❷ These evergreens often live for thousands of years.
→ 이 상록수들은 종종 산다
❸ These evergreens often live for thousands of years.
→ 이 상록수는 종종 수천 년 동안 산다.

A However, a question occurred to her one day.

단어 PLUS

● 5단계 수능 요리하기

수능에 출제된 문장을 단계별로 해석해 보는 연습을 합니다. 위에서 아래로 시선을 이동하면서 의미를 확장시키면서 해석함으로써 구문 연습을 마무리 할 수 있습니다.

혼공 구문독해 기본(순한맛) 메뉴판

Special menu

A course

영어의 기초 다지기

B course

주어, 목적어, 보어가 길어진 문장

혼공 필수 개념 1 영어의 시작 : 8품사

영어 단어는 만들어지면서부터 8개의 성격 중 하나를 가지게 돼. 이를 8품사라고 불러. 품사는 단어의 타고난 성격이라고 생각하면 돼. 영어 공부를 시작하려면 반드시 알아야 하는 개념이야.

1 **명사** : 사람, 사물, 동물, 추상적 개념의 이름을 나타내는 말

- **보통명사** : 같은 종류가 있는 사람, 사물의 이름 (book, boy, girl…)
- **고유명사** : 인명, 지명, 특정 사물의 고유한 이름 (Seoul, America, Tom…)
- **물질명사** : 물질의 이름 (milk, gold, salt, air…)
- **추상명사** : 추상적인 개념의 이름 (happiness, truth, love, hope…)
- **집합명사** : 사람 또는 사물의 집합체 이름 (people, class, audience…)

2 **대명사** : 명사를 대신하는 말 (I, you, he, she, they, it, that)

- Mike → he
- you and he → you (너희들)
- Jane → she
- Jane and Mike → they
- you and I → we

3 **동사** : 사람 또는 사물의 움직임이나 상태를 나타내는 말

- **be동사** : is, am, are 등이 있고, 주로 '~이다'라는 뜻으로 쓰여.
  She is my friend. 그녀는 나의 친구이다.

- **일반 동사** : 주어의 동작과 상태를 나타내고, 종류가 아주 많아.
  I play basketball every day. 나는 매일 농구를 한다.

- **조동사** : 동사 앞에 쓰이고 의미를 더 풍부하게 하지. 동사의 양념이라고 생각하면 돼.
  I can dance. 나는 춤출 수 있어.

4 형용사 : 사람 또는 사물의 성질, 수량, 크기, 색 등을 나타내며 명사를 꾸며주는 말

He is a brave boy. 그는 용감한 소년이다.

The book is fun. 그 책은 재미있다.

5 부사 : 방법, 시간, 장소 등을 나타내며 형용사, 동사, 다른 부사 또는 문장 전체를 꾸며주는 말

English is very easy. 영어는 매우 쉽다.

He plays the piano well. 그는 피아노를 잘 연주한다.

6 전치사 : 명사, 대명사 앞에서 명사, 대명사와의 관계(위치, 시간, 방향, 소유 등)를 나타내는 말

The book on the table is mine. 테이블 위에 있는 책은 내 것이다.

7 접속사 : 두 개의 단어, 또는 두 개의 성분들을 연결해 주는 말

coffee and donut 커피와 도넛

To plan and to do are different. 계획하는 것과 실천하는 것은 다르다.

I like vegetables but Jane doesn't like them. 나는 야채를 좋아하지만 Jane은 그것들을 싫어한다.

8 감탄사 : 슬픔, 기쁨, 분노 등 사람의 감정을 표현하는 말

Oh, Ah, Alas(아아 – 슬픔, 유감을 나타내는 옛말), Hurrah(만세), Bravo, Cheers

혼공 필수 개념 2 문장을 만드는 4가지 재료

요리를 하려면 요리 재료가 필요하지? 영어의 문장을 만들기 위해서 필요한 재료가 있어. 바로 S, V, O, C야. 각각 주어(Subject), 동사(Verb), 목적어(Object), 보어(Complement)인데 교과서에 등장하지 않지만 영어를 시작하면서 반드시 알아야 하는 개념이야. 요리를 하기 위해서 요리 재료를 파악하는 것은 필수겠지?

1 주어 (Subject)

우리말 '~은, ~는, ~이, ~가'를 붙여서 해석하며, 문장의 주인이야. 주로 문장의 제일 앞에 있어.

I love you. 나는 너를 사랑한다.

2 동사 (Verb)

주어의 동작이나 상태를 나타내. '~이다, ~하다'로 해석하고 주로 주어 다음에 있지.

I eat breakfast. 나는 아침을 먹는다.

I study English. 나는 영어를 공부한다.

3 목적어 (Object)

동사의 대상을 의미해. 우리말 '~을 ~를'을 붙여 해석해. 주로 동사 뒤에 있어.

I eat a piece of bread. 나는 빵 한 조각을 먹는다.

4 보어 (Complement)

보어는 보충 설명하는 말이라는 뜻이야. 보어의 종류에는 주어를 보충하는 주격보어와 목적어를 보충 설명하는 목적격보어가 있어. 아직 어렵지? 차차 배우게 되니까 걱정 마!

I am smart. (= 주격보어, 주어인 I를 보충 설명) 나는 똑똑하다.

I call my cat Kitty. (= 목적격보어, 목적어인 my cat을 보충 설명) 나는 나의 고양이를 Kitty라고 부른다.

어때? 쉽지 않지? 천천히 다시 배우게 되는 개념이니까 걱정하지 마. 세상에 어려운 문법은 없어. 내가 아직 배우지 않은 문법이 있을 뿐이지. 우리 같이 도전해 보자. 혼공하면 안 될 게 없어!

혼공 Study Plan

01 일차	1형식 문장 + 수능핵심단어 01일차	학습날짜 (/)	완료 □
		복습날짜 (/)	완료 □
02 일차	2형식 문장 + 수능핵심단어 02일차	학습날짜 (/)	완료 □
		복습날짜 (/)	완료 □
03 일차	3형식, 4형식 문장 + 수능핵심단어 03일차	학습날짜 (/)	완료 □
		복습날짜 (/)	완료 □
04 일차	5형식 문장 + 수능핵심단어 04일차	학습날짜 (/)	완료 □
		복습날짜 (/)	완료 □
05 일차	동사의 12시제 + 수능핵심단어 05일차	학습날짜 (/)	완료 □
		복습날짜 (/)	완료 □
06 일차	조동사 + 수능핵심단어 06일차	학습날짜 (/)	완료 □
		복습날짜 (/)	완료 □
07 일차	수동태 + 수능핵심단어 07일차	학습날짜 (/)	완료 □
		복습날짜 (/)	완료 □
08 일차	to 부정사를 이용해 길어진 문장 + 수능핵심단어 08일차	학습날짜 (/)	완료 □
		복습날짜 (/)	완료 □
09 일차	동명사를 이용해 길어진 문장 + 수능핵심단어 09일차	학습날짜 (/)	완료 □
		복습날짜 (/)	완료 □
10 일차	길어진 문장 - 분사 + 수능핵심단어 10일차	학습날짜 (/)	완료 □
		복습날짜 (/)	완료 □
11 일차	길어진 문장 - 분사구문 + 수능핵심단어 11일차	학습날짜 (/)	완료 □
		복습날짜 (/)	완료 □
12 일차	길어진 문장 - 관계대명사 + 수능핵심단어 12일차	학습날짜 (/)	완료 □
		복습날짜 (/)	완료 □
13 일차	길어진 문장 - 관계부사 + 수능핵심단어 13일차	학습날짜 (/)	완료 □
		복습날짜 (/)	완료 □
14 일차	길어진 문장 - 관계대명사 what, 전치사 + 관계대명사, 복합관계사 + 수능핵심단어 14일차	학습날짜 (/)	완료 □
		복습날짜 (/)	완료 □
15 일차	명사절 때문에 진짜 길어진 문장 + 수능핵심단어 15일차	학습날짜 (/)	완료 □
		복습날짜 (/)	완료 □
16 일차	부사절 때문에 진짜 길어진 문장 + 수능핵심단어 16일차	학습날짜 (/)	완료 □
		복습날짜 (/)	완료 □
17 일차	가주어, 가목적어 it + 수능핵심단어 17일차	학습날짜 (/)	완료 □
		복습날짜 (/)	완료 □
18 일차	비교, 최상 표현 + 수능핵심단어 18일차	학습날짜 (/)	완료 □
		복습날짜 (/)	완료 □
19 일차	가정법 문장 + 수능핵심단어 19일차	학습날짜 (/)	완료 □
		복습날짜 (/)	완료 □
20 일차	도치, 강조 + 수능핵심단어 20일차	학습날짜 (/)	완료 □
		복습날짜 (/)	완료 □

A course

영어의 기초 다지기

01일차

1형식 문장

The cheetah runs very fast.

치타는 매우 빨리 달린다.

난이도 🌶️

"It has been said that something as small as the flutter of a butterfly's wing can ultimately cause a typhoon halfway around the world."

나비의 날갯짓처럼 작은 무언가가 결국 지구의 반대편에서 태풍을 불러일으킨다고 한다.

개념 요리하기

학습날짜 : 월 일

1형식 문장 요리법

모든 문장은 동사의 특징에 따라 다섯 가지 형식으로 나누어져. 이 문장의 다섯 가지 형식을 익히면 아무리 긴 문장도 해석을 잘 할 수 있어. 그 중 가장 단순한 것이 1형식이야. 「주어(S) + 동사(V)」로 이루어지고, '주어가 동사한다'라고 해석하면 깔끔하지. 이제 1형식의 모든 것을 하나씩 알아보자.

혼공해석기법 

1형식 문장을 익혀라

1형식 문장은 주어(S)와 동사(V)만을 이용해서 만든 문장이야. 그러다 보니 문장이 엄청 썰렁해서, 뒤에 부사나 '전치사구'를 주로 같이 써. 이렇게 문장에 의미를 더하는 것을 '수식'한다고 하고, 수식하는 성분들을 수식어(Modifier)라고 불러. 결국 1형식 문장은 「S + V」 또는 「S + V + M(수식어)」으로 구성되지.

1형식 문장

S(주어) / V(동사) / M(수식어)
해석: S가[는] / V하다[한다] / 수식어의 의미
ex) The cheetah / runs / very fast. (치타는 / 달린다 / 매우 빨리)
S V M

혼공해석기법 

1형식 동사와 친해져라

문장을 정확하게 해석하기 위해서는 동사들을 많이 익혀야 해. 동사를 보면 문장의 형식을 알 수 있고 거기에 맞추어서 올바른 해석을 할 수 있기 때문이야. 결국 동사를 보면서 문장의 형식을 이해하는 것이 해석의 핵심인 거지. 대표적인 1형식 동사들은 아래와 같아.

대표적인 1형식 동사들

go 가다, come 오다, arrive 도착하다, happen (사건이) 일어나다, rise 오르다, cry 울다, smile 웃다, sleep 자다 ...
The accident / happened. (사고가 / 일어났다)
The rain / stopped. (비가 / 멈췄다)
The man / disappeared. (그 남자는 / 사라졌다)

혼공해석기법 3

전치사구의 개념을 익혀라

전치사구는 「전치사 + 명사」로 이루어진 수식어(M)야. 주로 '시간, 장소' 등을 나타낼 때 쓰는데 문장에서 꼭 필요한 성분은 아니지만 문장에 의미를 더해주는 역할을 해. 문장을 해석할 때 정말 자주 만날 수 있어.

전치사구

at noon 정오에　　outside the window 창문 밖에　　for a moment 잠시 동안　　at night 밤에

We / sleep / at night. (우리는 / 잔다 / 밤에)

A wonderful idea / occurred / to me. (멋진 생각이 / 떠올랐다 / 나에게)

혼공해석기법 4

주의해야 할 1형식 동사

영어에서는 하나의 동사가 문장의 형식에 따라 여러 가지 의미를 가지기도 해. 아래에서 살펴 볼 동사들은 평소에 알고 있는 뜻으로 해석하면 의미가 안드로메다로 갈 수 있어. 1형식에서는 반드시 아래와 같이 해석해야 해.

의미에 주의해야 할 1형식 동사들

matter 중요하다　　count 중요하다　　work 효과가 있다　　do 충분하다, 적절하다

pay 이익이 되다　　last 계속하다

디저트 퀴즈

다음 문장들의 1형식 동사를 찾아서 밑줄을 그어 보자.

EX　**The cheetah runs very fast.**

1 Birds sang in the morning.

2 Sam studies for the exam.

3 Age doesn't matter in love.

4 Honesty will pay in the end.

5 A great challenge lies ahead in the future.

2단계 문법 요리하기

다음 우리말 의미에 맞게 박스 안에서 알맞은 것을 골라 보자.

1 There [is / was] no royal road to learning. 공부에 있어 왕도는 없다.

2 One old man [stood / paid] on the street. 한 늙은 남자가 길에 서 있었다.

3 Every vote [counts / flies] in an election. 모든 표는 선거에서 중요하다.

4 She [came / told] back with the cups. 그녀는 컵들을 가지고 돌아 왔다.

5 These pills will [work / matter] for you. 이 알약들은 너에게 효과가 있을 것이다.

6 This little bed will [do / study] for the baby. 이 작은 침대가 그 아기에게 적합할 겁니다.

7 His speech [lasted / arrived] for an hour. 그의 연설은 한 시간 동안 지속되었다.

8 The new machine will not [work / lie]. 새로 들인 기계는 도무지 작동이 되질 않는다.

9 This knife [cuts / brings] well. 이 칼은 잘 든다.

10 Money [matters / disappears] more to her than anything else in the world.
그녀에게 돈은 세상 다른 무엇보다 중요하다.

3단계 해석 요리하기

보기와 같이 1형식 문장들을 동사의 의미에 주의해서 해석해 보자.

보기 This book sells like hotcakes. ➡ 이 책은 불티나게 팔린다.

혼공TIP sell은 '팔리다'라는 의미의 1형식 동사, like hotcakes는 '불티나게'라는 의미의 숙어야.

모의고사 2015년 고1 11월 학평

1 The same applies to your work.

모의고사 2015년 고1 9월 학평

2 And she hurriedly walked to her bus.

모의고사 2014년 고1 11월 학평

3 Suddenly a dog barked behind him.

모의고사 2015년 고1 9월 학평

4 The hard-boiled egg will stop instantly.

모의고사 2015년 고1 11월 학평

5 After that, Cole emerged as a popular solo vocalist.

모의고사 2016년 고1 3월 학평

6 Much of learning occurs through trial and error.

모의고사 2015년 고1 11월 학평

7 Jeff nodded in response to the question.

모의고사 2015년 고1 3월 학평

8 Good conclusions come from good observations.

모의고사 2015년 고1 9월 학평

9 The same sort of process takes place in reading.

모의고사 2015년 고1 9월 학평

10 She went to college in New York and graduated in 1851.

단어 PLUS

1
- same 같은 것
- apply 적용되다

2
- hurriedly 황급히

3
- suddenly 갑자기
- bark 짖다
- behind ~뒤에서

4
- hard-boiled 완숙된
- instantly 즉각

5
- emerge 나오다
- popular 인기 있는

6
- occur 발생하다
- through ~을 통해
- trial and error 시행착오

7
- nod (고개를) 끄덕이다
- response 답변
- question 질문

8
- conclusion 결론
- come from ~에서 나오다
- observation 관찰

9
- sort 종류
- process 과정
- take place 발생하다

10
- college 대학
- graduate 졸업하다

앞서 배운 문장들을 바탕으로 빈칸을 채워 문장을 완성해 보자.

1 배움의 많은 부분이 / 발생한다 / 시행착오를 통해
Much of learning / o____________ / through trial and error.

2 Jeff는 / 고개를 끄덕였다 / 질문에 대한 답으로
Jeff / n____________ / in response to the question.

3 좋은 결론은 / 나온다 / 좋은 관찰로부터
Good conclusions / c____________ / from good observations.

4 똑같은 종류의 과정이 / 일어난다 / 읽기에서도
The same sort of process / t____________ p____________ / in reading.

5 그녀는 / 대학을 다녔다 / New York에서 / 그리고 졸업했다 / 1851년에
She / w____________ to college / in New York / and g____________ / in 1851.

5 단계 수능 요리하기

보기와 같이 수능 문장을 단계별로 정확하게 해석해 보자.

보기 These evergreen often live for thousands of years.

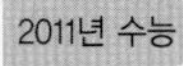
2011년 수능

❶ These evergreens often live for thousands of years.
→ 이 상록수들은

❷ These evergreens often live for thousands of years.
→ 이 상록수들은 종종 산다

❸ These evergreens often live for thousands of years.
→ 이 상록수는 종종 수천 년 동안 산다.

A **However, a question occurred to her one day.**

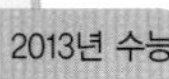
2013년 수능

❶ However, a question occurred to her one day.
→

❷ However, a question occurred to her one day.
→

❸ However, a question occurred to her one day.
→

B **They grow very slowly and range from 15 to 40 feet in height.**

2011년 수능

❶ They grow very slowly and range from 15 to 40 feet in height.
→

❷ They grow very slowly and range from 15 to 40 feet in height.
→

❸ They grow very slowly and range from 15 to 40 feet in height.
→

C **However, there is not a limited supply of resources out there.**

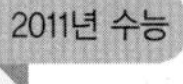
2011년 수능

❶ However, there is not a limited supply of resources out there.
→

❷ However, there is not a limited supply of resources out there.
→

❸ However, there is not a limited supply of resources out there.
→

A
+ **question** 질문
+ **occur** 발생하다
+ **one day** 어느 날

B
+ **grow** 자라다
+ **range A from B** (범위가) A에서 B사이이다
+ **height** 높이

C
+ **limited** 제한된
+ **supply** 공급량
+ **resource** 자원

선배들의 달콤살벌한 공부 이야기 #1

공부는 왜 하는가

SKY선배가 너에게

우리 솔직해져 보자. 너는 학교 공부를, 대학 진학을 왜 하니? 공부가 즐거워서 학자가 되려는 거니? 아니면 진로와 상관없어도 비싼 등록금, 청춘시절 몇 년을 투자하면서까지 공부해보고 싶은 게 있니?

사실 대부분은 취업을 위해서 공부하고, 대학에 진학하지. 왜냐하면, 한국에서는 능력 있는 전문가가 되지 못하면 평범한 사무직도 하늘의 별따기이기 때문에야. 전문계든 인문계든 고등학교 때 얻은 비실용적인 지식, 얕은 경험만으로 취업할 수 있는 곳은 거의 없어. 전문적인 능력을 요구하지 않는 공장 생산직, 서비스 기사, 아르바이트 정도가 있을까.

그래서 우리는 대학이나 다른 교육기관에서 공부를 더 해야 해. 하지만 더 배워서 어떤 분야의 전문가가 되더라도 잘못될 수도 있어. 휴대폰 신제품이 출시되는 속도가 계속 빨라지듯 산업과 업종에 대한 사회적 필요도 점점 더 빠르게 바뀌어서, 네가 배운 것이 쓸모없어질 수 있기 때문이야. 그래서 대학들에 평생교육원, 평생교육 단과대들이 계속 만들어지고 있어. 학생시절이 지났더라도 직업교육을 받을 기회를 보장해서 빠르게 바뀌는 사회적 필요에 맞춰 자기 개발을 할 수 있게 지원하겠다는 거지.

결론을 말하자면, 우리는 학자가 되지 않더라도 평생 공부를 해야 하는 세대가 될 거야. 따라서 지금의 공부는 대학입시를 위한 도구가 아니라, 우리가 평생 동안 할 공부의 기틀을 마련하는 과정인 것이지. 나이가 들어서도 끊임없이 새로운 것을 배울 수 있는 사람, 사회의 변화를 알아보고 멀리 볼 수 있는 사람이 되기 위해 지금의 공부에 최선을 다해보자. 네게 평생의 자산이 될 거야.

혼공

02일차

2형식 문장

My cat grew big recently.

나의 고양이는 최근에 커졌다.

난이도 🌶

"Toil to make yourself remarkable by some talent or other."

어떤 재능 혹은 다른 재능으로 뛰어난 사람이 될 수 있도록 노력하라.

개념 요리하기

학습날짜 : 월 일

2형식 문장 요리법

지난 시간에 주어와 동사로만 이루어진 1형식 문장을 익혔지. 오늘은 2형식 문장! 2형식은 주어, 동사, 보어를 가지고 문장을 만드는 거야. 보어라는 말이 처음 등장하지? 2형식을 제대로 이해하기 위해서는 보어라는 것을 완전히 이해하는 것이 중요하지. 보어를 잡고 문장의 2형식을 잡자!!

혼공해석기법 1

2형식 문장을 익혀라

문장의 2형식은 주어, 동사, 보어로 만들어. I am a student.(나는 학생이다.) 이 문장이 2형식 문장이야. 2형식 문장에 등장하는 보어는 '보충하는 말'이라는 뜻이야. 주격보어라고도 부르는데 '주어'를 보충하는 말이라는 뜻이지. 주격보어는 주어의 부족한 의미나 상태를 알려주는 역할을 해.

2형식 문장

S(주어) / V(동사) / C(보어)

해석: S가[는] / V하다 / C(주어의 의미를 보충)

ex) I / am / a taxi driver. (나는 / ~이다 / 택시운전사) → 나는 택시운전사이다.
S V C

혼공해석기법 2

2형식 대표 동사 (1): 감각동사

주요 2형식 동사들 중에는 감각동사라는 것이 있는데 인간의 감각을 나타내 주는 동사들을 말해. feel, sound, smell, taste, look 등이 있지. 감각동사 다음에 형용사를 보어로 쓴다는 점 잘 기억해둬! 예를 들어 '멋지게 들린다'라고 하면 sound wonderfully가 될 것 같지만, 형용사인 wonderful을 써야 해. 이 부분을 시험에서 물어보니까 주의해야 해.

감각동사 + 형용사

look(~하게 보이다)		look pretty (예쁘게 보이다)
feel(~처럼 느끼다)		feel good (좋은 기분을 느끼다)
sound(~처럼 들리다)	+ 형용사	sound wonderful (멋지게 들리다)
taste(~한 맛이 나다)		taste great (훌륭한 맛이 나다)
smell(~한 냄새가 나다)		smell fantastic (환상적인 냄새가 나다)

혼공해석기법 3

2형식 대표 동사 (2): be동사

be동사는 다음과 같이 우리가 잘 알고 있는 동사들이야.

am, are, is: (현재) ~이다

was, were: (과거) ~이었다

Dogs / are good friends. (개들은 / 좋은 친구이다)

We / were happy. (우리들은 / 행복했다)

혼공해석기법 

2형식 대표 동사 (3): 상태 변화, 지속, 판단을 나타내는 동사

1. 상태 변화

아래의 동사들은 원래의 뜻이 있지만, 2형식으로 쓰이게 되면 전부 '~가 되다'라는 뜻의 상태의 변화를 나타내.

become, turn, get, grow, go, run, fall, come, make

Tom / became a doctor. (Tom은 / 의사가 되었다)

She / turned pale. (그녀는 / 창백해졌다)

2. 상태 지속

다음 동사들은 어떤 상태가 유지되거나 계속되는 것을 나타내지.

remain, stay, keep, hold, stand, sit, lie

She / remained quiet. (그녀는 / 조용한 상태를 유지했다)

3. 판단

판단을 나타내는 2형식 동사들은 의미와 예문을 중심으로 이해하자.

seem, appear: ~인 것 같다

prove: ~로 판명되다

The situation / seemed hopeless. (상황은 / 희망이 없어 보였다)

It / proved wrong. (그것은 / 잘못된 것으로 판명되었다)

디저트 퀴즈

다음 문장들의 2형식 동사를 찾아서 밑줄을 그어 보자.

EX **The story is exciting.**

1 He became a teacher.

2 My cat grew big recently.

3 The old house remains empty.

4 This water smells sweet like a rose.

2단계 문법 요리하기

다음 우리말 의미에 맞게 박스 안에서 알맞은 것을 골라 보자.

1 The situation looked [serious / seriously]. 그 상황은 심각해 보였다.

2 His snoring sounded [terrible / terribly]. 그의 코고는 소리는 끔찍하게 들렸다.

3 I felt quite [hopelessly / hopeless]. 나는 아주 절망적이라 느꼈다.

4 Your story sounds [strange / strangely]. 너의 이야기는 이상하게 들린다.

5 The woman suddenly got [angry / angrily]. 그 여성은 갑자기 화가 났다.

6 It looks very [deliciously / delicious] to me. 그것은 나에게 아주 맛있게 보인다.

7 The baseball game [looked / looking] exciting. 그 야구 경기는 흥미진진해 보였다.

8 Take the tea before it [gets / brings] cold. 식기 전에 차를 마셔라.

9 It is [getting / doing] dark. 어두워지고 있다.

10 Even when he was wrong, his voice sounded [confident / confidently].
심지어 그가 틀렸을 때에도, 그의 목소리는 자신감 있게 들렸다.

3단계 해석 요리하기

보기와 같이 2형식 문장들을 동사의 의미에 주의해서 해석해 보자.

보기 **This time I was certain.** ➡ 이번에는 나는 확신했다.

혼공TIP 대표적인 2형식 동사인 be동사가 쓰였어. 뒤에 형용사 certain은 보어인 거 알지?

모의고사 2015년 고1 6월 학평

1 The results are incredible.

모의고사 2016년 고1 3월 학평

2 Tens of thousands of people are homeless.

모의고사 2015년 고1 6월 학평

3 But by her calculations it was only mid-March.

모의고사 2016년 고1 9월 학평

4 Sometimes the effects are positive.

모의고사 2016년 고1 3월 학평

5 In most people, emotions are situational.

모의고사 2014년 고1 11월 학평

6 Pets can also be a plus in the workplace.

모의고사 2016년 고1 3월 학평

7 She was a loyal customer to that one airline.

모의고사 2015년 고1 3월 학평

8 When we are alone, problems become more serious.

모의고사 2014년 고1 9월 학평

9 She thanked him, yet deep down, she felt unsettled.

모의고사 2015년 고1 3월 학평

10 During summer, their coat gets lighter, and is almost white.

단어 PLUS

1
+result 결과
+incredible 굉장한

2
+tens of thousands of 수만 명의
+homeless 집이 없는

3
+calculation 계산
+only 오직
+mid-March 3월 중순

4
+effect 효과
+positive 긍정적인

5
+emotion 감정
+situational 상황적인

6
+pet 애완동물
+plus 이점
+workplace 직장

7
+loyal 충실한
+customer 고객

8
+alone 홀로
+serious 진지한, 심각한

9
+yet 아직, 그러나
+deep down 내심
+unsettled 혼란스러운

10
+coat (짐승의) 털
+lighter 더 밝은
+almost 거의

앞서 배운 문장들을 바탕으로 빈칸을 채워 문장을 완성해 보자.

1 애완동물들은 / 또한 될 수 있다 / 이점이 / 직장에서도
Pets / can also b_____________ / a plus / in the workplace.

2 그녀는 / ~이였다 / 충실한 고객 / 그 한 항공사의
She / w_____________ / a loyal customer / to that one airline.

3 우리가 혼자일 때 / 문제들은 / 더욱 심각해진다
When we are alone, / problems / b_____________ more serious.

4 그녀는 그에게 감사를 표시했다 / 하지만 내심 / 그녀는 혼란을 느꼈다
She thanked him / yet deep down, / she f_____________ unsettled.

5 여름 동안 / 그들의 털은 더 밝아지고 / 그리고 / 거의 하얀색이 된다
During summer, / their coat g_____________ lighter, / and / i_____________ almost white.

5단계 수능 요리하기

보기와 같이 수능 문장을 단계별로 정확하게 해석해 보자.

보기 This is a central problem with much of science instruction.

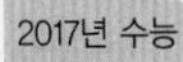
2017년 수능

❶ This is a central problem with much of science instruction.
→ 이것은 ~이다

❷ This is a central problem with much of science instruction.
→ 이것은 가장 중요한 문제이다

❸ This is a central problem with much of science instruction.
→ 이것은 과학 교육의 많은 부분에서 가장 중요한 문제이다.

A **It didn't look safe enough but she didn't want to turn back.**

2012년 수능

❶ It didn't look safe enough but she didn't want to turn back.
→

❷ It didn't look safe enough but she didn't want to turn back.
→

❸ It didn't look safe enough but she didn't want to turn back.
→

B **Not all children of successful people become successful themselves.**

2011년 수능

❶ Not all children of successful people become successful themselves.
→

❷ Not all children of successful people become successful themselves.
→

❸ Not all children of successful people become successful themselves.
→

C **Many early successes of cinema were adaptations of popular novels.**

2013년 수능

❶ Many early successes of cinema were adaptations of popular novels.
→

❷ Many early successes of cinema were adaptations of popular novels.
→

❸ Many early successes of cinema were adaptations of popular novels.
→

단어 PLUS

A
+ **enough** 충분히
+ **turn back** 되돌아가다

B
+ **become** ~이 되다
+ **successful** 성공적인
+ **themselves** 그들 스스로

C
+ **early** 이른
+ **cinema** 영화
+ **adaptation** 각색
+ **popular** 인기 있는
+ **novel** 소설

선배들의 달콤살벌한 공부 이야기 #2

외국어 공부, 어디에 쓸까?

SKY선배가 너에게

내가 글로벌한 회사에 취업하거나, 외교관이 되거나, 이민을 갈 것 같지도 않다면 외국어를 안 배워도 될까? 사실 우리나라에 있는 대기업, 중견기업들은 거의 다국적기업이거나, 수출이 수입의 주된 비중을 차지하는 기업들이야. IMF이후로 우리나라의 총생산(명목GDP)에서 수출입액이 차지하는 비중은 계속 80%대를 유지하고 있지. 게다가 이러한 한국경제의 해외 의존도, 글로벌한 경향은 해가 갈수록 더욱 커지고 있어. 취업할 때 공인외국어점수는 선택이 아니라 필수가 된지도 한참 되었지. 외국어를 필요로 하는 기업이 따로 있는 게 아니고, 어떤 기업이든 높은 자리에 가려면 외국어능력이 필요해.

기업에 취업하지 않더라도 외국어는 너에게 큰 도움이 될 거야. 한국을 떠나지 않더라도 도움이 돼. 왜냐하면 우리나라 인구에서 외국인이 차지하는 비중이 현재는 약 4%인데, 2030년이 되면 10%, 2050년이 되면 20~30%가 될 것이라고 예상되고 있거든. 한국에서 일하고 가족을 꾸리고 정착하는 이주민들과 소통할 수 있는 능력은 앞으로 네게 무수히 많은 기회를 줄 거야. 특히 동남아시아와 구소련지역출신이 많으니까 네팔어, 인도네시아어, 러시아어 등 우리사회에서 인력이 부족한 제 2외국어를 배우는 것도 좋겠다.

그리고 1990년부터 2015년까지 해외로 이주를 간 한국인도 230만명 정도 된대. 해외이주는 더 좋은 교육, 일자리, 삶의 질, 새로운 경험을 얻을 수 있는 기회야. 이 무궁무진한 가능성에서 너를 제외하지는 말렴. 앞으로도 외국어의 필요성은 점점 더 커질 거야. 늦었다고 생각하는 지금이 외국어를 배우기 최적의 시점!

혼공

03일차

3형식, 4형식 문장

I have a dream.

나는 꿈이 있습니다.

난이도

"Accept challenges, so that you may feel the exhilaration of victory."

도전을 받아들여라. 그러면 승리의 쾌감을 맛볼 지도 모른다.

1단계 개념 요리하기

학습날짜 : 월 일

3형식, 4형식 문장 요리법

배가 고프면 뭔가를 먹어야 하지? '먹는다'라는 동작에는 '무엇을'이라는 대상이 늘 따라오는데 이를 목적어라고 해. 이렇게 '나는 밥을 먹는다'와 같이 주어, 동사, 목적어로 만드는 문장이 3형식이야. 문장의 4형식은 주어, 동사, 목적어 2개를 이용해서 만들어. 2개의 목적어는 각각 간접목적어, 직접목적어라고 부르지. 이름만 들으면 어렵게 느껴지지만, 알고 나면 4형식은 쉽게 이해할 수 있는 문장의 형식이야.

혼공해석기법  3형식 문장을 잡아라

3형식 문장은 주어, 동사, 목적어 순서로 배열해서 만들어. 「주어 + 동사」는 기본이고, 그 다음에 목적어를 추가한 거야. 목적어는 '~을, ~를'을 붙여 주면 해석이 완벽하게 되지.

3형식 문장

S(주어) / V(동사) / O(목적어)

해석: S가[는] / V하다[한다] / O을[를]

ex) I / have / a question. (나는 / 가지고 있다 / 질문 하나를)
S V O

I / bought / a new car. (나는 / 샀다 / 새 차 한 대를)

My brother / has / a good memory. (내 남동생은 / 가지고 있다 / 좋은 기억력을)

혼공해석기법  4형식 수여동사를 잡아라

상장 받아봤니? '누구'에게 '어떤 상'을 수여한다고 하잖아? 4형식 동사는 '누구에게 ~을 준다'라는 의미의 수여동사야. buy라는 동사도 4형식에서는 '사 주다'라고 해석해야 해. '철수에게 떡볶이를 사 줬다'와 같은 식으로 말이야. 물론 3형식에서는 '사다'라고 해석하면 돼. '나는 떡볶이를 샀다'와 같이 말이지.

4형식 수여동사들

give(주다), send(보내 주다), show(보여주다), bring(가져다주다), teach(가르쳐 주다), buy(사 주다), make(만들어 주다), cook(요리해 주다), find(찾아 주다)

혼공해석기법 3

4형식 문장을 잡아라

4형식 문장은 수여동사를 사용하고, 뒤에 「사람 + 무엇」의 순서로 나열하면 돼. 이 때 사람을 간접목적어(I.O.)라고 하고 무엇에 해당하는 것을 직접목적어(D.O.)라고 하는데 순서를 주의해야 해.

4형식 문장

S(주어) / V(동사) / I.O.(간접목적어) / D.O.(직접목적어)

해석: S가[는] / V주다 / I.O.에게 / D.O.을[를]

ex) I / gave / him / a book. (나는 / 주었다 / 그에게 / 책 한 권을)

S V I.O. D.O.

She / showed / me / some pictures. (그녀는 / 보여주었다 / 나에게 / 몇몇 사진들을)

혼공해석기법 4

4형식 문장의 3형식 전환

4형식 문장은 직접목적어를 목적어로 사용하는 3형식 문장으로 바꿀 수 있어. 이 때 동사의 종류에 따라 간접목적어 앞에 전치사 to, for, of 중 하나를 선택해야 하는데 이것이 시험에서 중요한 부분이지.

4형식 문장 S + V + I.O.(간접목적어) + D.O.(직접목적어)

3형식 문장 S + V + D.O.(직접목적어) + 전치사 + I.O.(간접목적어)

He gave me a present. → He gave a present to me. (그는 나에게 선물을 하나 주었다.)

Mother bought me a bag. → Mother bought a bag for me. (엄마는 나에게 가방을 하나 사 주셨다.)

Tom asked me a question. → Tom asked a question of me. (Tom은 나에게 질문을 하나 물어보았다.)

동사에 따른 간접목적어 앞 전치사 사용

전치사 to를 쓰는 경우(무언가를 전달할 때) – give, bring, teach, show, send, lend, pass
전치사 for을 쓰는 경우(정성껏 무언가를 할 때) – buy, make, cook, find
전치사 of를 쓰는 경우(무언가를 질문할 때) – ask, require, demand, request, inquire, beg

디저트 퀴즈

다음 문장들의 3, 4형식 동사를 찾아서 밑줄을 그어보고 몇 형식 문장인지 써 보자.

EX **I made the final decision.** ············ (3) 형식

1 He will answer your letter in a few days. ············ (   ) 형식

2 I bought my girlfriend a necklace for her birthday. ············ (   ) 형식

3 Children give their parents both headaches and pleasure. ············ (   ) 형식

4 According to the Bible, God made the world in six days. ············ (   ) 형식

2단계 문법 요리하기

다음 우리말 의미에 맞게 박스 안에서 알맞은 것을 골라 보자.

1 My aunt gave a pretty doll [to / of] me. 나의 이모는 나에게 예쁜 인형을 주셨다.

2 He bought a scarf [to / for] his wife. 그는 그의 부인에게 스카프를 사 주었다.

3 My mom made a cake [for / of] me. 나의 엄마는 나에게 케이크를 만들어 주셨다.

4 She showed her report card [to / for] her friends. 그녀는 그녀의 친구들에게 성적표를 보여 주었다.

5 Can you lend [me some money / some money me]? 나에게 돈 좀 빌려줄 수 있니?

6 History gives [us lessons / lessons us] about our future. 역사는 우리에게 미래에 대한 교훈을 준다.

7 Writing letters gives [me / for me] a lot of pleasure. 편지를 쓰는 것은 나에게 많은 기쁨을 준다.

8 He gave [a kiss her / her a kiss] on her cheek. 그는 그녀의 뺨에 키스를 해 주었다.

9 I write [him a letter / a letter him] every week. 나는 매주 그에게 편지를 쓴다.

10 This machine will [save / introduce] us a lot of trouble. 이 기계는 우리에게 많은 수고를 덜어준다.

3 단계 해석 요리하기

보기와 같이 3, 4형식 문장들을 동사의 의미에 주의해서 해석해 보자.

보기 **A bad workman blames his tools.** ➡ 서투른 목수가 연장을 탓한다.

혼공TIP blame이 3형식 동사로, his tools가 목적어로 오면서 S + V + O의 3형식 문형이 완성되었어.

모의고사 2015년 고1 11월 학평

1 I found my baby sister!

모의고사 2015년 고1 9월 학평

2 Who invented the automobile?

모의고사 2015년 고1 9월 학평

3 He showed the woman her picture.

모의고사 2015년 고1 11월 학평

4 The judge shook his head and pointed Jeff.

모의고사 2015년 고1 3월 학평

5 I send you my best wishes for a happy time at university.

모의고사 2015년 고1 9월 학평

6 Inside the box he found two $100 bills.

모의고사 2016년 고1 3월 학평

7 I did a television show once with Louis Armstrong.

모의고사 2015년 고1 9월 학평

8 Globalization gives us a chance to learn about other societies.

모의고사 2015년 고1 6월 학평

9 Rebecca didn't think anything of the situation at that time.

모의고사 2014년 고1 9월 학평

10 Four years later, Lynne received a letter from that CEO.

단어 PLUS

1
- **found** find(찾다)의 과거형
- **sister** 여동생

2
- **invent** 발명하다
- **automobile** 자동차

3
- **show** 보여주다
- **picture** 사진, 그림

4
- **judge** 판사
- **shook** shake(흔들다)의 과거형
- **point** 가리키다

5
- **send** 보내다
- **wish** 소망, 기원
- **university** 대학교

6
- **bill** 지폐

7
- **television show** TV쇼

8
- **globalization** 세계화
- **learn** 배우다
- **society** 사회

9
- **situation** 상황
- **at that time** 그 때 당시

10
- **receive** 받다
- **letter** 편지

앞서 배운 문장들을 바탕으로 빈칸을 채워 문장을 완성해 보자.

1 상자 안에서 / 그는 / 발견했다 / 100달러 지폐 2개를
Inside the box / he / f_____________ / two $100 bills.

2 나는 / 했었다 / 텔레비전 쇼를 한 번 / 루이 암스트롱과 함께
I / d_____________ / a television show once / with Louis Armstrong.

3 세계화는 / 준다 / 우리에게 / 배울 기회를 / 다른 사회들에 대하여
Globalization / g_____________ / us / a chance to learn / about other societies.

4 레베카는 / 생각하지 않았다 / 그 상황에 대해 아무것도 / 그때 당시에
Rebecca / didn't t_____________ / anything of the situation / at that time.

5 4년 후 / 린은 / 받았다 / 편지 한 통을 / 그 사장으로부터
Four years later / Lynne / r_____________ / a letter / from that CEO.

5 단계 수능 요리하기

보기와 같이 수능 문장을 단계별로 정확하게 해석해 보자.

보기 This last option, however, would require several years and much investment.

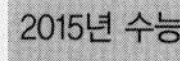
2015년 수능

❶ This last option, however, would require several years and much investment.
→ 그러나 이 마지막 선택은

❷ This last option, however, would require several years and much investment.
→ 그러나 이 마지막 선택은 여러 해를 필요로 할 것이다

❸ This last option, however, would require several years and much investment.
→ 그러나 이 마지막 선택은 여러 해와 많은 투자를 필요로 할 것이다.

A **My grandpa taught me that living a simple life isn't about self-deprivation.**

2012년 수능

❶ My grandpa taught me that living a simple life isn't about self-deprivation.
→

❷ My grandpa taught me that living a simple life isn't about self-deprivation.
→

❸ My grandpa taught me that living a simple life isn't about self-deprivation.
→

B **Animals, however, have no expectations about mental capacity.**

2017년 수능

❶ Animals, however, have no expectations about mental capacity.
→

❷ Animals, however, have no expectations about mental capacity.
→

❸ Animals, however, have no expectations about mental capacity.
→

단어 PLUS

A
+ **grandpa** 할아버지
+ **taught** teach(가르치다)의 과거형
+ **simple** 간단한
+ **self-deprivation** 자기 궁핍

B
+ **expectation** 기대, 기대감
+ **mental** 정신적인
+ **capacity** 능력

선배들의 달콤살벌한 공부 이야기 #3

영어 공부? 일단 시작해!

SKY선배가 너에게

혹시 최근에 영어 학원 광고 중 기억에 남는 광고가 있어? 나는 외국인을 만나자 온몸에서 땀이 물처럼 흐르는 광고를 신선하다고 생각했어. 이 광고는 '우리 학원으로 오세요~'라는 핵심적인 내용과 '영어를 막막해하는 한국인'을 모두 보여주고 있지. 영어를 보면 몸에 있는 모든 수분을 뿜어낼 정도(?)의 영어에 대한 두려움은 비단 취준생만 느끼는 것은 아니야. 바로 수능을 준비하고, 내신을 준비하는 학생들 모두에게도 적용되지. 나는 중학교 때 나름 영어를 잘한다고 생각했었어, 그런데 고등학교 1학년 3월 모의고사를 풀고 채점했더니 동그라미가 … 존재하지 않더라고. 중학교 때처럼 내신만 열심히 하면 될 줄 알았는데 그게 아니었어. 막막했지, 무엇부터 공부해야 할까 모르겠어서.

이외에도 내 주변에는 사소한 문법 실수로 항상 주관식 점수가 깎이던 친구, 영어를 잘하는데도 성적은 안 나오던 친구, 이제 막 영어를 시작하던 친구처럼 영어 공부에서 막막한 순간을 겪던 학생들이 정말 많았어. 그리고 이 친구들은 다들 문제가 무엇일지 고민하고만 있었지. 그리고 한번쯤 초록색 창에다 검색 해봤을 거야, '영어 공부법', '영어 잘하는 법', '영어 만점 비법', '영어 수능 만점' 등을. 검색해보면 모두가 지상 최고의 영어 전문가인 듯이 떠들 거야. 그리고 우리는 그 사람들의 마술쇼에 홀리거나 그 사람들의 공부법에 놀라움을 느끼면서 한편으로는 포기하고 싶다고도 생각할 거야. '아니 이렇게까지 공부해야 해?'라는 생각에 오히려 더 막막해지는 경우가 있지. 혹은 나름 괜찮은 공부법을 찾고 나서 따라해 봤지만 변화를 못 느낄 때면 다시금 막막함을 느끼게 되지. 그렇다면 어떻게 해야 할까? 나는 그에 대한 답으로

막막해? 시작해!

라고 하고 싶어. 뭐든 해보자는 얘기이지. 문장을 읽는데 어휘를 하나도 모르겠다면 단어장 하나 사서 외워보자는 거지. 문법을 하나도 모르겠다면 부담없이 무료 기초 영문법 강의 찾아서 들어보면 되는 거지. 문장이 해석이 잘 안 되면 쉬운 영어 원서를 읽어보거나 해석 위주로 된 책 한 권 풀어보면 되지. 이 세상의 수많은 '막막함'들이 만들어낸 다양한 해결책들이 생각보다 많아. 우리는 막막해 하다가 무언가를 할 엄두를 잘 못 내. 그렇지만, 막막하다면 우선 시작해보는 게 어떨까? 수많은 영어 공부법에 대한 탐색보다 '너의 시작'이 가장 큰 효과를 발휘할 수 있을 거야. 우리 지금부터 한번 시작해볼까?

혼공

04일차

5형식 문장

I saw you crying in the dark.

나는 네가 어둠 속에서 울고 있는 것을 보았다.

난이도

"The biggest adventure you can ever take is to live the life of your dreams."

여러분이 할 수 있는 가장 큰 모험은 바로 여러분이 꿈꿔오던 삶을 사는 것입니다.

1단계 개념 요리하기

학습날짜 : 월 일

5형식 문장 요리법

문장의 5형식은 5가지 형식 중에서 가장 어렵다고 해. 5형식이 어려운 가장 큰 이유는 다양한 형태를 가지고 있기 때문이야. 1~4형식까지의 문장들은 형식별로 대략 문장이 비슷했다면, 5형식은 같은 5형식끼리도 모습이 달라. 마치 하나도 안 닮은 형제 같은 식이지. 하지만 그래도 형제는 어딘가 모르게 공통점이 있기 마련이지. 가장 어려운 5형식 문장에 도전해 보자.

혼공해석기법 1 목적격보어를 잡아라

3형식 문장 기억나니? 「주어 + 동사 + 목적어」로 이루어져 있지. 거기에 목적격보어(Objective Complement)가 붙게 되면 5형식이 돼. 아래의 예문을 볼까?

She / keeps / her room / clean. (그녀는 / 유지한다 / 그녀의 방을 / 깨끗하게)
S V O O.C.

자, 이 문장에서 clean한 것이 무엇인지 생각해 봐. 주어인 She가 clean한 것이 아니지? her room이라는 목적어가 clean한 거야. 이렇게 목적어의 의미를 보충해 주는 것이 목적격보어야. 이 목적격보어는 형태가 다양한 편이니 그 점을 주목하자고.

5형식 문장

S(주어) / V(동사) / O(목적어) / O.C.(목적격보어)
해석: S가[는] / V하다 / O를 / O.C.하게
She / made / me / angry. (그녀는 / 만들었다 / 나를 / 화나게)
S V O O.C.
We / call / him / boss. (우리는 / 부른다 / 그를 / 대장이라고)
S V O O.C.

혼공해석기법 

다양한 목적격보어를 잡아라

5형식의 목적격보어는 다음의 6가지 형태를 가지고 있어. 그래서 문장이 정말 다양하지. 설상가상으로 3, 4, 5, 6번은 아직 우리가 배우지 않은 to 부정사, 분사라는 문법을 이용한 문장들이야. 그래서 지금 완벽하게 이해하는 것은 어렵고, 일단 형태와 해석만 보고 나중에 해당 문법을 배울 때 다시 한 번 공략을 해야 해.

목적격보어의 형태

1. 명사

The movie / made / her / a star. (그 영화는 / 만들었다 / 그녀를 / 스타로)
S V O O.C.

2. 형용사

She / keeps / her room / clean. (그녀는 / 유지한다 / 그녀의 방을 / 깨끗하게)
S V O O.C.

3. to 부정사

I / want / you / to study. (나는 / 원한다 / 네가 / 공부하기를)
S V O O.C.

4. 동사원형

My mom / made / me / brush my teeth. (엄마가 / 시키셨다 / 내가 / 양치하도록)
S V O O.C.

5. 동사 + ing

I / saw / her / dancing. (나는 / 보았다 / 그녀가 / 춤추고 있는 것을)
S V O O.C.

6. 동사의 과거분사(p.p.)

He / kept / the door / locked. (그는 / 유지했다 / 그 문을 / 닫힌 채로)
S V O O.C.

특정 목적격보어를 주로 쓰는 동사들

1. 명사를 목적격보어로 쓰는 동사들: elect, call, name, make 등
2. 형용사를 목적격보어로 쓰는 동사들: make, keep, think, consider, believe 등
3. to 부정사를 목적격보어로 쓰는 동사들: want, allow, advise, ask, expect, order, tell 등
4. 동사원형을 목적격보어로 쓰는 동사들: 사역동사(let, make, have)
5. 동사 + ing를 목적격보어로 쓰는 동사들: 지각동사(see, feel, watch, hear, smell), keep, leave, make, think, find 등
6. 과거분사를 목적격보어로 쓰는 동사들: 지각동사, 사역동사, keep, make, leave, find 등

혼공해석기법 3
5형식 대표 동사 (1): 지각동사

문장의 형식을 결정하는 것은 동사인 것 기억하지? 5형식 문장은 동사의 종류들도 정말 다양해. 이 동사에 따라서 이어지는 목적격보어의 형태와 성분도 달라져. 그래서 동사의 종류들과 예문들까지 모두 익혀야 해. 가장 먼저 '보고, 느끼고, 듣고'의 의미를 가진 지각동사부터 시작하자.

지각동사
see(보다), watch(보다), feel(느끼다), hear(듣다), listen to(듣다), smell(냄새를 맡다)

S / V / O / O.C.(동사원형 또는 동사 + ing)
해석: S가[는] / V하다 / O가 / O.C.하는 것을
She / smelled / something / burning. (그녀는 / 냄새 맡았다 / 뭔가가 / 타고 있는 것을)
S V O O.C.

S / V / O / O.C.(과거분사)
해석: S가[는] / V하다 / O가 / O.C.되는 것을
I / heard / my name / called / in the crowd. (나는 / 들었다 / 내 이름이 / 불려지는 것을 / 군중속에서)
S V O O.C. M

혼공해석기법 4
5형식 대표 동사 (2): 사역동사

살다보면 다른 사람에게 어떤 행동을 하도록 시키거나, 설득하거나, 또는 돈을 줘서 시키는 경우가 있잖아? 이럴 때 영어에서는 사역동사라는 것을 쓰지. 사역은 '사람을 부리어 일을 시킴'이라는 뜻이야.

사역동사
make(~시키다), have(설득해서 ~하게 하다), let(허락하다)

S / V / O / O.C.(동사원형)
해석: S가[는] / V하다 / O가[에게] / O.C.하게
She / made / her dog / wait outside. (그녀는 / 시켰다 / 그녀의 강아지가 / 밖에서 기다리게)
S V O O.C.

S / V / O / O.C.(과거분사)
해석: S가[는] / V하다 / O가 / O.C.되는 것을
I / had / my car / washed. (나는 / 만들었다 / 내 차가 / 씻기도록)
S V O O.C.

help의 쓰임

help는 목적격보어로 '동사원형'과 'to 부정사'를 둘 다 쓸 수 있어.
Tom / helped / me / (to) do my homework. (Tom은 / 도와주었다 / 내가 / 숙제 하는 것을)
S V O O.C.

혼공해석기법 5
5형식 대표 동사 (3): want 종류

사역동사를 제외한 많은 동사들 중, 상대방이 '어떤 행동을 하도록' 하는 다양한 동사들이 있어. 절대 그 종류를 다 외우려고 하지 마. 사역동사와 지각동사를 제외하면 나머지 동사들은 거의 이런 want(~를 원하다) 종류의 동사에 속하니까 최소한만 외우자고.

want 종류

tell(말하다), cause(야기하다), order(명령하다), require(요구하다), encourage(격려하다), expect(기대하다), enable(~할 수 있게 하다), ask(요구하다), allow(허락하다), advise(충고하다), force(강제하다), permit(허락하다)

S / V / O / O.C.(to + 동사원형)

해석: S가[는] / V하다 / O가 / O.C.하는 것을

My parents / told / me / to save water. (나의 부모님들은 / 말씀하셨다 / 나에게 / 물을 절약하라고)
S V O O.C.

He / asked / me / to come / to the front. (그는 / 요청했다 / 나에게 / 나오라고 / 앞으로)
S V O O.C. M

My mom / allowed / me / to go / to the party. (나의 어머니는 / 허락하셨다 / 내가 / 가도록 / 파티에)
S V O O.C. M

The doctor / advised / me / to go to bed / early. (의사는 / 조언했다 / 나에게 / 자라고 / 일찍)
S V O O.C. M

디저트 퀴즈

다음 문장들의 5형식 동사와 목적격보어를 찾아서 밑줄을 그어 보자.

EX **She always makes me happy.**

1 I saw Penny enter the building.

2 My teacher got his arm broken yesterday.

3 Did you find the math exam difficult?

4 The noise from the party kept me awake all night.

5 Dad allowed my sister to go to the concert.

다음 우리말 의미에 맞게 박스 안에서 알맞은 것을 골라 보자.

1 He [called / used] her a fool. 그는 그녀를 바보라고 불렀다.

2 Adam [named / found] his wife Eve. 아담은 그의 부인을 이브라고 이름 지었다.

3 I believe him [cruel / cruelly]. 나는 그가 잔혹하다고 믿는다.

4 The long walk [made / thought] me hungry. 긴 산책은 나를 배고프게 만들었다.

5 I think [him / his] a genius. 나는 그가 천재라고 생각한다.

6 I heard her [singing / sang] an Italian song. 나는 그녀가 이탈리아 노래를 부르는 것을 들었다.

7 I saw her [play / to play] the piano. 나는 그녀가 피아노를 연주하는 것을 보았다.

8 Did you have your wallet [steal / stolen]? 너는 네 지갑을 도난당했니?

9 The teacher encouraged us [study / to study] harder. 선생님께서는 우리가 더 열심히 공부하도록 격려하셨다.

10 Our boss made us [work / worked] until late at night. 우리 상사는 우리가 밤늦게까지 일하도록 만들었다.

3 단계 해석 요리하기

보기와 같이 5형식 문장들을 동사의 의미에 주의해서 해석해 보자.

보기 **He named his dog Tofu. ➡** 그는 그의 강아지를 두부라 이름 붙였다.

혼공TIP 5형식의 가장 큰 특징이 목적격보어가 명사일 때 '목적어=목적격보어'라는 것, 기억나지? 여기서도 his dog(목적어)=Tofu(목적격보어) 인 관계가 성립해.

모의고사 2015년 고1 11월 학평

1 She told the girl to stay after class.

모의고사 2015년 고1 6월 학평

2 Advertising also helps people find the best.

모의고사 2015년 고1 6월 학평

3 He asked the great pianist to come and play.

모의고사 2016년 고1 6월 학평

4 We work hard for money and we want to see it grow.

모의고사 2015년 고1 11월 학평

5 Please let me know if this can be made.

모의고사 2015년 고1 9월 학평

6 One psychological experiment asks people to wear headphones.

모의고사 2015년 고1 11월 학평

7 The students imagined themselves to be in the majority.

모의고사 2016년 고1 3월 학평

8 Similarly, you can't expect macaws to be quiet and still all the time.

모의고사 2015년 고1 3월 학평

9 Then she said "We can let you use a room in our company."

모의고사 2014년 고1 11월 학평

10 He threw in some ad-libs and made it funny.

단어 PLUS

1
+**told** tell(말하다)의 과거
+**stay** 머무르다, 남다

2
+**advertise** 광고하다
+**find** 찾다

3
+**ask** 요청하다
+**pianist** 피아니스트

4
+**grow** 자라다

5
+**let** ~하게 하다
+**if** ~인지

6
+**psychological** 심리학의
+**experiment** 실험
+**wear** 착용하다

7
+**imagine** 상상하다
+**majority** 다수

8
+**similarly** 유사하게
+**expect** 예상하다
+**macaw** 마코앵무새
+**quiet** 조용한
+**still** 가만히 있는

9
+**let** ~하게 하다
+**company** 회사

10
+**throw in** 덧붙이다
+**ad-lib** 애드리브

4단계 빈칸 요리하기

앞서 배운 문장들을 바탕으로 빈칸을 채워 문장을 완성해 보자.

1 한 심리학 실험은 / 요구한다 / 사람들에게 / 헤드폰을 착용하도록
One psychological experiment / a______________ / people / to wear headphones.

2 그 학생들은 / 상상했다 / 그들 스스로가 / 대다수에 속해있다고
The students / i______________ / themselves / to be in the majority.

3 비슷하게 / 당신은 / 기대할 수는 없다 / 마코앵무새가 / 조용하고 가만히 있는 것을 / 항상
Similarly, / you / can't e______________ / macaws / t_______ b_______ quiet and still / all the time.

4 그리고 그녀는 말했다 / 우리는 / 허락할 수 있어요 / 당신이 / 사용하도록 / 우리 회사의 방을
Then she said / "We / can l______________ / you / u______________ / a room in our company."

5 그는 / 덧붙였다 / 몇 개의 애드리브를 / 그리고 만들었다 / 그것을 / 재밌게
He / threw in / some ad-libs / and m______________ / it / f______________.

5단계 수능 요리하기

보기와 같이 수능 문장을 단계별로 정확하게 해석해 보자.

보기 Unfortunately, deforestation left the soil exposed to harsh weather.

2012년 수능

❶ Unfortunately, deforestation left the soil exposed to harsh weather.
→ 불행하게도,

❷ Unfortunately, deforestation left the soil exposed to harsh weather.
→ 불행하게도, 산림파괴는 토양을 남겨놓았다

❸ Unfortunately, deforestation left the soil exposed to harsh weather.
→ 불행하게도, 산림파괴는 토양을 거친 날씨에 노출되도록 남겨놓았다.

A Our eyes don't let us perceive with this kind of precision.

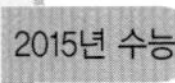
2015년 수능

❶ Our eyes don't let us perceive with this kind of precision.
→

❷ Our eyes don't let us perceive with this kind of precision.
→

❸ Our eyes don't let us perceive with this kind of precision.
→

B Other teachers advised her to go on with something else.

2011년 수능

❶ Other teachers advised her to go on with something else.
→

❷ Other teachers advised her to go on with something else.
→

❸ Other teachers advised her to go on with something else.
→

C We will expect delivery to stop no later than the end of this week.

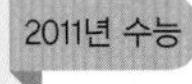
2011년 수능

❶ We will expect delivery to stop no later than the end of this week.
→

❷ We will expect delivery to stop no later than the end of this week.
→

❸ We will expect delivery to stop no later than the end of this week.
→

단어 PLUS

A
- perceive 지각하다
- kind 종류
- precision 정확성

B
- advise 조언해주다
- go on 진행하다
- something else 또 다른 것

C
- expect 예상하다
- delivery 배달
- no later than 적어도 ~까지는

선배들의 달콤살벌한 공부 이야기 #4

공부하기 전에

SKY선배가 너에게

나는 지금 대학생이야. 이제 나는 교육학 수업시간에 절대 끝나지 않을 것만 같던 '12년간의 학교생활'을 과거형으로 말하고 있어. 그 12년을 돌이켜보면 열심히 공부했던 것 같지만 매 순간을 열심히 공부하지는 않았던 것 같아. 친구들과 떠들고 놀았던 기억도 있고, 선생님 몰래 노래를 들으면서 딴 생각을 했던 기억도 있어. 지금의 나에게 고3 수험생활이 힘들었던 것 같기는 하지만 중도 포기할 정도로 힘들지 않았던 것 같아. 지금의 나는 이렇게 말하지만 과거의 나도 12년간의 학교생활에 대해 이렇게 가볍게 말할 수 있었을까?

답은 '아니'야. 그 순간에는 누구보다 치열하게 살았고 공부를 위해 포기한 것도 많아. 공부를 위해 밥을 포기하고, 잠을 포기하고, 휴식을 포기하고, 좋아하던 사람을 포기했어. 다 끝난 지금의 시점에서는 '다 잡아볼 걸.'이라는 생각도 들어. 그런데, 예전에 나는 그런 생각이 들었다고 해도 계속 공부를 했을 거야. 무엇이 나를 그렇게 공부하게 만들었을까?

힘들었던 순간 나를 일으켜 세운 건 단 한 가지, 바로 나 자신이었지.

나는 미래의 내가 '그 때 공부 좀 할 걸.'이라는 후회를 하는 것을 보고 싶지 않았어. 아쉬워하되 후회하고 싶지 않았던 거야. 나중에 미래에 대한 생각이 바뀌어서 다른 직업을 갖고자 하더라도 '예전의 나'가 미래의 나에게 장애물이 되지 않았으면 했어. 그 생각에 이것저것 많이 했던 것 같아. 내 스스로 나에게 부족함이 없고 싶었거든. 그런 와중에 뒤에서 묵묵히 나를 지켜주시던 부모님이 보이기도 했지.

공부는 너를 위해 하는 거야. 성적표에 찍히는 숫자 하나에 일희일비하는 것은 너를 위한 공부가 아니라 남을 위한 공부야. 만약 공부를 해야 하는 이유를 잘 모르겠고, 모든 걸 포기하고 싶을 때 '나' 자신을 바라봐. 무작정 그 힘든 12년을 어떻게든 버텨보려고 하지 말고 잠시만이라도 너라는 사람을 바라봐봐. 너가 무엇을 원하고, 너가 왜 공부해야 하는지 차근차근히 생각해봐. 그 이유의 중심에는 반드시 너가 있어야 해. 막막하고 힘들더라도 한 번만 다시 생각해봐, 너 스스로를.

혼공

05일차

동사의 12시제

I have never seen a whale.

나는 고래를 본 적이 없다.

난이도 

"If you can't feed a hundred people, then feed just one."
- Mother Teresa

백 명의 사람을 먹일 수 없다면, 한 사람이라도 먹여라.

– 마더 테레사

개념 요리하기

학습날짜 : 월 일

동사의 12시제

동사의 형태를 변화시켜서 시간관계를 나타내는 것을 '시제'라고 해. 영어에는 12개의 시제가 있는데 12개라는 숫자에서 벌써 압도를 당하지. 하지만 우리는 기본적으로 과거-현재-미래 시제를 알고 있기 때문에 조금만 더 노력하면 12개의 시제를 한 번에 이해할 수 있어. 지금 바로 12시제를 정복해 보자.

혼공해석기법 1

한 방에 잡는 동사의 12시제

	완료	진행	완료진행
1. 과거	4. 과거완료	7. 과거진행	10. 과거완료진행
2. 현재	5. 현재완료	8. 현재진행	11. 현재완료진행
3. 미래	6. 미래완료	9. 미래진행	12. 미래완료진행

위 표에서 1번에서 12번까지를 동사의 '12시제'라고 불러. 하나의 동사를 12가지 형태로 다양하게 표현할 수가 있어. 하지만 12개를 외우는 비법이 있으니 걱정 마. 우리는 이미 '과거-현재-미래'라는 시간의 시점을 알고 있어. 그렇다면 '진행'과 '완료'라는 것만 익히면 12개의 시제를 만들 수 있어. 완료진행이라는 시제도 결국 완료의 느낌과 진행의 느낌을 합친 것이거든. 완료와 진행을 이용해서 12시제를 만들 수 있겠지?

1. 과거: She worked. (그녀는 일했다.)
2. 현재: She works. (그녀는 일한다.)
3. 미래: She will work. (그녀는 일할 것이다.)
4. 과거완료: She had worked. (그녀는 일했었다.)
5. 현재완료: She has worked. (그녀는 일해왔다.)
6. 미래완료: She will have worked. (그녀는 일했을 것이다.)
7. 과거진행: She was working. (그녀는 일하고 있는 중이었다.)
8. 현재진행: She is working. (그녀는 일하고 있는 중이다.)
9. 미래진행: She will be working. (그녀는 일하고 있는 중일 것이다.)
10. 과거완료진행: She had been working. (그녀는 일해오고 있는 중이었다.)
11. 현재완료진행: She has been working. (그녀는 일해오고 있는 중이다.)
12. 미래완료진행: She will have been working. (그녀는 일해오고 있는 중일 것이다.)

혼공해석기법 2
진행 시제의 모든 것

시제는 느낌이야. 진행 시제는 이름 그대로 동작이 끝나지 않고 생생하게 진행되고 있는 느낌을 전달해. 진행 시제와 과거-현재-미래를 합치면 3개의 시제가 만들어 지지? 생생한 진행의 느낌을 더해 주면 의미 완성!

과거진행: 주어 + was/were + 동사ing(~하고 있었다, ~하고 있는 중이었다)

He was playing computer games. (그는 컴퓨터 게임을 하고 있었다.)

현재진행: 주어 + am/are/is + 동사ing(~하고 있다, ~하고 있는 중이다) *가까운 미래를 나타내기도 함

He is playing computer games. (그는 컴퓨터 게임을 하고 있다.)

미래진행: 주어 + will be + 동사ing(~하고 있을 것이다, ~하고 있는 중일 것이다)

He will be playing computer games. (그는 컴퓨터 게임을 하고 있는 중일 것이다.)

혼공해석기법 3
완료 시제 (1): 현재완료

완료 시제는 우리말에 없는 개념이야. '나 지갑 잃어버렸어. 나는 지금 내 지갑이 없어.'라는 두 문장을 생각해 봐. 앞 문장은 과거이고, 뒤 문장은 현재잖아? 영어로는 'I lost my wallet. I don't have it now.'가 되지. 그런데 영어에서는 이것을 한 문장으로 표현할 수 있어.

I have lost my wallet.

현재완료 시제는 「have + p.p.」를 써서 과거의 일이 지금도 영향을 미친다는 것을 표현하는 거야. 아래의 4가지 용법으로 주로 해석되니 참고하자.

현재완료의 4가지 용법

1. 완료: ~를 끝마쳤다(가지고 있다 + 했다) → already, just, yet 등과 함께 쓰임
I have already had lunch. (나는 이미 점심을 먹었다.)

2. 경험: ~한 적이 있다(가지고 있다 + 했던 경험을) → 횟수(once, twice) 등이 함께 나옴
I have been to Paris twice. (나는 파리에 두 번 가본 적이 있다.)

3. 계속: ~해왔다(지금도 가지고 있다 + 했던 동작을) → 주로 뒤에 기간이 같이 나옴
I have studied English for 10 years. (나는 10년간 영어를 공부해 왔다.)

4. 결과: 과거에 ~해서 그 결과 ~하다(가지고 있다 + 했던 일의 결과를) → lose, grow와 같은 동사와 잘 쓰임
He has lost his watch. (그는 그의 시계를 잃어버려서 그 결과 지금 없다.)

혼공해석기법 4

완료 시제 (2): 과거완료

과거완료는 「had + p.p.」로 표현해. 과거완료는 두 가지 쓰임을 가지고 있어. 첫 번째는 과거보다 더 과거를 나타내. 두 번째는 과거의 어느 시점을 기준으로 그 이전부터 시작된 동작의 완료, 계속, 경험, 결과를 나타내. 현재완료의 4가지 용법이 하나 더 과거로 시간을 옮긴 것으로 생각하면 돼.

사건이 일어난 순서 구분

과거를 나타내는 두 개의 사건이 있는데, 그 중에서 먼저 일어난 사건(대과거)을 표현할 때 「had + p.p.」로 표현하곤 해.

The train had just left / when he got to the station. (기차는 막 떠나버렸다 / 그가 역에 도착했을 때)

1 2

사실 1과 2는 둘 다 과거에 일어난 일이야. 하지만 기차가 떠난 게 더 먼저이고, 말하는 사람이 그것을 명확히 표현하고 싶기 때문에 1에 과거완료를 쓴 거야. 이와 같이 과거 사건들의 순서를 표현할 때 과거완료 시제를 주로 사용해.

혼공해석기법 5

완료 시제 (3): 미래완료

미래완료는 현재 시작한 일이 미래의 어느 시점에는 완료가 되었을 것이라는 의미를 전달하고 「will have + p.p」로 표현해.

미래완료

의미: ~했을 것이다

He will have completed the work by the evening. (그는 저녁까지는 그 일을 마쳤을 것이다.)

저녁이면 일을 끝내놓고 휘파람 불고 있을 모습을 상상하면서 말하는 거야. 미래완료는 미래의 어느 시점과 함께 쓰여. 위 문장에서는 the evening이라는 미래의 시점이 쓰였어. 그 때까지는 지금 하고 있는 동작이나 상태를 완료했을 거라는 것을 미래완료 시제를 이용해서 나타내는 거야.

동사의 12시제 복습

1. 과거	4. 과거완료	7. 과거진행	10. 과거완료진행
I studied English. 나는 영어를 공부했다.	I had studied English. 나는 영어를 공부해왔었다. (대과거부터 과거까지) *대과거: 과거의 과거	I was studying English. 나는 영어를 공부하고 있는 중이었다.	I had been studying English. 나는 영어를 대과거부터 공부했었고 과거에도 계속 하고 있었다.
2. 현재	**5. 현재완료**	**8. 현재진행**	**11. 현재완료진행**
I study English. 나는 영어를 공부한다.	I have studied English. 나는 영어를 공부해 왔다. (과거부터 지금까지 쭉)	I am studying English. 나는 영어를 공부하고 있는 중이다.	I have been studying English. 나는 영어를 공부를 해 왔고 지금도 계속 하고 있다.
3. 미래	**6. 미래완료**	**9. 미래진행**	**12. 미래완료진행**
I will study English. 나는 영어를 공부할 것이다.	I will have studied English. 나는 영어를 공부했을 것이다. (미래의 어느 시점에는)	I will be studying English. 나는 영어를 공부하고 있는 중일 것이다.	I will have been studying English. 나는 영어 공부를 할 것이고 미래의 어느 시점에 멈추지 않고 계속 하고 있을 것이다.

디저트 퀴즈 보기와 같이 밑줄 친 동사들의 시제를 적어 보자.

I (a)lost my watch which I (b)had bought last year.
(a) 과거 (b) 과거완료

1 I have never heard such nonsense in all my life.

2 We are moving tomorrow.

3 He will have completed the work by the evening.

4 Lisa lost her cellular phone.

2단계 문법 요리하기

다음 우리말 의미에 맞게 박스 안에서 알맞은 것을 골라 보자.

1 I [work / will work] harder next term. 나는 다음 학기에 더욱 열심히 공부할 것이다.

2 I love you, Molly. I [have / had] always loved you. 난 널 사랑해, Molly. 난 너를 항상 사랑해왔어.

3 I will tell her the truth if I [see / will see] her again.
난 그녀를 다시 만난다면 그녀에게 진실을 이야기 해줄 것이다.

4 She [will graduate / will have graduated] from college by next year.
그녀는 내년까지는 학교를 졸업해 있을 것이다.

5 I recognized him at once since I [have / had] seen him before.
나는 전에 그를 본 적이 있었기 때문에 그를 한 번에 알아봤다.

6 When I entered the classroom, the lesson [had / have] already begun.
내가 교실에 들어갔을 때, 수업은 이미 시작되었다.

7 She [has / will have] taught English for 10 years by next year.
그녀는 내년이면 영어를 10년 동안 가르친 것이 된다.

8 It [was / has been] many years since they got divorced.
그들이 이혼한 이후로 수년이 되어 왔다.

9 We [will have / were having] a nice lunch at his restaurant tomorrow.
우리는 내일 그의 식당에서 근사한 점심을 먹을 것이다.

10 Several girls [were moving / will move] their bodies rhythmically.
몇몇 소녀들이 리듬에 맞춰 그들의 몸을 흔들고 있었다.

3 단계 해석 요리하기

보기와 같이 동사의 시제에 주의해서 주어진 문장을 해석해 보자.

보기 **None of my neighbors have seen her.** ➡ 나의 이웃들 중 그 누구도 그녀를 보지 못했다.

혼공TIP 문장 앞에 부정어 None of가 와서 전체 부정을 해주고 있어. 더불어 현재완료가 왔기 때문에 과거에도 그녀를 보지 못했고, 지금도 그녀를 본 적이 없다는 내용이야.

모의고사 2015년 고1 3월 학평

1 It was the first rainbow that Esther had ever seen.

모의고사 2016년 고1 6월 학평

2 I am writing to you on behalf of Ashley Hale.

모의고사 2015년 고1 11월 학평

3 We hadn't noticed the sound while it was ongoing.

모의고사 2016년 고1 6월 학평

4 A college student was struggling to pay his school fees.

모의고사 2015년 고1 11월 학평

5 You might have heard of such stories about expert intuition.

모의고사 2016년 고1 6월 학평

6 It had been a hot sunny day and the air was heavy and still.

모의고사 2016년 고1 6월 학평

7 But unfortunately, he had not managed to sell enough tickets.

모의고사 2015년 고1 3월 학평

8 Wouldn't it be nice to go out saying that you had faced all your fears?

모의고사 2016년 고1 3월 학평

9 She is pretty tired – it's been a tough day! – and she wants her bottle.

모의고사 2015년 고1 9월 학평

10 You're going to have a wonderful marriage.

단어 PLUS

1
+ **rainbow** 무지개

2
+ **on behalf of A** A를 대신하여

3
+ **notice** 알아채다
+ **ongoing** 진행 중인

4
+ **struggle** 고군분투하다
+ **school fees** 학비

5
+ **hear of** ~에 대해 들어보다
+ **expert** 전문가
+ **intuition** 직관력

6
+ **still** 고요한, 가만히 있는

7
+ **unfortunately** 불행히도
+ **manage to 동사원형** 간신히 ~ 하다

8
+ **go out ~ing** ~하려고 밖에 나가다
+ **face** 마주하다
+ **fear** 두려움, 공포

9
+ **pretty** 아주
+ **tough** 고된, 힘든
+ **bottle** (물)병

10
+ **marriage** 결혼

앞서 배운 문장들을 바탕으로 빈칸을 채워 문장을 완성해 보자.

1 그것은 / 첫 번째 무지개였다 / 에스더가 / 여태까지 봐 왔던

It / was the first rainbow / that Esther / h____________ ever s____________.

2 나는 / 쓰고 있습니다 / 당신에게 / 애쉴리 해일을 대신해서

I / a____________ w____________ / to you / on behalf of Ashley Hale.

3 한 대학생이 / 고군분투 하고 있었다 / 지불하기 위해 / 그의 학비를

A college student / w____________ s____________ / to pay / his school fees.

4 당신은 / 들어왔었을 수도 있다 / 그런 이야기들을 / 전문가 직관에 대한

You / might h____________ h____________ of / such stories / about expert intuition.

5 당신은 가질[할] 것이다 / 멋진 결혼식을

You're g____________ t____________ h____________ / a wonderful marriage.

5단계 수능 요리하기

보기와 같이 수능 문장을 단계별로 정확하게 해석해 보자.

보기 It has also opened up new questions and issues in the sociology of sport.

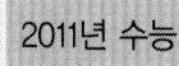

2011년 수능

❶ It has also opened up new questions and issues in the sociology of sport.

→ 또한 그것은 열었다

❷ It has also opened up new questions and issues in the sociology of sport.

→ 또한 그것은 새로운 질문들과 쟁점들을 열었다

❸ It has also opened up new questions and issues in the sociology of sport.

→ 또한 그것은 스포츠 사회학에서 새로운 질문들과 쟁점들을 열었다.

A **In effect, the vampire bats have created a kind of mutual insurance system.**

2011년 수능

❶ In effect, the vampire bats have created a kind of mutual insurance system.

→

❷ In effect, the vampire bats have created a kind of mutual insurance system.

→

❸ In effect, the vampire bats have created a kind of mutual insurance system.

→

B **The body has been viewed as a 'natural' phenomenon – a fixed, unchanging fact.**

2011년 수능

❶ The body has been viewed as a 'natural' phenomenon – a fixed, unchanging fact.

→

❷ The body has been viewed as a 'natural' phenomenon – a fixed, unchanging fact.

→

❸ The body has been viewed as a 'natural' phenomenon – a fixed, unchanging fact.

→

단어 PLUS

A
- in effect 실제로는
- vampire bat 흡혈박쥐
- create 만들어내다
- mutual 상호의
- insurance 보험

B
- view 보다
- phenomenon 현상
- unchanging 바뀌지 않는

선배들의 달콤살벌한 공부 이야기 #5

영어 문법 공부법

SKY선배가 너에게

영어를 공부할 때면 유독 못하는 부분이 있고, 그에 반해 많이 공부하지 않아도 잘할 수 있는 부분이 모두에게 있을 거야. 누군가 지금 나에게 '영어에서 무엇을 제일 잘할 수 있어요?'라고 물으면 조금도 망설이지 않고 '문법'이라고 얘기할 것 같아. 그러면 나에게 묻고 싶겠지, 원래 문법을 잘하는 사람인가 아니면 외국에 살다 왔나? 당연히 아니야. 나는 영어권 국가를 여행해본 경험만 있고 원어민과 대화해 본 경험도 많지 않아. 심지어 고1때에 모의고사에서 항상 틀리는 문제는 어법 관련 문제였어. 중학교 때 선생님께 동사도 못 찾느냐며 혼이 나기도 했었지. 아직도 수업시간에 어순을 틀려서 크게 혼났던 기억을 잊을 수 없어. 그랬던 내가 '자칭' 문법 전문가라고 할 수 있는 이유는 나만의 문법 공부법 덕이었지.

#1. 문법 개념부터 알고 가야지

기본 중의 기본이야. 당연한 이야기라서 약간 실망했지? 하지만 돌이켜보면 문법 전문가가 될 수 있는 초석을 쌓아준 것은 철저한 문법 개념에 대한 공부였어. 인강을 들어도 좋고 학원에서 문법 특강을 들어도 좋아. 독학하기 전에 사람들이 문법을 어떻게 설명하는지 한 번 살펴봐. 처음에 강의를 들을 때는 '이 개념을 다 외워야지'라는 강박에서 벗어나 편하게 영어 표현들을 접하고 문법 요소를 눈에 익히는 게 중요해. 된다면 비슷한 내용의 강의를 두 번 정도 부담을 갖지 않고 듣는 게 좋아.

#2. 누가 시키지 않은 철저한 문장 분석

열심히 강의를 듣고, 스스로 개념 정리도 하고 나서 '나 문법 이제 잘하겠다.'라고 생각하면 오산이야. 이제 가장 중요한 게 남았어. 앞으로 우리가 만날 모든 지문, 교과서 지문, 영어 원서 등 모든 영어 지문 속 문법 요소를 찾는 거야. 단순히 눈에 보이는 '도치, what/that 구분, 주어-동사 수일치'는 물론이고 '관계대명사 용법, to 부정사의 용법'처럼 일일이 체크 안 해도 될 만한 문법 요소까지 다 챙겨야해. 남들이 '이런 것까지 따져?'라고 할 정도로 철저하게 문장을 분석해야 해. 그렇게 1년 정도 문장 분석을 하는 습관을 들이면 어느 순간 굳이 형광펜을 칠하고 볼펜으로 요소를 적지 않아도 문장 속 문법이 보일거야. 그리고 이렇게 하면 강의에서 배운 사람들이 말하는 문법에 대한 이해를 넘어서 너 스스로가 문법에 대해 말할 수 있을 거야.

단순해 보이지만 이 방법들을 염두에 두고 실천한다면, 문법의 신으로 거듭나 있을 거야.

혼공

06일차

조동사

May I help you?

제가 도와드릴까요?

난이도

"To accomplish great things, we must dream as well as act."

위대한 성취를 하려면 행동하는 것뿐만 아니라, 꿈꾸는 것도 반드시 필요하다.

1단계 개념 요리하기

학습날짜 : 월 일

조동사 요리법

조동사의 '조'는 '조수', '조력'할 때의 의미로, 무엇인가를 도와준다는 뜻이야. 조동사는 문장에서 '동사'를 도와 의미를 풍부하게 하지. 조동사는 혼자 원맨쇼를 할 순 없고 동사와 반드시 함께 써야 해. 동사가 주연이라면, 조동사는 주연을 빛나게 하는 멋진 조연이라고 할까. 다양한 조동사들을 익히면 문장을 더욱 잘 이해할 수 있게 될 거야.

혼공해석기법 1 조동사란?

먼저 조동사는 항상 동사의 왼쪽에 붙여 준다는 것을 기억하자. 동사 바로 앞에 나온다고 생각하면 돼. 그리고 조동사 다음에는 동사의 원래 형태 그대로인, 동사원형을 써야 해. 조동사를 이용하면 동사의 의미가 다양하고 풍부해져. 마치 똑같은 치킨이라도 간장 양념, 매콤한 양념 등 어떤 양념을 쓰느냐에 따라서 맛이 완전히 달라지는 것과 같은 원리야.

조동사 + 동사원형

I swim. (나는 수영한다.)
I can swim. (나는 수영을 할 수 있다.)
I must swim. (나는 수영을 해야만 한다.)
I will swim. (나는 수영을 할 것이다.)

혼공해석기법 2 조동사 부정문과 의문문 만들기

1. 조동사의 부정문

조동사 + not + 동사원형

I cannot swim. (나는 수영을 할 수 없다.)

2. 조동사의 의문문

조동사 + 주어 + 동사원형?

Can you swim? (너는 수영을 할 수 있니?)

혼공해석기법 3
핵심 조동사

조동사들은 제각각 고유의 뜻을 가지고 있어. 양념의 맛을 알아야 요리에서 제대로 활용할 수 있지? 동사의 양념인 다양한 조동사들의 의미를 익혀보자.

1. can(=be able to)

의미: ~할 수 있다(능력), ~해도 좋다(허가)

능력: He / can repair / your computer. (그는 / 고칠 수 있다 / 너의 컴퓨터를)

허가: You / can eat / this cake. (너는 / 먹어도 된다 / 이 케이크를)

2. may

의미: ~일 것이다(추측), ~해도 좋다(허가)

추측: She / may be sick. (그녀는 / 아마 아플 것이다)

허가: You / may go home / now. (너는 / 집에 가도 좋다 / 지금)

3. will(=be going to)

의미: ~할 것이다(미래)

He / will visit / his grandfather. (그는 / 방문할 것이다 / 그의 할아버지를)

4. must(=have to)

의미: ~해야 한다(강한 의무), ~임에 틀림없다(강한 추측)

의무: You / must come home / early. (너는 / 반드시 집에 와야 한다 / 일찍)

추측: The news / must be true. (그 소식은 / 사실임에 틀림없다)

5. should(=ought to)

의미: ~해야만 한다(도덕적 의무)

You / should respect / your parents. (너는 / 존경해야 한다 / 너의 부모님을)

must와 have to의 부정

must의 부정 must not은 '~해서는 안 된다'라는 뜻의 금지를 나타내고 have to의 부정 don't have to는 '~할 필요가 없다'라는 뜻의 불필요를 나타내.

You must not change the rule. (너는 그 규칙을 변경해서는 안 된다.)
You don't have to change the rule. (너는 그 규칙을 변경할 필요가 없다.)

혼공해석기법 4
기타 조동사

조동사는 앞서 배운 핵심 조동사 외에도 다양한 종류들이 있어. 조금 길이도 길고 까다롭게 생겼지만 독해에 매우 중요하니 예문과 함께 꼭 익히자.

1. used to

의미: (과거에) ~하곤 했다(지금은 하지 않는 과거의 규칙적인 일)
I / used to live / in France. (나는 / 살았었다 / 프랑스에서)

2. would

의미: (과거에) ~하곤 했다(과거의 비교적 불규칙적인 일)
He / would play soccer / with them. (그는 / 축구를 했었다 / 그들과 함께)

3. would rather

의미: 차라리 ~하는 게 좋다
I / would rather stay / at home. (나는 / 차라리 머무는 게 좋다 / 집에)

4. had better

의미: ~하는 편이 낫다(친한 사이의 비교적 강한 충고)
You / had better think / about it. (너는 / 생각하는 편이 낫다 / 그것에 대해)

5. may[might] as well

의미: (대안이 없으니) ~하는 편이 낫다
You / may as well leave / early. (너는 / 떠나는 편이 낫다 / 일찍)

6. may[might] well

의미: ~하는 것은 당연하다
He / may well say / so. (그가 / 말하는 것은 당연하다 / 그렇게)

used to와 be used to

used to + 동사원형: ~하곤 했다
She used to study at night. 그녀는 밤에 공부하곤 했다.

be used to + 동사ing: ~하는 것에 익숙하다
She is used to studying at night. 그녀는 밤에 공부하는 것에 익숙하다.

혼공해석기법 5 조동사 + have + p.p.

조동사는 보통 현재나 미래의 이야기를 할 때 많이 써. 하지만 살다보면 과거의 이야기를 할 때도 있겠지? 「조동사 + have + p.p.」는 과거에 대한 이야기를 할 때 쓰는 표현이야.

1. must(강한 추측) + have + p.p.(과거완료)

의미: ~분명히 ~이었을 것이다

He / must have studied / hard. (그는 / 분명히 공부했을 것이다 / 열심히)

2. should(의무) + have + p.p.(과거완료)

의미: ~했어야 했다(후회)

You / should have been careful. (너는 / 조심했어야 했다)

3. may(약한 추측) + have + p.p.(과거완료)

의미: ~이었을지도 모른다(might have p.p.를 쓸 수도 있음)

She / may have missed / the train. (그녀는 / 놓쳤을지도 모른다 / 기차를)

4. could(가능) + have + p.p.(과거완료)

의미: ~일 수도 있었을 텐데(실제로 하지 못했음)

We / could have attended / the meeting. (우리는 / 참석할 수 있었을 텐데 / 그 회의에)

디저트 퀴즈

다음 문장들의 조동사에 밑줄을 긋고, 전체 문장을 해석해 보자.

EX **You had better give up drinking.** 너는 음주를 그만두는 것이 좋겠다.

1 You may use my computer at any time.

2 She ought to finish her homework today.

3 Bill used to eat noodles for his lunch.

4 She may have missed the point of my joke.

5 You may well be proud of your students.

다음 우리말 의미에 맞게 박스 안에서 알맞은 것을 골라 보자.

1 Do / Can you tell me the reason? 나에게 이유를 말해줄 수 있니?

2 She must / will be honest. 그녀는 정직함이 분명하다.

3 You had better / used to prepare for the test. 너는 시험을 위해 준비하는 것이 좋겠다.

4 He must / may fail the exam. 그는 시험에서 떨어질지도 모른다.

5 Would / Must you spell your name for me? 나를 위해 너의 이름의 철자를 적어주겠니?

6 I used to / may well go fishing with my dad. 나는 아빠와 낚시를 가곤 했다.

7 In the past, people are used to / used to read by candlelight.
과거에는, 사람들이 초 불빛으로 읽곤 했다.

8 You must / may take a picture here. 너는 여기서 사진을 찍어도 된다.

9 I should / must have sent the file to him. 나는 그 파일을 그에게 보냈어야 하는데.

10 Jason must / could have completed the project on time.
제이슨은 그 프로젝트를 제 시간에 끝낼 수 있었을 텐데.

3단계 해석 요리하기

보기와 같이 밑줄 친 조동사의 의미에 주의해서 해석해 보자.

보기 **He couldn't believe his eyes.** ➡ 그는 그의 눈을 믿을 수가 없었다.

혼공TIP 여기서 could는 문장의 의미상 can(~할 수 있다)의 과거형의 뜻을 가지고 있어.

모의고사 2015년 고1 3월 학평

1 First, a detective must find the clues.

모의고사 2015년 고1 9월 학평

2 Someone may be "cold as ice" or "busy as a bee."

모의고사 2015년 고1 9월 학평

3 At first you might focus on the pitcher and hitter.

모의고사 2015년 고1 11월 학평

4 I must have taken her smile as permission to take the bread.

모의고사 2015년 고1 3월 학평

5 I worked for very little pay, so I must have enjoyed the work.

모의고사 2016년 고1 3월 학평

6 But that was the take he should have put on TV.

모의고사 2014년 고1 11월 학평

7 Children must learn not to chase the family dog or cat in the park.

모의고사 2015년 고1 11월 학평

8 A challenge for prehistoric man may have been to walk outside.

모의고사 2015년 고1 11월 학평

9 One of thieves, Jeff would distract people out on the street.

모의고사 2015년 고1 3월 학평

10 You may want to eat fatty fast food, chocolates, cookies or chips.

단어 PLUS

1
+detective 탐정
+clue 단서

2
+someone 누군가
+busy 바쁜

3
+focus on 집중하다
+pitcher 투수
+hitter 타자

4
+smile 미소
+permission 허락

5
+pay 보수
+enjoy 즐기다

6
+take 촬영분
+put on ~에 내보내다

7
+learn 배우다
+chase 추격하다

8
+challenge 도전
+prehistoric 선사시대의
+outside 바깥에

9
+thief 도둑, 강도
+distract (주의를) 분산시키다
+street 거리

10
+fatty 기름진

4단계 빈칸 요리하기

앞서 배운 문장들을 바탕으로 빈칸을 채워 문장을 완성해 보자.

1 나는 / 일했다 / 아주 적은 급료로 / 그래서 / 나는 즐겼음에 틀림없다 / 그 일을
I / worked / for very little pay, / so / I m____________ h____________ enjoyed / the work.

2 그러나 그것은 촬영분 이었다 / 그가 TV에 내보냈어야 할
But that was the take / he s____________ h____________ put on TV.

3 아이들은 / 배워야만 한다 / 쫓으면 안 된다는 것을 / 가족들의 개나 고양이를 / 공원에 있는
Children / m____________ learn / not to chase / the family dog or cat / in the park.

4 도전은 / 선사시대 사람에게 / ~이었을지도 모른다 / 밖에서 걷는 것
A challenge / for prehistoric man / m____________ h____________ been / to walk outside.

5 도둑들 중 한 명인 제프는 / 주의를 분산시키곤 했다 / 사람들의 / 밖의 길거리에서
One of thieves, Jeff / w____________ distract / people / out on the street.

5 단계 수능 요리하기

보기와 같이 수능 문장을 단계별로 정확하게 해석해 보자.

보기 Early small communities had to concentrate all their effort on survival.

2015년 수능

❶ Early small communities had to concentrate all their effort on survival.
→ 초기의 작은 공동체들은 해야만 했다

❷ Early small communities had to concentrate all their effort on survival.
→ 초기의 작은 공동체들은 그들의 모든 노력을 집중시켜야만 했다

❸ Early small communities had to concentrate all their effort on survival.
→ 초기의 작은 공동체들은 그들의 모든 노력을 생존에 집중시켜야만 했다.

A **Solar energy can be an alternative energy source for us in the future.**

2015년 수능

❶ Solar energy can be an alternative energy source for us in the future.
→

❷ Solar energy can be an alternative energy source for us in the future.
→

❸ Solar energy can be an alternative energy source for us in the future.
→

B **Others may be disgusted by even glamorous representations of violence.**

2015년 수능

❶ Others may be disgusted by even glamorous representations of violence.
→

❷ Others may be disgusted by even glamorous representations of violence.
→

❸ Others may be disgusted by even glamorous representations of violence.
→

단어 PLUS

A
+ **solar energy** 태양열 에너지
+ **alternative** 대안의, 대체의
+ **source** 원천
+ **future** 미래

B
+ **disgust** 혐오하다
+ **glamorous** 미화된, 아름다운
+ **representation** 표현
+ **violence** 폭력

선배들의 달콤살벌한 공부 이야기 #6

어법 문제 접근법

SKY선배가 너에게

공부하다보면 영어를 정말 잘하는 친구가 항상 모의고사에서 문법 문제를 틀리는 경우를 볼 때가 있을 거야. 문법 관련 지식이 많은 문법박사, 외국에서 살다온 유학파, 영어 듣기는 늘 다 맞히는 친구들. 이 친구들이 문법 문제를 틀리는 이유는 운이 나빠서도, 문법 실력이 부족해서도 아니야. 그럼 이유는 뭘까?

"수능 및 모의고사 어법 문제, 지식의 양보다 출제자의 눈에서 바라보는 문법이 핵심"

수능에 출제되는 어법 유형은 정해져 있어. what과 that 구분, 수동태, 전치사+관대 등 항상 출제되는 문법요소만 나오곤 하지. what에 밑줄이 쳐있으면 이 문장 속에 what이 들어간 게 적절한지 일일이 해석해보고 문장 성분을 따지는 것보다 문장 속에 선행사가 포함이 되었는지 파악하면 되는 거지. 실제로 문법요소를 잘 모르는데도 어법 문제를 잘 푸는 학생이 있다면 대부분 이런 식으로 문제에 접근하고 있을 거야.

최근에 내가 어법 퀴즈 출제를 해 본적이 있는데, 그 때 나는 반복적으로 '현재분사, 과거분사', 'what', '전치사 + 관계대명사', '도치', '주어-동사 수일치'만을 찾았던 것 같아. 이 이야기는 결국 출제자들은 항상 내는 것만 낸다는 거지. 또 what의 짝꿍인 that, 현재분사 짝꿍 과거분사처럼 틀린 답을 만들어낼 때에도 정해진 짝꿍만을 쓴다는 거야. 문장 속의 what을 오답으로 만든다고 해서 who나 which를 잘 쓰지 않아. 결국 어법 문제를 풀 때에는 항상 나오는 문법 요소들과 그 짝꿍들을 잘 기억해두는 것이 핵심인 거지.

자주 출제되는 문법요소와 그 짝꿍을 기억한 후에는 그 짝꿍이 답이 아닌 이유(어떤 문법 요소가 답이 되는 이유)를 하나의 수학 풀이처럼 정형화해야 해. 예를 들어 밑줄 친 that을 보자마자, 짝꿍인 what을 떠올리고 what과 that을 구분하는 '선행사 포함 여부'를 바탕으로 문장을 바라보면 되는 거지. 이렇게 풀면 어렵지 않게 어법 문제에서 정답을 고를 수 있어. 물론 문법에 대한 학습이 선행되는 건 당연한 거야. 문법에 대한 기본 지식을 공부한 후에 문제를 풀 때에는 이렇게 풀면 돼. 항상 나오는 문법 친구들, 그리고 그 짝꿍까지 기억해두고 짝꿍과 문법 친구가 다른 이유 기억하기! 참 쉽지?

혼공

07일차

수동태

My car was stolen.

내 차가 도난당했다.

난이도

"Everything in your world is created by what you think."

세상 모든 일은 여러분이 무엇을 생각하느냐에 따라 일어납니다.

1 단계 개념 요리하기

학습날짜 : 월 일

수동태 요리법

주어가 동사의 동작을 스스로 하면 능동태로 표현을 하고, 동작을 당하는 상황이면 수동태로 표현을 해. '어릴 때 개한테 물린 적이 있다'라고 하면, 그 '물렸다'라는 말이 수동태라고 보면 돼. 우리는 지금까지 능동태를 많이 봐왔어. 이제 동작을 당하는 수동태를 배워 보자. 수동태는 영어의 기본 중의 기본이니까 확실하게 익혀야 해.

혼공해석기법 1 수동태란?

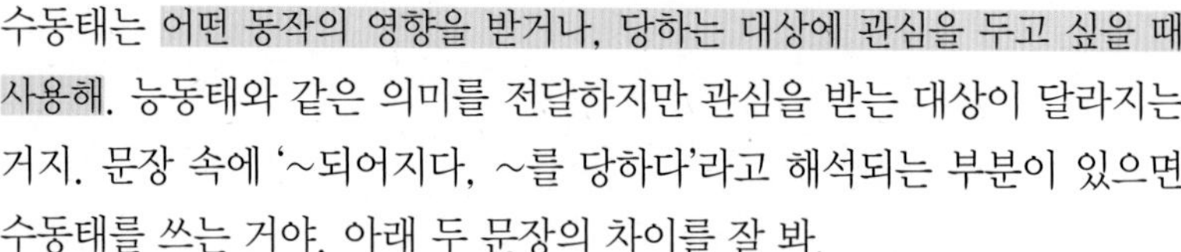

수동태는 어떤 동작의 영향을 받거나, 당하는 대상에 관심을 두고 싶을 때 사용해. 능동태와 같은 의미를 전달하지만 관심을 받는 대상이 달라지는 거지. 문장 속에 '~되어지다, ~를 당하다'라고 해석되는 부분이 있으면 수동태를 쓰는 거야. 아래 두 문장의 차이를 잘 봐.

I / wrote / a book. (내가 / 썼다 / 책 한 권을)
책을 쓴 I가 주인공이라 주어에 배치

A book / was written / by me. (책 한 권이 / 쓰여졌다 / 나에 의해)
A book이 주인공이라 주어에 배치

혼공해석기법 2 수동태를 만드는 방법

「be + p.p.」를 쓰면 '~되어지다'라는 의미를 가진 수동태가 되지. clean은 '청소하다'라는 능동태이고, be cleaned는 덩어리로 '청소되어지다'라는 수동태야. 아래의 문장을 수동태 문장으로 바꿔보자.

My mom / opened / the door. (나의 엄마가 / 열었다 / 문을)

① 능동태의 목적어를 주어로 쓴다.
The door

② 능동태의 동사는 「be동사 + p.p.(과거분사)」로 바꾼다.
The door + was opened

③ 능동태의 주어는 목적격으로 바꾼 후, 「by + 목적격」의 형태를 덧붙인다.
The door was opened + by my mom.

혼공해석기법 

수동태는 왜 만드나?

수동태를 만드는 경우는 여러 가지가 있어. 주로 말하는 사람이 목적어를 강조하기 위해 목적어를 주어로 내세울 때 수동태를 써. 또한 누가 그랬는지 행위자가 명확하지 않을 때 수동태를 사용해. 지갑을 누가 훔쳐갔는지 모를 때, '지갑을 도난당했다'라고 표현하지.

1. 목적어 강조

능동: We / elected / Tom / a captain. (우리는 / 선출했다 / Tom을 / 반장으로)

수동: Tom / was elected / a captain (by us). (Tom은 / 선출되었다 / 반장으로)

선출은 반 학생들이 했겠지만, 다른 사람이 아니라 Tom이 선출되었다는 것을 부각시키려는 거야. 말하지 않아도 우리가 뽑았다는 정황이 있으면 by us는 생략해도 좋아.

2. 행위자가 불분명

능동: Someone / stole / my bike. (어떤 사람이 / 훔쳤다 / 내 자전거를)

수동: My bike / was stolen. (내 자전거는 / 도난당했다)

누가 훔쳤는지를 모르는 상황이기 때문에 주어를 몰라서 수동태를 사용했어. 신문 기사에 나오는 사건, 사고도 보통 행위자를 모를 땐 수동 표현으로 많이 쓰지.

3. 행위자가 일반 사람

English / is spoken / in Canada. (영어는 / 말해 진다 / 캐나다에서)

영어를 말하는 사람들은 다수의 일반 사람들이기 때문에, 주어를 특별하게 쓰는 의미가 없어서 수동태를 사용해.

혼공해석기법 

수동태의 부정문과 의문문

1. 수동태의 부정문

be동사 + not + p.p.(과거분사) + by 행위자

The book was not written by me. (그 책은 나에 의해서 쓰여지지 않았다.)

2. 수동태의 의문문

의문사가 없을 때: Be동사 + 주어 + p.p.(과거분사) + by 행위자?

Was the book written by him? (그 책은 그에 의해서 쓰여졌니?)

의문사가 있을 때: 의문사 + be동사 + 주어 + p.p.(과거분사) + by 행위자?

When was the book written by him? (그 책은 언제 그에 의해서 쓰여졌니?)

혼공해석기법 5
수동태 X 시제

동사에 시제를 더하면 의미가 다양해지지? 수동태와 12시제가 함께 쓰여서 동사의 의미를 다양하게 할 수 있어. 하지만 모든 경우가 일상에서 자주 쓰이지는 않아. 수동태가 기본적인 현재/과거/미래 시제와 어떻게 함께 쓰일 수 있는지 살펴보자.

현재 시제 X 수동태

am/are/is + p.p.(과거분사)
The computer is repaired by him. (그 컴퓨터는 그에 의해서 수리된다.)

과거 시제 X 수동태

was/were + p.p.(과거분사)
The computer was repaired by him. (그 컴퓨터는 그에 의해서 수리되었다.)

미래 시제 X 수동태

will be + p.p.(과거분사)
The computer will be repaired by him. (그 컴퓨터는 그에 의해서 수리될 것이다.)

혼공해석기법 
4형식 문장의 수동태

지금까지는 문장의 3형식의 수동태에 대해서 알아보았어. 이번에는 4형식 문장의 수동태를 만드는 방법을 익혀 보자. 4형식은 수여동사 뒤에 목적어가 두 개지? 그래서 간접목적어와 직접목적어를 주어로 하는 두 개의 수동태가 가능해. 그리고 직접목적어가 주어인 수동태의 경우 간접목적어 앞에 to, for 등의 전치사를 써야 한다는 점이 특별하지.

4형식 문장

The boss / gave / me / a chance. (상사는 / 주었다 / 나에게 / 기회를)
S V I.O. D.O.

간접목적어를 주어로 쓸 때

I / was given / a chance / by the boss. (나는 / 주어졌다[받았다] / 기회를 / 상사에 의해)

직접목적어를 주어로 쓸 때

A chance / was given / to me / by the boss. (기회가 / 주어졌다 / 나에게 / 상사에 의해)

혼공해석기법 7

5형식 문장의 수동태 (1)

가장 어렵다는 5형식 문장의 수동태에 도전해 보자. 5형식은 종류가 다양했지? 다양한 문장의 종류만큼이나 수동태의 종류도 다양하지. 먼저 목적격보어가 명사나 형용사인 5형식 문장의 수동태를 살펴보자.

기본 5형식 문장의 수동태

They / called / the baby / Sam. (그들은 / 불렀다 / 그 아기를 / Sam이라고)
S V O O.C.

→ The baby / was called / Sam / by them. (그 아기는 / 불리었다 / Sam이라고 / 그들에 의해)

혼공해석기법 

5형식 문장의 수동태 (2)

5형식의 대표 동사인 지각동사, 사역동사를 이용한 문장의 수동태는 주의해야 해. 수동태로 만들면, 목적격보어에 쓰인 동사원형을 to 부정사의 형태로 바꾸어 줘야 해. 아래 예문들을 살펴보자.

사역동사나 지각동사를 이용한 5형식 문장

1. 사역동사

My mom / made / me / wash the dishes. (나의 엄마는 / 시켰다 / 내가 / 설거지를 하도록)
S V O O.C.

→ I / was made / to wash the dishes / by my mom. (나는 / 시킴을 당했다 / 설거지를 하도록 / 내 엄마에 의해)

2. 지각동사

We / saw / him / enter the building. (우리는 / 보았다 / 그가 / 건물에 들어가는 것을)
S V O O.C.

→ He / was seen / to enter the building / (by us). (그는 / 목격되었다 / 건물에 들어가는 것을)

디저트 퀴즈

다음 문장들의 밑줄 친 부분을 능동/수동으로 구별해 보자.

EX **Sally <u>predicted</u> the accident.** 능동

1 A doll <u>was made</u> like a polar bear.

2 Mr. Ha <u>teaches</u> students chemistry.

3 My father <u>kept</u> my room warm.

4 We <u>elected</u> him the president of Korea.

2단계 문법 요리하기

다음 우리말 의미에 맞게 박스 안에서 알맞은 것을 골라 보자.

1 Some elephants [saw / were seen] by tourists. 몇몇 코끼리들이 관광객들에 의해 보여졌다.

2 The trees [planted / were planted] by children. 그 나무들은 아이들에 의해 심어졌다.

3 This music [made / was made] by Mozart. 이 음악은 모차르트에 의해 만들어졌다.

4 My desk [covered / was covered] with dirt. 내 책상은 먼지로 덮여 있었다.

5 Milk and newspaper [delivered / were delivered] every morning by the boys.
우유와 신문이 매일 아침 그 소년들에 의해 배달되었다.

6 Cinderella was often [laughing / laughed] at by her sisters.
신데렐라는 종종 그녀의 언니들에 의해 비웃음 당했다.

7 I [resemble / am resembled] my father. 나는 내 아버지를 닮았다.

8 A language [is taught / taught] to be the source of human life and power.
언어는 인간 삶의 근원이자 힘이라고 가르쳐진다.

9 It [is said / said] that the taste of love is bitter. '사랑의 맛은 쓰다'라고 말해진다.

10 It [considered / is considered] that Google is a good resource to find information over the Internet.
구글은 인터넷 상에서 정보를 찾는 좋은 원천으로 여겨진다.

3 단계 해석 요리하기

보기와 같이 수동태 문장들을 의미에 주의해서 해석해 보자.

보기 The accident was predicted by Sally. ➡ 그 사고는 샐리에 의해 예견되었다.

혼공TIP 동사 predict를 수동태로 만들어서 was predicted로 표현했어.

모의고사 2015년 고1 11월 학평

1 They may also be found in sandy bays.

모의고사 2015년 고1 3월 학평 응용

2 An atmosphere of sharing is created by this.

모의고사 2015년 고1 3월 학평

3 Not everything is taught in the school!

모의고사 2015년 고1 3월 학평

4 At first I was blinded by the flame.

모의고사 2015년 고1 3월 학평 응용

5 It is said that a nutritious breakfast is the brain's fuel.

모의고사 2015년 고1 11월 학평 응용

6 The dogs were repeatedly asked to give their paws.

모의고사 2015년 고1 11월 학평

7 Strawberry-flavored food will be expected to be red.

모의고사 2016년 고1 6월 학평

8 The same effect with familiar holiday destination can be seen.

모의고사 2016년 고1 3월 학평 응용

9 To create goodwill, the food must be unexpectedly delivered by chef.

모의고사 2016년 고1 6월 학평 응용

10 Alcoholic drinks were made from their flower, too.

단어 PLUS

1
+ **found** find(찾다)의 과거분사형
+ **sandy** 모래가 있는
+ **bay** 만

2
+ **atmosphere** 분위기
+ **sharing** 나눔
+ **create** 만들어내다

3
+ **taught** teach(가르치다)의 과거분사형

4
+ **blind** (잠시) 앞이 안 보이게 만들다
+ **flame** 화염

5
+ **nutritious** 영양가 있는
+ **fuel** 연료

6
+ **repeatedly** 반복적으로
+ **ask** 부탁하다, 요청하다
+ **paw** (동물의) 발

7
+ **flavored** ~한 맛이 나는
+ **expect** 예상하다

8
+ **effect** 효과
+ **familiar** 친숙한
+ **holiday destination** 휴양지

9
+ **goodwill** 호의
+ **unexpectedly** 예상치 못하게
+ **deliver** 배달하다
+ **chef** 주방장

10
+ **alcoholic drink** 술

앞서 배운 문장들을 바탕으로 빈칸을 채워 문장을 완성해 보자.

1 강아지들은 / 반복적으로 요구받았다 / 그들의 발을 내밀어 달라고
The dogs / were r____________ a____________ / to give their paws.

2 딸기 맛이 나는 음식은 / 예상될 것이다 / 빨갛다고
Strawberry-flavored food / will be e____________ / to be red.

3 같은 효과가 / 친숙한 휴양지와 함께 / 보여질 수 있다
The same effect / with familiar holiday destination / can b____________ s____________.

4 호의를 만들기 위해 / 음식은 / 예상치 못하게 배달되어야 한다 / 주방장에 의해서
To create g____________, / the food / must be unexpectedly d____________ / by chef.

5 술은 / 만들어졌다 / 그들의 꽃으로부터 / 또한
Alcoholic drinks / w____________ m____________ / from their flower, / too.

5단계 수능 요리하기

보기와 같이 수능 문장을 단계별로 정확하게 해석해 보자.

보기 Most of the systems in animal and human physiology are controlled by homeostasis.

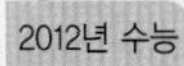
2012년 수능

❶ Most of the systems in animal and human physiology are controlled by homeostasis.
→ 대부분의 체계는

❷ Most of the systems in animal and human physiology are controlled by homeostasis.
→ 대부분의 동물과 인간 생리 내의 체계는

❸ Most of the systems in animal and human physiology are controlled by homeostasis.
→ 대부분의 동물과 인간 생리 내의 체계는 항상성에 의해 조절된다.

A **I tried to paddle back to shore but my arms and legs were paralyzed.**

2012년 수능

❶ I tried to paddle back to shore but my arms and legs were paralyzed.
→

❷ I tried to paddle back to shore but my arms and legs were paralyzed.
→

❸ I tried to paddle back to shore but my arms and legs were paralyzed.
→

B **The phenomenon can be observed in all aspects of our daily lives.**

2013년 수능

❶ The phenomenon can be observed in all aspects of our daily lives.
→

❷ The phenomenon can be observed in all aspects of our daily lives.
→

❸ The phenomenon can be observed in all aspects of our daily lives.
→

C **He was considered to be more successful as an architect than a painter.**

2012년 수능

❶ He was considered to be more successful as an architect than a painter.
→

❷ He was considered to be more successful as an architect than a painter.
→

❸ He was considered to be more successful as an architect than a painter.
→

단어 PLUS

A
- **paddle** 허우적대다
- **shore** 기슭
- **paralyze** 마비시키다

B
- **phenomenon** 현상
- **observe** 관찰하다
- **aspect** 측면
- **daily** 일상의

C
- **consider A to B** A를 B라 여기다
- **successful** 성공적인
- **architect** 건축가
- **more A than B** B보다는 A가 더

B course

주어, 목적어, 보어가 길어진 문장

혼공

08일차

to 부정사를 이용해 길어진 문장

I want to sleep.

나는 자기를 원한다.

난이도 🌶🌶🌶

"The most wasted of all days is one without laughter."

인생에서 가장 의미 없이 보낸 날은 웃지 않고 보낸 날이다.

개념 요리하기

학습날짜 : 월 일

to 부정사 요리법

드디어 올 것이 왔지? 영문법에서 가장 유명한 to 부정사야. 너무 겁먹지 않아도 괜찮아. 지금부터 함께 to 부정사의 모든 것을 기초부터 알아보자. 무조건 외우려는 마음을 버리고 문장 내에서 어떻게 해석되는지 규칙을 발견하는 것이 중요해.

혼공해석기법 
to 부정사란?

to 부정사는 'to + 동사원형'의 형태로 명사, 형용사, 부사처럼 쓰여.

to 부정사의 형태: to + 동사원형

다만, 우리가 지금까지 문장의 1~5형식까지 알아본 것처럼, to 부정사도 쓰이는 동사의 형식에 따라서 5가지 형태를 가질 수 있어. 동사 하나만 따라오는 것이 아니야. 아래의 덩어리는 다 to 부정사라고 볼 수 있어. 이제부터 덩어리가 나오면 묶으면서 해석하는 습관을 가져봐.

1. to + 1형식 동사
to go 가기, 가기 위해
2. to + 2형식 동사 + 보어
to become a doctor 의사가 되는 것, 의사가 되기 위해
3. to + 3형식 동사 + 목적어
to have a party 파티를 여는 것, 파티를 열기 위해
4. to + 4형식 동사 + 간접목적어 + 직접목적어
to give her a present 그녀에게 선물을 주기, 그녀에게 선물을 주기 위해
5. to + 5형식 동사 + 목적어 + 목적격보어
to make my mom happy 엄마를 행복하게 하기, 엄마를 행복하게 하기 위해

to 부정사의 부정

to 부정사의 부정은 to 부정사 앞에 not이나 never를 붙이면 돼. 정말 간단하지?

They tried not to think about the accident. (그들은 사고에 대해서 생각하지 않으려고 노력했다.)

She decided never to miss the class. (그녀는 절대로 결석하지 않기로 결심했다.)

cf. She didn't decide to miss the class. (그녀는 결석하기로 결심하지 않았다.)

혼공해석기법 2

to 부정사의 명사적 용법

명사는 문장에서 주어, 목적어, 보어의 역할을 해. to 부정사는 명사가 문장에서 하던 역할을 그대로 해. 문장에서 주어, 목적어, 보어로 쓰이면서 명사 역할을 하는 to 부정사를 '명사적 용법'이라고 불러.

명사역할

'~하기, ~하는 것'으로 해석한 뒤, 자리에 따라 '은[는], ~이다, 을[를]'을 붙인다.

1. 주어 역할 (~것은)

To study a foreign language / is interesting. (외국어를 공부하는 것은 / 흥미롭다)

2. 주격보어 역할 (~것이다)

My hobby / is to collect stamps. (나의 취미는 / 우표를 수집하는 것이다)

3. 목적어 역할 (~하는 것을[를])

She / wants / to take a cab. (그녀는 / 원한다 / 택시를 타고 가는 것을)

4. 목적격보어로 사용되는 경우

I / want / you / to listen to me. (나는 / 원한다 / 네가 / 나에게 귀 기울이기를)

의문사 + to 부정사

1. what + to 부정사: 무엇을 ~할지
I don't know what to wear. 나는 무엇을 입어야 할지 모르겠다.

2. where + to 부정사: 어디서 ~할지
Tell me where to go. 어디로 가야할 지를 나에게 말해줘.

3. how + to 부정사: 어떻게 ~할지
He will show you how to fix it. 그가 그것을 어떻게 고치는 지를 너에게 보여줄 것이다.

4. when + to 부정사: 언제 ~할지
We didn't decide when to leave. 우리는 언제 떠날지 결정하지 않았다.

5. which + to 부정사: 어느 것을 ~할지
I don't know which to choose. 나는 어느 것을 선택할지 모르겠다.

6. who(m) + to 부정사: 누구를 ~할지
I'm thinking about who(m) to invite. 나는 누구를 초대할지 생각하고 있다.

혼공해석기법 

to 부정사의 형용사적 용법 (1): 명사 수식

형용사는 문장에서 명사 수식, 보어 역할을 해. to 부정사의 형용사적 용법도 이런 형용사의 역할을 그대로 해. 보통 형용사는 명사 앞에서 pretty girl과 같이 명사를 수식해 주잖아? 하지만, to 부정사의 형용사적 용법은 명사를 '뒤에서 앞으로' 수식을 해준다는 점이 특이하지.

명사 수식

'~할, ~하는'이라고 해석하며, 명사의 뒤에 주로 등장한다.

a book to read (읽을 책)

a friend to help me (나를 도와줄 친구)

주의할 어순

–one, –thing으로 끝나는 대명사 + 형용사 + to 부정사

something cold to drink 마실 차가운 무언가

명사 + to 부정사 + 전치사

a pen to write with 가지고 쓸 펜

혼공해석기법 

to 부정사의 형용사적 용법 (2): be to 용법

형용사가 보어 역할을 할 때 be동사 다음에 쓰이지. 이 형용사의 역할을 to 부정사가 대신하게 되면, be동사 다음에 to 부정사가 위치하고 이것은 특별히 'be to 용법'이라고 불러. 예정, 의무, 가능, 의도, 운명 등 다양한 해석이 가능하기 때문에 문맥에 맞게 해석을 해줘야 해.

be to 용법

의무: You are to come here by 6. (너는 여기에 6시까지 와야만 한다.)

가능: No one was to be seen in the park. (아무도 공원에서 보이지 않았다.)

의도: If you are to succeed, you must study hard. (네가 성공하고자 한다면, 너는 열심히 공부해야만 한다.)

운명: They were to leave their homeland. (그들은 그들의 고향을 떠날 운명이었다.)

예정: I am to meet her at 4. (나는 4시에 그녀를 만날 예정이다.)

혼공해석기법 

to 부정사의 부사적 용법

부사는 문장에서 필수 성분은 아니지만 의미를 더해주는 역할을 해. to 부정사의 부사적 용법도 부사와 마찬가지로 필수적인 문장의 성분으로 쓰이지는 않지만, 다양한 의미를 문장에 더해주는 역할을 해.

1. 목적: ~하기 위해서

He / went to his house / to do his homework. (그는 / 그의 집으로 갔다 / 그의 숙제를 하기 위해서)

2. (감정의) 원인: ~해서, ~하니

I am sorry / to hear that. (유감이다 / 그 말을 들으니)

3. 결과: (~하여 그 결과) ~하다

She grew up / to be a pianist. (그녀는 자랐다 / (그 결과) 피아니스트가 되었다)

4. 판단의 근거: ~하다니

You / must be cruel / to say so. (너는 / 잔인함에 틀림없다 / 그렇게 말하다니)

5. 형용사 수식: 형용사를 수식하는 것은 부사의 원래 역할

This book / is difficult / to read. (이 책은 / 어렵다 / 읽기에)

혼공해석기법 

용법 구별해서 해석하기

to 부정사에서 가장 중요한 것은 3가지 용법을 구별해서 적절하게 해석을 하는 능력이야. 각각의 용법의 특징을 잘 이해하면 충분히 3가지 용법을 구별할 수 있어.

1. 명사적 용법

주어, 목적어, 보어 자리에 있는 to 부정사는 명사적 용법이고, '~하기, ~하는 것'으로 해석 해.

She / decided / to start studying Spanish. (그녀는 / 결심했다 / 스페인어 공부를 시작하기로)
S V O

to start는 decide라는 동사에 대한 목적어 역할을 하고 있어.

2. 형용사적 용법

to 부정사가 바로 왼쪽의 명사를 수식한다면 형용사적 용법! 주로 '~할'로 해석하고 앞의 명사를 수식해.

I / gave / her / a piece of paper / to write on. (나는 / 주었다 / 그녀에게 / 한 장의 종이를 / 위에다 쓸)
S V I.O. D.O. M

to write on은 주어, 목적어, 보어가 아니야. 그리고 바로 왼쪽에 있는 paper라는 명사를 꾸며주고 있지.

3. 부사적 용법

위의 경우로 해석이 자연스럽지 않다면, 부사적 용법으로 해석하면 간단해.

Nice / to meet / you. (좋아요 / 만나서 / 당신을)

nice한 이유는 to meet you(당신을 만나서)거든. 원인을 나타내고 있기 때문에 부사적 용법!

혼공해석기법 

to 부정사의 의미상의 주어 (1)

to 부정사에는 동사가 있지? 그 동사의 주인을 '의미상의 주어'라고 해. 문장의 진짜 주어는 따로 있기 때문에 '의미상'이라는 말을 붙이는 거야. 의미상의 주어는 '(의미상의 주어)가 to 부정사 하다'라고 해석하면 아주 자연스러워.

for + 목적격
– 일반적인 to 부정사의 의미상의 주어
– 주로 일이나 상황을 나타내는 형용사와 함께 쓰임
: easy, difficult, hard, necessary, possible, impossible, interesting, important 등

It takes two hours / for me / to read that book. (두 시간이 걸린다 / 나에게 / 그 책을 읽는 것은)
It's important / for us / to go to bed early. (중요하다 / 우리가 / 일찍 자는 것은)
It's possible / for him / to get there / by 5. (가능하다 / 그가 / 그곳에 도착하는 것은 / 5시까지)

혼공해석기법 

to 부정사의 의미상의 주어 (2)

to 부정사의 의미상의 주어는 일반적인 경우 「for + 목적격」으로 나타내지만 사람의 성격이나 성향을 나타내는 형용사와 함께 쓸 때는 「of + 목적격」으로 나타내니까 주의해야 해.

of + 목적격
– 사람의 성격, 성향을 나타내는 형용사 뒤에 씀
: kind, wise, clever, sweet, nice, stupid, foolish, silly(어리석은), polite, impolite, thoughtful, cruel(잔인한), rude, careful, careless(부주의한), generous(관대한), honest, brave, courageous(용감한), arrogant(거만한) 등

It's kind / of you / to help me. (친절하구나 / 네가 / 나를 돕다니)
It's brave / of her / to try again. (용감하다 / 그녀가 / 다시 시도하다니)

혼공해석기법 9
to 부정사의 시제

이게 가장 난도가 높은 문법인데, to 부정사에 동사가 있잖아. 이 동사가 문장의 진짜 동사와 비교했을 때 같은 시제인지 하나 더 과거 시제(더 이전에 일어난 일)인지를 따져서 to 부정사의 시제를 표현해.

1. to 부정사의 단순 시제 (단순부정사)

「to + 동사원형」의 형태이며 to 부정사의 시제가 주절의 시제와 동일할 때 사용

She seems / to be sick. (그녀는 ~로 보인다 / 아픈 것처럼)

→ 그녀는 현재 아픈 것처럼 보인다.

*진짜 동사 seems는 현재 시제이고 현재 아픈 것처럼 보이는 것이므로 to be의 시제는 현재

2. to 부정사의 완료 시제 (완료부정사)

「to have + p.p.」의 형태이며 to 부정사의 시제가 주절의 시제보다 한 시제 이전임을 나타냄

She seems / to have been sick. (그녀는 ~로 보인다 / 아팠던 것처럼)

→ 그녀는 과거에 아팠던 것처럼 지금 보인다.

*진짜 동사 seems는 현재 시제이고 과거에 아팠었던 것처럼 보이므로 to have been의 시제는 과거

디저트 퀴즈

다음 문장들의 밑줄 친 to 부정사가 어떤 용법으로 쓰였는지 골라 보자.

EX **His dream is to be the president of Korea.** **(명사/형용사/부사)적 용법**

1 The chef needs a knife to cut with. (명사/형용사/부사)적 용법

2 He awoke to find himself alone in the house. (명사/형용사/부사)적 용법

3 Peter plans to leave tomorrow. (명사/형용사/부사)적 용법

4 Penguins lost the ability to fly. (명사/형용사/부사)적 용법

괄호 안의 단어들을 배열하여 어법상 올바른 문장을 완성해 보자.

1 She wants ______________________.(new, to, books, buy)

2 I didn't decide ______________________. (go, to, where)

3 I don't know ______________________. (to, my car, where, park)

4 My son grew up ______________________. (be, to, a firefighter)

5 I ______________________ my boss tomorrow. (to, am, see)

6 They are ______________________. (yoga classes, to, take, trying)

7 Be careful ______________________. (to, catch, not, a cold)

8 I want you ______________________. (marry, to, her)

9 I'm sorry ______________________. (that, hear, to)

10 I was very pleased ______________________. (his gift, to, receive)

3 단계 해석 요리하기

보기와 같이 to 부정사의 의미에 주의해서 해석해 보자.

보기 **To prove this wrong, Newton reversed the process.**

➡ 이것이 틀렸다는 것을 증명하기 위해, 뉴턴은 그 과정을 거꾸로 실행했다.

혼공TIP to 부정사가 완전한 문장과 함께 있으면 부사적 용법으로 쓰였다는 걸 알 수 있어야 해.

모의고사 2014년 고1 3월 학평

1 It was an unfortunate way to end his career.

모의고사 2014년 고1 9월 학평

2 Put your finger on the eggs to stop them spinning.

모의고사 2014년 고1 3월 학평

3 He would always have a good story to tell.

모의고사 2014년 고1 9월 학평

4 To be separated so long from his love was heart-breaking for him.

모의고사 2014년 고1 9월 학평

5 The pastor had invited her to speak about "The Hunger Project".

모의고사 2015년 고1 11월 학평

6 Refugees from burning cities were desperate to find safe refuge.

모의고사 2015년 고1 3월 학평

7 To be a better reader, be more like Sherlock Holmes.

모의고사 2016년 고1 6월 학평

8 Problems occur when we try too hard to avoid these feelings.

모의고사 2016년 고1 3월 학평

9 Eating together gives employees time to make connections with each other.

단어 PLUS

1
+unfortunate 불행한
+career 직업

2
+finger 손가락
+spin 돌다

3
+always 항상

4
+separate 분리하다
+hear-breaking 가슴 아픈

5
+pastor 목사
+invite ~을 초대하다
+hunger 배고픔

6
+refugee 난민
+burning 불타는
+be desperate to ~하는데 절실하다
+refuge 피난처

7
+reader 독자

8
+occur 발생하다
+avoid 피하다
+feeling 감정

9
+together 함께
+employee 피고용자
+connection 연결, 유대감

앞서 배운 문장들을 바탕으로 빈칸을 채워 문장을 완성해 보자.

1 목사님은 / 초대했었다 / 그녀를 / "헝거 프로젝트"에 관해 이야기하기 위해
The pastor / had invited / her / t____________ s____________ about "The Hunger Project".

2 피난민들은 / 불타는 도시로부터의 / 필사적이었다 / 찾기 위해 / 안전한 피난처를
Refugees / from burning cities / were desperate / t____________ f____________ / safe refuge.

3 더 좋은 독자가 되기 위해, / 더욱 셜록 홈스처럼 돼라
T____________ b____________ a better reader, / be more like Sherlock Holmes.

4 문제는 / 발생한다 / 우리가 너무 많이 노력할 때 / 피하기 위해 / 이러한 감정들을
Problems / occur / when we try too hard / t____________ a____________ / these feelings.

5 함께 식사하는 것은 / 준다 / 피고용자들에게 / 유대감을 형성하는 시간을 / 서로
Eating together / gives / employees / time t____________ m____________ c____________ / with each other.

5 단계 수능 요리하기

보기와 같이 수능 문장을 단계별로 정확하게 해석해 보자.

보기 Don't miss this great opportunity to improve your Korean writing.

2017년 수능

❶ Don't miss this great opportunity to improve your Korean writing.
→ 놓치지 마세요

❷ Don't miss this great opportunity to improve your Korean writing.
→ 이 좋은 기회를 놓치지 마세요

❸ Don't miss this great opportunity to improve your Korean writing.
→ 당신의 한국어 쓰기를 향상시킬 이 좋은 기회를 놓치지 마세요.

A Larger groups also put more pressure on their members to conform.

2015년 수능

❶ Larger groups also put more pressure on their members to conform.
→

❷ Larger groups also put more pressure on their members to conform.
→

❸ Larger groups also put more pressure on their members to conform.
→

B To be courageous under all circumstances requires strong determination.

2011년 수능

❶ To be courageous under all circumstances requires strong determination.
→

❷ To be courageous under all circumstances requires strong determination.
→

❸ To be courageous under all circumstances requires strong determination.
→

단어 PLUS

A
- larger 더 큰
- put pressure on ~ ~에 압력을 가하다
- conform 순종하다

B
- courageous 용감한
- circumstance 상황
- require 요구하다
- determination 결단력

선배들의 달콤살벌한 공부 이야기 #7

영어 듣기 정복하는 법

SKY선배가 너에게

고등학교 3학년이 되면 대부분의 학생들은 영어 듣기 문제를 다 맞혀. 수능이나 모의고사 속 영어 독해 문제에 비해서 영어 듣기 문제의 난이도가 낮기 때문이야. 영어 듣기를 잘 못하던 학생들도 한 달 정도만 시간을 확실히 투자해서 표현을 공부하고 매일매일 듣기 연습을 한다면 영어 듣기 만점을 받을 수 있어. 그런데, 이상하게도 공부를 잘하는 학생들이 종종 영어 듣기를 틀리곤 해. 외국어고등학교를 다녔던 내 주변에도 그런 친구들이 꽤 있었어. 그렇게 영어 듣기를 틀린 친구들은 '아 졸려서 못 들었네.', '문장을 놓쳐버렸네.', '딴 생각을 하다가.'와 같이 다양한 이유를 들며 스스로를 합리화하지. 그런데, 그 합리화가 얼마나 무서운지 생각해야 해.

"몸은 기억 한다"

영어 듣기는 점심시간 이후에 진행돼. 가장 피곤한 시간이자 배가 불러와서 나른함을 한껏 느낄 수 있는 시간이지. 만약 평소에 영어 듣기를 하면서 조는 게 습관이라면 수능 때 절대 졸지 않겠다고 스스로 다짐해도 몸이 영어를 들으면 조는 것을 기억해버려. 평소의 습관이기에 몸은 졸음에서 깨어나려고 하지 않아. 그러면 수능에서 똑같은 실수를 하게 되는 거지. 듣기 표현 공부와 듣기에 대한 연습이 어느 정도 완벽하다면 영어 듣기를 위해 할 일은 딱 하나야.

듣기 정복 = 졸려도 들을 수 있는 능력

졸려도 들을 수 있는 능력이 중요한 이유는 영어 듣기는 실제로 졸음과 집중력이 좌우하거든. 또한, 평소에 잠이 없는 학생들도 수능 국어 시간이 지나면 긴장감이 완화돼서 영어 시간이 되면 졸음을 많이 느끼곤 해. 그렇기 때문에, 단순한 듣기 실력보다 졸려도 버티면서 영어 듣기에 집중해 내용을 이해하고 답을 찾아내는 것이 더 중요해. 따라서 평소 졸음을 많이 느끼는 시간에 듣기를 하는 것이 하나의 방법이야. 졸음을 느끼는 상황에서 버티면서 듣기를 하고 답을 잘 찾아낼 수 있도록 몸을 훈련하는 거야. 무모한 방법인 것 같지만, 영어 듣기가 어려운 것이 아니기 때문에 졸음에서 벗어나기만 하면 영어 듣기는 정복할 수 있어. 추가적으로 수능 한 달 전부터는 점심시간 이후에 듣기를 계속하면서 몸의 패턴을 수능에 맞춰주는 것도 듣기를 정복하기 위한 좋은 팁이야.

혼공

09일차

동명사를 이용해 길어진 문장

I enjoy studying.

나는 공부하는 것을 즐긴다.

난이도

"Our greatest glory is not in never falling, but in rising every time we fall."

가장 위대한 영광은 한 번도 실패하지 않음이 아니라
실패할 때마다 다시 일어서는 데에 있다.

1 단계 개념 요리하기

학습날짜 : 월 일

동명사 요리법

동명사는 동사에 ing를 붙여서 명사처럼 쓰는 것을 말해. to 부정사도 동사에 to를 붙여서 명사처럼 썼었지? 동명사도 똑같아. 동사를 다양하게 활용하기 위한 문법이야. 다만 to 부정사가 명사, 형용사, 부사처럼 다양하게 동사를 활용했다면, 동명사는 명사로만 동사를 활용하는 거야. 결국 동명사는 to 부정사의 명사적 용법과 거의 비슷한데 약간 쓰임이 다른 경우만 확인하면 돼.

혼공해석기법 1
동명사의 기본

동명사는 동사에 ing를 붙여서 동사를 명사로 활용하는 거야. to 부정사와 마찬가지로 동사에는 5가지 형식이 있기 때문에 동명사도 뒤에 목적어나 보어가 따라올 수 있어.

동명사의 형태: 동사 + ing(~하는 것, ~하기)

read 읽다 → reading 읽는 것(행위)

being a teacher 교사가 되는 것
giving her a present 그녀에게 선물을 주는 것
playing golf 골프를 하는 것
making him quiet 그를 조용히 만드는 것

혼공해석기법 2
문장에서 동명사의 역할

동명사는 문장에서 명사의 역할을 해. 앞서 to 부정사에서 확인했듯이 명사는 문장에서 주어, 목적어, 보어의 역할을 하지. 그 역할을 동명사가 그대로 해. 여기서 잠깐! 동명사는 전치사의 목적어라는 역할도 하는데, 이것은 to 부정사는 못하는 역할이야. 전치사의 목적어는 전치사 다음의 명사 자리를 말해.

1. 주어 역할(~하는 것은)
Walking / is good / for your health. (걷기는 / 좋다 / 너의 건강에)

2. 목적어 역할(~하는 것을)
He / finished / writing the report. (그는 / 마쳤다 / 보고서 쓰는 것을)

3. 보어 역할(~하는 것이다)
His job / is teaching / math. (그의 직업은 / 가르치는 것이다 / 수학을)

4. 전치사의 목적어 역할
I / am good / at playing soccer. (나는 / 능하다 / 축구하는 것에)

혼공해석기법 3
동명사만 목적어로 취하는 동사

어떤 3형식 동사들은 목적어로 동명사만을 취해. 시험에 정말 자주 출제되는 포인트이지. 이 동사들의 의미는 주로 싫어서 '피하거나, 늦추거나 부정하거나 끝내고 포기하거나 중지, 그만하는 것'과 많은 관련이 있어. 나머지로 consider, enjoy, practice, keep 이 네 가지만 외우면 간단하지.

avoid(회피하다), delay(늦추다), deny(부정하다), finish(끝내다), quit(중지하다), stop(그만하다), give up(포기하다), mind(꺼려하다), practice(연습하다), consider(고려하다), enjoy(즐기다), keep(유지하다)

이 네 가지만 따로 외우자

혼공해석기법 4
to 부정사만 목적어로 취하는 동사

위의 동사들과는 다르게 to 부정사만을 목적어로 취하는 동사들이 있어. 사실 종류가 어마어마하게 많은데, 이를 다 외우지 말고 위에 나온 동명사만을 취하는 동사를 제외하고는 거의 다 to 부정사만을 목적어로 쓰는 동사라고 생각하는 게 편해. 그냥 아래 박스 속에 있는 단어들을 죽 읽어봐.

learn(배우다), agree(동의하다), afford(~할 여유가 있다), manage(잘 해내다), mean(의도하다), offer(제공하다), fail(실패하다), pretend(~인 척 하다), want(원하다), wish(바라다), decide(결정하다), expect(기대하다), plan(계획하다), prepare(준비하다), hope(바라다), promise(약속하다)

주로 아직 일어나지 않은 일에 대한 내용이지?

to 부정사와 동명사 둘 다 목적어로 취하지만 의미가 달라지는 동사

1. remember ~ing: ~했던 것을 기억하다 / remember to ~: ~해야 할 것을 기억하다
2. forget ~ing: ~했던 것을 잊다 / forget to ~: ~해야 할 것을 잊다
3. regret ~ing: ~했던 것을 후회하다 / regret to ~: ~하게 되서 유감이다
4. try ~ing: 시험 삼아 ~하다 / try to ~: ~하려고 노력하다

디저트 퀴즈

밑줄 친 동명사가 문장 안에서 어떤 역할하고 있는지 골라 보자.

EX **Would you mind turning the radio down?** (주어/보어/목적어)

1. Sailing a yacht is sometimes dangerous. (주어/보어/목적어)
2. Her father was furious at her dating the enemy's son. (주어/보어/목적어)
3. My job is making coffee. (주어/보어/목적어)
4. I regret telling you that you were wrong. (주어/보어/목적어)

괄호 안의 단어들을 배열하여 어법상 올바른 문장을 완성해 보자.

1 ______________________ (a, bad, giving up, habit) is not easy.

2 My dad forgot ______________________. (books, some, ordering)

3 He finished ______________________. (his, writing, novel, first)

4 Her part time job is ______________________. (kids, care of, taking)

5 I regret ______________________. (talking, the library, in)

6 He practices ______________________. (a lot, English, speaking)

7 He is ______________________. (telling, good, lies, at)

8 He tried to avoid ______________________. (my, answering, question)

9 I ______________________. (solving, the problem, tried)

10 She ______________________. (the truth, telling, avoided)

3 단계 해석 요리하기

보기와 같이 문장들을 동명사의 의미에 주의해서 해석해 보자.

보기 I wanted to start running, but I couldn't.

➡ 나는 달아나고 싶었지만, 나는 그럴 수가 없었다.

혼공TIP 동사 start에 대한 목적어로 동명사 running이 쓰였어.

모의고사 2015년 고1 3월 학평

1 I never wake up without being full of ideas.

모의고사 2015년 고1 9월 학평

2 We will put up lost dog signs and keep looking.

모의고사 2015년 고1 11월 학평

3 Psychologist Lee Ross began studying this in 1977.

모의고사 2015년 고1 9월 학평

4 Bringing in some cookies sometimes is enough.

모의고사 2016년 고1 3월 학평

5 He kept singing and the fly landed back on his nose.

모의고사 2015년 고1 11월 학평

6 Therefore, designing a home is a very personal venture.

모의고사 2015년 고1 3월 학평

7 Dr. John was well-known for helping his patient.

모의고사 2015년 고1 6월 학평

8 We are all responsible for looking after the enviornment.

모의고사 2015년 고1 9월 학평

9 That is why treating other people with tolerance is very important.

단어 PLUS

1
+never ... without ~ing ...하기만 하면 꼭 ~한다
+wake up 일어나다

2
+put up 게시하다
+sign 표지판

3
+psychologist 심리학자
+study 공부하다

4
+bring in 가져오다[들여오다]
+enough 충분한

5
+fly 날벌레, 파리
+land back on ~에 다시 내려앉다

6
+therefore 그러므로
+personal 개인적인
+venture 모험

7
+well-known 잘 알려진
+patient 환자

8
+be responsible for ~에 책임이 있다
+look after 돌보다
+environment 환경

9
+treat 다루다
+tolerance 관용
+important 중요한

앞서 배운 문장들을 바탕으로 빈칸을 채워 문장을 완성해 보자.

1 그는 / 계속해서 노래를 불렀고 / 파리는 / 다시 내려앉았다 / 그의 코에
He / k_____________ s_____________ and / the fly / landed back / on his nose.

2 그러므로 / 집을 설계하는 것은 / 굉장히 개인적인 모험이다
Therefore, / d_____________ a home / is a very personal venture.

3 존 박사님은 / 유명하셨다 / 그의 환자를 도와주는 것으로
Dr. John / was well-known / f_____________ h_____________ his patient.

4 우리는 / 모두 책임이 있다 / 돌보는 데에 / 환경을
We / are all responsible for / l_____________ a_____________ / the environment.

5 그래서 / 다른 사람들을 대우하는 것은 / 인내심을 가지고 / 아주 중요하다
That is why / t_____________ other people / with t_____________ / is very important.

5단계 수능 요리하기

보기와 같이 수능 문장을 단계별로 정확하게 해석해 보자.

보기 Dad didn't mind living in an unfinished house.

2014년 수능

❶ Dad didn't mind living in an unfinished house.

→ 아버지께서는

❷ Dad didn't mind living in an unfinished house.

→ 아버지께서는 사는 것을 꺼려하지 않으셨다

❸ Dad didn't mind living in an unfinished house.

→ 아버지께서는 완공되지 않은 집에서 사는 것을 꺼려하지 않으셨다.

A **I began listening to my own feelings and inner wisdom.**

2012년 수능

❶ I began listening to my own feelings and inner wisdom.

→

❷ I began listening to my own feelings and inner wisdom.

→

❸ I began listening to my own feelings and inner wisdom.

→

B **Such behavior is like closing a wound which is still infected.**

❶ Such behavior is like closing a wound which is still infected.

→

❷ Such behavior is like closing a wound which is still infected.

→

❸ Such behavior is like closing a wound which is still infected.

→

단어 PLUS

A
- own 자기 자신의
- feeling 감정
- inner 내면의
- wisdom 지혜

B
- behavior 행동
- close 덮다
- wound 상처
- still 여전히
- infect 감염시키다

C course

수식어를 이용해서 길어진 문장

혼공

10일차

길어진 문장 – 분사

There are fallen leaves.

낙엽들이 있다.

난이도 🌶🌶🌶

"It is difficult to say what is impossible, for the dream of yesterday is the hope of today and the reality of tomorrow."

불가능이 무엇인가는 말하기 어렵다.
어제의 꿈은 오늘의 희망이며 내일의 현실이기 때문이다.

개념 요리하기

학습날짜 : 월 일

분사 요리법

분사는 to 부정사와 동명사와 형제 같은 뿌리를 가지고 있어. 동사를 이용해서 만든 문법이거든. 동사를 두 가지 형태인 현재분사, 과거분사로 만들어서 형용사, 부사로 활용하는 거니까 형태를 잘 보고 문장 속에서 적절히 해석을 해보자.

혼공해석기법 1 현재분사

현재분사는 「동사 + ing」의 형태로 동사를 형용사처럼 사용하는 문법이야. 형용사는 영어에서 명사 수식, 보어 역할을 하잖아? 그 역할을 현재분사가 그대로 한다고 생각하면 돼. 아래의 분사의 역할들은 전부 형용사가 원래 하던 역할들이니 새로울 게 없어.

현재분사의 해석

가장 기본적인 뜻은 '~하고 있는'이야. 아래처럼 동사에 ing를 붙이면 현재분사가 만들어져.

sleep 자다 → sleeping 자고 있는
eat 먹다 → eating 먹고 있는

1. 명사 수식

swimming boy 수영하고 있는[수영하는] 소년　　rising sun 떠오르고 있는[떠오르는] 태양

2. 주격보어 역할: ~하고 있는 중(주로 진행형에 쓰임)

I / am listening / to music. (나는 / 듣고 있는 중이다 / 음악을)
He / is looking / at her. (그는 / 보고 있는 중이다 / 그녀를)

3. 목적격보어 역할(동사 + 목적어 + 목적격보어 구조에서 쓰임)

I / saw / Sam / lying / on the floor. (나는 / 보았다 / Sam이 / 누워 있는 것을 / 바닥에)
S V O O.C. M

혼공해석기법 2 과거분사

과거분사는 영어로 past participle이기 때문에 첫 글자만 따서 p.p.라고 불러. 현재분사와 형태와 의미는 다르지만 결국 동사가 형용사로 활용되는 문법이기 때문에 쓰이는 자리는 현재분사와 똑같아. 주로 「동사 + ed」이지만 불규칙 동사의 경우 그 형태가 다른 것들이 많아.

과거분사의 해석

가장 널리 쓰이는 의미는 '~해버린, ~되어진'이야.

break 깨다 → broken 깨진 fall 떨어지다 → fallen 떨어진

1. 명사 수식

a used car 사용된 자동차(중고차) a broken window 깨진 창문

2. 주격보어 역할(수동태에서 쓰임)

The letter / was written / by my mom. (그 편지는 / 쓰여 졌다 / 엄마에 의해서)

3. 목적격보어 역할(동사 + 목적어 + 목적격보어 구조에서 쓰임)

I / heard / my name / called. (나는 / 들었다 / 나의 이름이 / 불리는 것을)
S V O O.C.

혼공해석기법 3 현재분사와 과거분사의 구별

분사가 명사를 수식할 때는 수식하는 명사와 분사의 관계를 볼 때, '~은,는,이,가'로 해석되면 능동(~ing), '~을,~를'로 해석되면 수동(p.p.)을 써. 그리고 분사가 목적격보어로 쓰일 때는 목적어와 분사의 관계를 볼 때, 역시 '~은,는,이,가'로 해석되면 능동(~ing), '~을,~를'로 해석되면 수동(p.p.)을 쓰지.

1. 명사를 수식할 때

There's a flying bird / in the sky. (새가 난다: 능동)

This is a book / written / for teenagers. (책을 쓰다: 수동)

2. 목적격보어로 쓰일 때

She / saw / me / crossing / the street. (내가 건너다: 능동)

He / watched / her / carried / out of the building. (그녀를 운반해서 나가다: 수동)

디저트 퀴즈

다음 밑줄 친 동사를 알맞은 분사로 고쳐 보자.

EX **She is put on a hat.** putting

1 I'll have you arrest.

2 A watch pot never boils.

3 A bark dog seldom bites.

4 He had his tooth pull out.

5 I'll keep my fingers cross.

2 단계 문법 요리하기

다음 우리말 의미에 맞게 박스 안에서 알맞은 것을 골라 보자.

1 She heard the song [singing / sung] by him. 그녀는 그가 부르는 노래를 들었다.

2 Time will heal your [breaking / broken] heart. 시간이 너의 산산조각 난 마음을 치유해 줄 거야.

3 He was [smoked / smoking] outside the building. 그는 건물 밖에서 담배를 피고 있었다.

4 The book [reading / read] most in the world is the Bible. 세상에서 가장 많이 읽힌 책은 성경이다.

5 You should always keep the door [closing / closed]. 너는 항상 문이 닫혀 있게 해야 한다.

6 I made the car [washing / washed]. 나는 차를 청소했다.

7 I saw a [frightening / frightened] movie. 나는 무서운 영화를 봤다.

8 Her lecture was [bored / boring]. 그녀의 강의는 지루했다.

9 I felt the building [shaking / shaken]. 나는 건물이 흔들리는 것을 느꼈다.

10 I saw her [waiting / waited] for a bus. 나는 그녀가 버스를 기다리는 것을 보았다.

3 단계 해석 요리하기

보기와 같이 문장들을 분사의 의미에 주의해서 해석해 보자.

보기 There are many people living in the city.

➡ 도시에 살고 있는 사람들이 많이 있다.

혼공TIP 사람들은 능동적으로 live하기 때문에 현재분사 living을 사용했어.

모의고사 2015년 고1 9월 학평

1 He was sad and depressed.

모의고사 2015년 고1 11월 학평

2 Texture also can be misleading.

모의고사 2015년 고1 3월 학평

3 Then I saw something creeping toward me.

모의고사 2015년 고1 6월 학평

4 The total amount collected was only $1,600.

모의고사 2015년 고1 9월 학평

5 This is why "mixed signals" can be confusing.

모의고사 2015년 고1 3월 학평

6 He wrote a letter asking his father to punish him.

모의고사 2015년 고1 11월 학평

7 Consider a fascinating study involving carrot juice.

모의고사 2015년 고1 6월 학평

8 The low-level light of the candle puts her in a relaxed spirit.

모의고사 2014년 고1 11월 학평

9 As we grew older, this hiding behavior became more sophisticated.

모의고사 2015년 고1 3월 학평

10 Inferences are conclusions based on reasons, facts or evidence.

1
+depressed 우울한

2
+texture 질감
+mislead 오도하다

3
+creep 살금살금 움직이다
+toward ~을 향하여

4
+amount 양
+collect 모으다

5
+signal 신호
+confuse 혼란스럽게 하다

6
+punish 벌주다

7
+fascinate 매혹시키다
+involve 관련시키다

8
+spirit 정신, 분위기

9
+hide 숨다
+behavior 행동
+sophisticated 정교한

10
+inference 추론
+conclusion 결론
+reason 이유
+evidence 증거

앞서 배운 문장들을 바탕으로 빈칸을 채워 문장을 완성해 보자.

1 그는 / 썼다 / 편지를 / 그의 아버지에게 부탁하는 / 그를 처벌해달라고

He / wrote / a letter / a_____________ his father / to punish him.

2 고려해봐라 / 매혹적인 연구를 / 당근 주스와 관련된

Consider / a f_____________ study / i_____________ carrot juice.

3 희미한 빛은 / 촛불의 / 몰아넣었다 / 그녀를 / 안정된 분위기 속으로

The low-level light / of the candle / puts / her / in a r_____________ spirit.

4 우리가 커갈수록 / 이 숨는 행위는 / 되었다 / 더욱 정교하게

As we grew older, / this h_____________ behavior / became / more sophisticated.

5 추론은 / 결론이다 / 이성과 사실, 그리고 증거에 기반을 둔

Inferences / are conclusions / b_____________ on reasons, facts or evidence.

5단계 수능 요리하기

보기와 같이 수능 문장을 단계별로 정확하게 해석해 보자.

보기 Our city has only one fire station located downtown.

2013년 수능

❶ Our city has only one fire station located downtown.
→ 우리 도시는 가지고 있다

❷ Our city has only one fire station located downtown.
→ 우리 도시는 단지 하나의 소방서를 가지고 있다

❸ Our city has only one fire station located downtown.
→ 우리 도시는 시내에 위치한 단지 하나의 소방서를 가지고 있다.

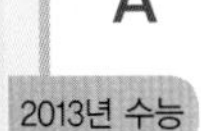

A **Rumors published on the Internet now have a way of becoming facts.**

2013년 수능

❶ Rumors published on the Internet now have a way of becoming facts.
→

❷ Rumors published on the Internet now have a way of becoming facts.
→

❸ Rumors published on the Internet now have a way of becoming facts.
→

B **Researchers studied two phone companies trying to solve a technological problems.**

2012년 수능

❶ Researchers studied two phone companies trying to solve a technological problems.
→

❷ Researchers studied two phone companies trying to solve a technological problems.
→

❸ Researchers studied two phone companies trying to solve a technological problems.
→

단어 PLUS

A
+ publish 발행하다
+ become 되다
+ rumor 소문

B
+ researcher 연구원
+ technological 기술적인

선배들의 달콤살벌한 공부 이야기 #8

세상에서 가장 무서운 공부법

SKY선배가 너에게

세상에서 가장 무서운 공부법이 있다면, 너희들은 그 공부법을 한 번 해볼 거야? 나는 지금 너희에게 세상에서 가장 무서운 공부법을 소개할 거야. 이 공부법은 귀신처럼 우리를 오싹하게 만드는 게 아니라, 다른 공부법들에 비해서 아주 무서울 정도로 큰 효과를 낼 수 있는 방법이거든. 한 번 알아볼래?

"선생님이 되어라"

선생님이 되라니? 갑자기 무슨 소리야? 정말로 교육대학교에 진학해서 선생님이 되라는 거야? 아니야. 선생님이 되라는 이야기는, 누군가를 가르친다고 생각하면서 공부하라는 거야. 나는 지금부터 이 무서운 공부법을 통해 성적 향상을 이뤄낸 두 사례를 소개할 거야.

한 사례는 나의 이야기야. 나는 친구들의 부탁으로 '백점수학'이라는 멘토링의 멘토가 되었어. 나는 원래 수학을 잘하지 않았어. 내신은 5등급 정도였고, 모의고사는 3등급을 받았지. 나는 항상 모의고사에 출제된 어려운 문제를 찍었고, 채점을 하면서 '이번에는 잘 찍었을까'라는 불안감에 사로잡혀있던 학생이었어. 그런데 내가 수능 수학 1등급, 내신 1등급을 만들 수 있던 방법은 가르치는 거였어. 친구들에게 설명을 하기 위해서 나는 개념에 대해 명확히 이해하는 것은 물론 다양한 풀이 방법을 익혀야만 했어. 멘토링 하루 전날에 선생님께 모르는 문제에 대한 설명을 들은 후 나만의 방식으로 풀어냈지. 혼자 공부할 때보다 매일매일 공을 들여가며 수학 공부를 했고, 멘토링을 약 1년간 하는 과정에서 성적이 크게 오를 수 있었어.

또 다른 사례는 내 동생의 이야기야. 고1인 내 동생은 영어 중간고사에서 반도 맞히지 못했어. 그런데 그런 내 동생이 기말고사에서는 객관식 1개밖에 틀리지 않았더라고. 두 달 만에 내 동생의 영어 실력이 크게 향상된 것은 아니었을 텐데, 갑자기 눈에 띄는 성적 향상을 거두어낸 동생의 공부법이 궁금해졌어. 동생이 공부할 때 유심히 살펴보았는데, 교과서 지문이나 모의고사 문제를 누군가에게 설명하듯이 말로 공부하고 있었어. 꼼꼼하게 지문을 분석하고 공부한 후, 동생은 마치 선생님이 된 듯이 설명을 하고 있었어. 누군가에게 설명을 하다보면 본인이 모르는 것을 정확히 파악할 수도 있고, 설명하는 과정에서 잘못 이해한 내용을 찾을 수도 있어. 혼자 떠드는 게 처음에는 이상해 보였지만, 명확하게 설명하기 위해 꼼꼼하게 공부하던 동생의 모습이 기특했어. 우리 함께 배웠던 내용을 설명해 볼까? 아주 무서운 효과가 나타날 거야.

혼공

11일차

길어진 문장 - 분사구문

Feeling tired, I went to bed early.

피곤해서, 나는 일찍 잤다.

난이도

"There is only one thing that makes a dream impossible to achieve: the fear of fail."

꿈을 이룰 수 없게 하는 단 한 가지는 실패에 대한 두려움이다.

1단계 개념 요리하기

학습날짜 : 월 일

분사구문 요리법

분사구문은 분사를 부사처럼 활용하는 문법이야. 실제 영어에서 정말 많이 활용이 되거든. 시험에서도 중요하지만 영어를 사용하기 위해서 꼭 필요한 문법이니까 지금부터 제대로 알아보자.

혼공해석기법 1 분사구문은 무엇일까?

분사구문은 긴 부사절을 간결하게 만들어서, 문장의 중심 내용을 효율적으로 전달하지. 분사구문을 사용하기 전의 문장과 분사구문을 사용한 후의 문장을 비교해 보자. 훨씬 더 간결하다는 것을 알 수 있어. 일단 짧아지거든.

분사구문 사용 전

As I walked along the street, I met a friend of mine. (나는 길을 따라 걸을 때, 나는 내 친구 중에 한 명을 만났다.)

중심 내용

분사구문 사용 후

Walking along the street, I met a friend of mine. (길을 따라 걸을 때, 나는 내 친구 중에 한 명을 만났다.)

분사구문 중심 내용

혼공해석기법 2 분사구문 만드는 방법

긴 부사절을 분사구문으로 바꾸는 문제는 시험에도 자주 등장해. 예문을 보면서 단계별로 익혀보자. 원래 문장의 '그녀가 나를 보았을 때, 그녀는 나에게 미소 지었다'와 같은 내용을 '나를 보고, 그녀는 나에게 미소 지었다'라고 간결하게 전달할 수 있어.

When she saw me, / she smiled at me. (그녀가 나를 보았을 때 / 그녀는 나에게 미소 지었다)

1단계 부사절의 접속사 생략

When she saw me, she smiled at me.

2단계 부사절과 주절의 주어가 일치하면 부사절의 주어 생략(다르면 남겨 두기)

she saw me, she smiled at me.

→ = ←

3단계 부사절과 주절의 시제 비교해서 같으면 부사절의 동사를 「동사 + ing」로 만들기

Seeing me, she smiled at me. (saw = smiled 둘 다 과거)

분사구문

혼공해석기법 3
분사구문 해석하는 방법 (1)

분사구문은 실제 독해를 하다 보면 정말 자주 만날 수 있는 문법이야. 꼭 1개의 해석만 가능한 것이 아니기 때문에 문맥에 맞게 적절하게 해석을 해야 해. 우리는 이미 한국어를 마스터했기 때문에 언어 직관이 거의 정확한 편이야. 자신있게 해석하자!

시간: ~할 때, ~하면서
Reading a book, I heard some strange sound. (책을 읽고 있을 때, 나는 이상한 소리를 들었다.)

이유: ~때문에
Being sick, he couldn't attend the meeting. (아팠기 때문에, 그는 회의에 참석할 수 없었다.)

조건: ~한다면
Turning to the left, you will see the building. (왼쪽으로 돈다면, 너는 그 빌딩을 볼 것이다.)

양보: ~에도 불구하고, ~하지만
Living on the seashore, he cannot swim. (해변에 살지만, 그는 수영을 할 수 없다.)

혼공해석기법 4
분사구문 해석하는 방법 (2)

분사구문은 위의 4가지 의미로 해석하는 것 외에 부대상황을 나타내기도 해. 주로 동시동작과 연속동작을 나타내는데 헷갈리기 쉬우니 문맥의 흐름에 따라 정확히 해석을 하는 것이 중요하겠지?

부대상황: 동시동작(~하면서), 연속동작(~했다, 그 다음 ~했다)

1. 동시동작
Smiling brightly, she waved her hands. (밝게 웃으면서, 그녀는 손을 흔들었다.)

2. 연속동작(그리고 ~했다)
They left in the morning, arriving in the evening. (그들은 아침에 출발했고, 저녁에 도착했다.)

3. with + 목적어 + ~ing / p.p.(목적어가 ~한 채로)
With night coming on, we left for the station. (밤이 온 채로, 우리는 역으로 향했다.)

디저트 퀴즈

다음 밑줄 친 분사구문의 용법을 보기에서 선택해 보자.

EX ⓐ 시간 ⓑ 이유 ⓒ 조건 ⓓ 양보 ⓔ 부대상황

1 Parking my car, I bumped against another car.
2 Living next door, I never meet him.
3 Feeling tired, I went to bed early.
4 Knowing little of Russia, we hired a tour guide.

2단계 문법 요리하기

다음 우리말 의미에 맞게 박스 안에서 알맞은 것을 골라 보자.

1 [Opening / Opened] the door, I saw my mom. 문을 열었을 때, 나는 나의 엄마를 봤다.

2 [Having / Had] no car, she stayed at home. 차가 없었기 때문에, 그녀는 집에 머물렀다.

3 [Considering / Considered] his age, he is very wise. 그의 나이를 고려하면, 그는 매우 현명하다.

4 [Admitting / Admitted] he is right, I cannot forgive him.
그가 옳다는 것을 인정하지만, 나는 그를 용서할 수 없다.

5 [Disappointing / Disappointed], he went to Paderewski and explained his difficulty.
실망한 채, 그는 Paderewski에게 가서 자신의 어려움을 설명했다.

6 John picked up a stone, [throwing / thrown] it at the lion.
John은 돌을 집어 들었고, 그것을 그 사자에게 던졌다.

7 [Finishing / Finished] her work, she went shopping. 그녀의 일을 끝마치고, 그녀는 쇼핑을 갔다.

8 [Asking / Asked] a strange question, Mr. Kim couldn't reply.
이상한 질문을 받아서, 김 선생님은 답변을 할 수 없었다.

9 [Writing / Written] in Japanese, it is easy for me. 일본어로 쓰여 있어서, 그것은 나에게 쉬워.

10 I fell asleep, [reading / read] a novel in the living room. 거실에서 소설을 읽다가, 나는 잠들었다.

3단계 해석 요리하기

보기와 같이 밑줄 친 분사에 주의해서 해석해 보자.

보기 **Admitting he was right, I couldn't forgive him.**

➡ 그가 옳았다는 것을 인정했음에도, 나는 그를 용서할 수 없었다.

혼공TIP 문맥상 양보의 의미로 해석을 해야 해.

모의고사 2015년 고1 11월 학평

1 Holding it in his hand, he shouted "Look!"

모의고사 2016년 고1 6월 학평

2 Facing a severe source of stress, you may react immediately.

모의고사 2016년 고1 6월 학평

3 With many students reporting anxiety, a school arranges pet therapy.

모의고사 2015년 고1 9월 학평

4 Travelling overseas, Barton learned of an organization called IRC.

모의고사 2016년 고1 6월 학평

5 Not knowing that the product exists, customers would probably not buy it even if that may have worked for them.

모의고사 2014년 고1 9월 학평

6 Published in 1967, this ultimately made Conroy a noted figure in the literary world.

모의고사 2016년 고1 6월 학평

7 Considering the immense benefits, don't hesitate to give re-consuming a try.

모의고사 2016년 고1 11월 학평

8 The Korowai are still self-sufficient, producing almost everything themselves.

단어 PLUS

1
+**hold** 잡다, 들다

2
+**severe** 극심한, 심각한
+**source** 요인
+**react** 반응하다
+**immediately** 즉각적으로

3
+**report** 보고하다
+**anxiety** 불안
+**arrange** 선보이다
+**therapy** 치료법

4
+**oversea** 해외에
+**organization** 기구, 단체

5
+**exist** 존재하다
+**customer** 소비자
+**even if** ~할지라도
+**work** 효능이 좋다

6
+**publish** 출간하다
+**ultimately** 궁극적으로
+**noted figure** 주목받는 인물
+**literary** 문학의

7
+**immense** 거대한
+**benefit** 이익
+**re-consume** 재소비하다

8
+**self-sufficient** 자급자족할 수 있는

4 단계 빈칸 요리하기

앞서 배운 문장들을 바탕으로 빈칸을 채워 문장을 완성해 보자.

1 직면한다면 / 스트레스의 심각한 요인과 / 너는 반응할지도 모른다 / 바로

F____________ / a severe source of stress, / you may r____________ / immediately.

2 ~에 따라 / 많은 학생들이 / 불안 증세를 보이는 것 / 학교는 / 선보인다 / 동물 치료법을

With / many students r____________ a____________, / a school / arranges / pet therapy.

3 모르기 때문에 / 그 제품이 존재한다는 것을 / 소비자들은 / 사지 않을 것이다 / 그것을 / ~한다 하더라도 / 그것이 / 도움이 된다 하더라도 / 그들에게

N____________ k____________ / that the product exists, / c____________ / would probably not buy / it / even if / that / may have worked / for them.

4 출간된 / 1967년에 / 이 책은 / 궁극적으로 만들었다 / Conroy를 / 주목받는 인물로 / 문학계에서

P____________ / in 1967, / this / ultimately made / Conroy / a noted f____________ / in the literary world.

5 큰 이점들을 고려해 볼 때 / 망설이지 마라 / 재소비를 시도하는 것을

C____________ the immense b____________, / don't hesitate / to give re-consuming a try.

보기와 같이 수능 문장을 단계별로 정확하게 해석해 보자.

보기 Curious, she drew closer and found that they were listening to a rock hit.

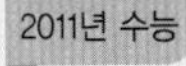

❶ Curious, she drew closer and found that they were listening to a rock hit.

→ 궁금한 나머지,

❷ Curious, she drew closer and found that they were listening to a rock hit.

→ 궁금한 나머지, 그녀는 가까이 갔고 발견했다

❸ Curious, she drew closer and found that they were listening to a rock hit.

→ 궁금한 나머지, 그녀는 가까이 갔고 그들이 록 음악을 듣고 있었다는 걸 발견했다.

A **Born in Heidelburg, Germany, he was the son of a gardener who taught him much about art and nature.**

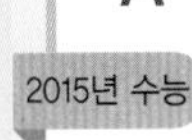

❶ Born in Heidelburg, Germany, he was the son of a gardener who taught him much about art and nature.

→

❷ Born in Heidelburg, Germany, he was the son of a gardener who taught him much about art and nature.

→

❸ Born in Heidelburg, Germany, he was the son of a gardener who taught him much about art and nature.

→

B **Meanwhile, observing the seller carefully, Paul sensed something wrong in Bob's interpretation.**

2017년 수능

❶ Meanwhile, observing the seller carefully, Paul sensed something wrong in Bob's interpretation.

→

❷ Meanwhile, observing the seller carefully, Paul sensed something wrong in Bob's interpretation.

→

❸ Meanwhile, observing the seller carefully, Paul sensed something wrong in Bob's interpretation.

→

A
+gardener 정원사
+nature 자연

B
+meanwhile 그 사이
+observe 관찰하다, 주시하다
+carefully 주의 깊게
+sense 감지하다
+interpretation 통역

선배들의 달콤살벌한 공부 이야기 #9

영어 연계교재 공부법

SKY선배가 너에게

고등학교 3학년 때 나는 '나를 위한' 연계교재가 나왔다는 사실을 잘 받아들이지 못했어. 그 때는 수능이 다가온다는 사실도 잘 실감하지 못해서 그랬나봐. 고등학교 때 연계교재를 공부하면서 여러 공부법을 적용해본 것 같아. 무작정 외워보기, 화이트로 지워가면서 외우기, 관련 변형 문제 풀어보기 등. 그런데 그런 방법 중에서도 철저하게 지문을 분석했던 것이 가장 좋은 방법이었던 것 같아. 이 공부법은 비단 고3에게 적용되는 게 아니야. 모의고사가 시험범위에 포함되는 고등학생들도 내신을 위해 모의고사를 공부할 때 다음의 방법을 사용해봐.

#1. 모르는 어휘의 뜻을 파악하고 해석하기

문제를 풀고 나서 아무것도 모르는 채로 지문을 꼼꼼하게 읽어봐. 그러면 모르는 단어 때문에 혹은 문장의 구조가 복잡해서 잘 해석되지 않는 부분이 있을 거야. 인강이나 선생님의 도움, 해설지를 바탕으로 매끄럽게 해석을 해봐. 첫 번째 단계에서는 '해석'만 하면 돼.

#2. 중요한 문법 요소 체크하기

'what/ that', '주어-동사 수일치', '도치', '전치사 + 관계대명사', '유사관계대명사' 등 눈에 보이는 문법 요소에 체크를 해두자. 만약 중요한 문법 요소가 5개 이상 혹은 3개 정도만 나와도 어법 문제로 변형될 가능성이 있어. 두 번째 단계에서는 '문법'에 초점을 두면 돼.

#3. 연결사, 지칭어를 통한 구조 파악

해석을 한 후 문법 요소를 확인했다면 이제 구조를 파악하면 돼. 우선 'However', 'Therefore'과 같이 문장의 흐름에 영향을 주는 연결사를 찾아봐. 만약 연결사가 2개 이상 나온다면 연결사 추론 문제로 변형될 가능성이 있어. 그리고 'it', 'this'같은 지칭어가 지칭하는 대상을 찾으면서 흐름을 파악해주면 돼. 만약 문장들이 유기적으로 잘 연결됐다면 순서나 문장 삽입 문제로 변형될 수도 있어. 마지막으로 TOPIC SENTENCE를 찾아주면 구조 파악은 끝이야! 구조를 파악하고 나서 변형 문제도 추측해보자. 변형 문제를 추측할 때에는 문제의 특성에 따라 출제 유형이 달라진다는 사실을 파악하고 있어야 해. 즉, 흐름이 좋은 문제(두괄식과 같이 구조가 눈에 띄는 경우)는 순서나 문장 삽입으로 출제되기 쉽고 TOPIC SENTENCE가 명확하고 TOPIC 속에 should나 명령문이 나타나면 주장, 요지, 제목, 주제로 출제될 수 있어.

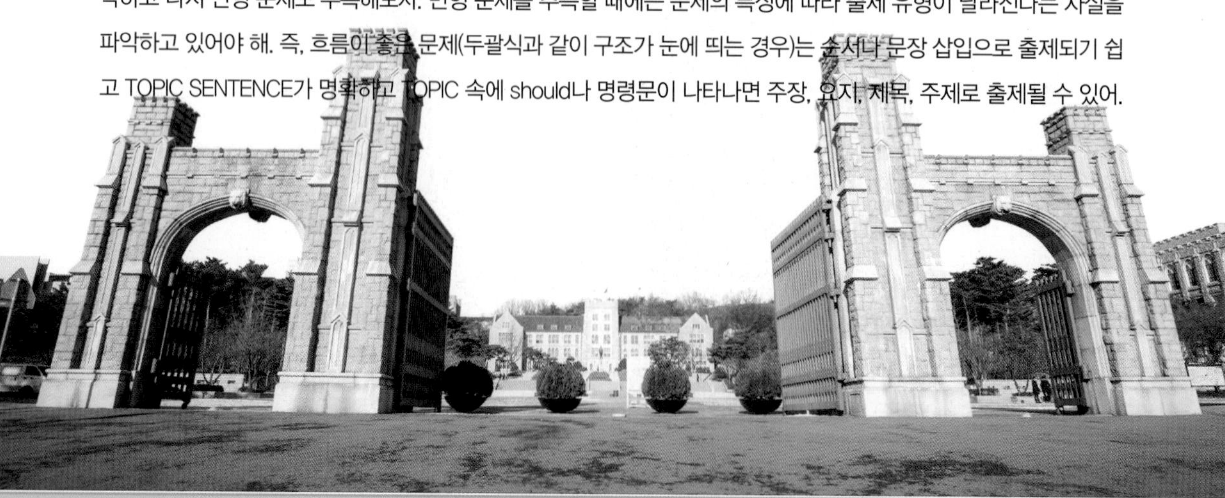

혼공

12일차

길어진 문장 - 관계대명사

She is the one whom I love.

그녀가 내가 사랑하는 사람이다.

난이도

"Dream comes true. Without that possibility, nature would not incite us to have them."
- John Updike

꿈은 이루어진다. 이루어질 가능성이 없었다면 애초에 자연이 우리를 꿈꾸게 하지도 않았을 것이다.
– 존 업다이크

개념 요리하기

학습날짜 : 월 일

관계대명사 요리법

관계대명사까지 오느라 고생했어. 관계대명사와 관계부사는 영문법에서 학생들이 상당히 어려워하는 부분이기도 해. 하지만 우리 '혼공' 친구들, 관계사 파트를 무작정 외우려고 하지 말고 최대한 이해하려고 노력해보자고. 왜 문장을 합치고 관계대명사를 쓰는지 말이지. 바로 반복되는 말을 줄이고 하나로 합쳐서 좀 더 경제적으로 표현하려는 영어의 특징 때문이지. 본격적으로 출발해보자!

혼공해석기법 1 관계대명사란?

관계대명사는 두 문장을 하나로 합치는 과정에서 필요한 문법이야. 짧은 두 문장은 하나의 문장으로 표현하는 것이 더 명확하게 의미를 전달할 수 있어. 그런데, 두 문장을 한 문장으로 합치기 위해서는 조건이 하나 있어. 두 문장에서 공통적인 단어를 하나씩 가지고 있어야 해. 그 단어를 바탕으로 두 문장을 한 문장으로 만드는 거야. 이 때 뒤의 명사를 관계대명사로 바꾸면서 두 문장을 접착제로 붙이듯이 딱 붙여 주면 하나의 문장이 돼. 이렇게 관계대명사는 두 문장을 한 문장으로 붙여 주기 위한 접착제 역할을 한다는 것만 기억해도 아주 좋은 출발이야. 다만 이 때 어떤 접착제를 써야 할지는 고민을 좀 해야 해. 관계대명사를 그림으로 알아보자.

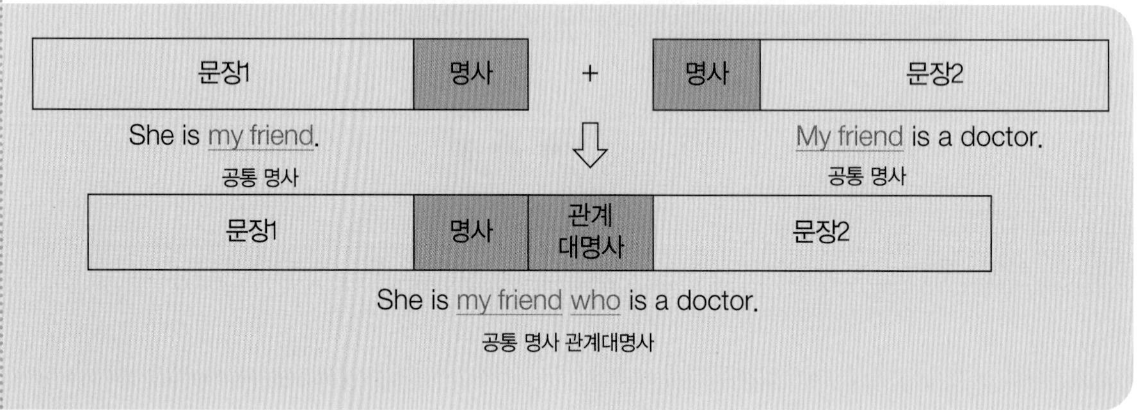

혼공해석기법 2

관계대명사의 3종류

두 문장에 공통적인 명사가 있을 때 한 문장으로 합칠 수 있다고 했지? 이때 이 명사가 뒤 문장에서 3가지 역할을 하고 있어. 주어, 목적어, 그리고 소유격의 역할을 하고 있지. 아래 그림을 문장 예시와 함께 보면 이해가 될 거야. 나머지는 아래처럼 뒤 문장의 명사를 관계대명사로 바꾸고 그 관계대명사를 두 문장을 연결하는 접착제처럼 사용하면 두 문장을 한 문장으로 만들 수 있어.

1. 주격 관계대명사

문장1	명사	+	명사(주어)	문장2

I love Sarah. She is so beautiful.

→ I love Sarah **who** ~~she~~ is so beautiful. (주어 생략)

→ I love Sarah who is so beautiful. (나는 너무나 아름다운 사라를 사랑해.)

뒤 문장에 있던 She는 앞의 Sarah랑 같으니까 생략하고, 주어가 생략되었기 때문에 who라는 주격 관계대명사가 접착제로 쓰였어.

2. 목적격 관계대명사

I love Sarah. I met her yesterday.

→ I love Sarah **who(m)** I met ~~her~~ yesterday. (목적어 생략)

→ I love Sarah who(m) I met yesterday. (나는 내가 어제 만났던 사라를 사랑해.)

뒤 문장에 있던 her은 앞의 Sarah랑 같으니까 생략하고, 목적어가 생략되었기 때문에 who 또는 whom이라는 목적격 관계대명사가 접착제로 쓰였어.

3. 소유격 관계대명사

I love Sarah. Her father is my math teacher.

→ I love Sarah **whose** ~~her~~ father is my math teacher. (소유격 생략)

→ I love Sarah whose father is my math teacher. (나는 아버지가 내 수학 선생님이신 사라를 사랑해.)

뒤 문장에 있던 her이 앞의 Sarah랑 같은 내용이니까 생략하고, 소유격이 생략되었기 때문에 whose라는 소유격 관계대명사가 접착제로 쓰였어.

혼공해석기법 3
관계대명사의 주격, 소유격, 목적격

앞 페이지의 문장들을 보면, 어떤 때는 관계대명사 who, 어떤 때는 whose를 쓰잖아? 이것을 결정하는 것은 아래의 두 가지야.

1. 공통 명사가 사람인지, 사물이나 동물인지.
2. 공통 명사가 뒤 문장에서 주어, 목적어, 소유격 중에서 어떤 역할을 하고 있는지

이 두 가지를 합쳐서 공통 명사를 알맞은 관계대명사로 바꿔 주면 돼. 그리고 아래 표는 이제 외울 때가 되었어. 일단 공통 명사는 앞 문장에 미리 나온 명사이기 때문에, 선행했다고 해서 '선행사'라 부르자. 그리고 사람이 선행사면 보통 who, 사물이 선행사면 which를 쓴다는 것을 큰 그림으로 알아둬. 그러면 소유격 정도 외우고, 사람의 목적격 관계대명사는 who 그리고 whom도 된다는 것만 외우면 되잖아? 아참, that은 웬만하면 다 쓰이는 만능이라구!

선 행 사(공통명사)	주격 관계대명사	소유격 관계대명사	목적격 관계대명사
사람	who[that]	whose	who(m) 또는 that
사물, 동물	which[that]	of which / whose	which[that]
사람, 사물, 동물	that	–	that

주격 관계대명사: 관계대명사절에서 주어 역할
I have a friend who lives in New York. (나는 뉴욕에 살고 있는 친구가 한 명 있다.)

목적격 관계대명사: 관계대명사절에서 목적어 역할
He is the man whom I met yesterday. (그는 내가 어제 만난 사람이다.)

소유격 관계대명사: 관계대명사절에서 소유격 역할 (that으로 바꾸어 쓸 수 없음)
I met a woman whose car had been stolen. (나는 차를 도난당한 여자를 만났다.)

혼공해석기법 4
관계대명사의 생략

관계대명사는 두 가지 경우에 생략할 수 있어. '목적격 관계대명사'인 경우와 「주격관계대명사 + be 동사」인 경우 말이야. 해석을 해보면서 처음에는 '어, 뭔가가 빠져있는 거 같은데?'라고 느낄 수 있지만 흐름대로 죽 가면 문제 없어.

1. 목적격 관계대명사 생략
Everything / (that) she told me / was unbelievable. (모든 것은 / 그녀가 나에게 말한 / 믿을 수 없었다)

2. 주격관계대명사 + be동사 생략
This girl / (who is) playing the guitar / is my sister. (이 소녀는 / 기타를 연주하고 있는 / 내 여동생이다)
who is가 없으니 흡사 playing the guitar라는 분사 덩어리가 This girl을 수식하는 것처럼 보이지? 그렇게 생각해도 돼.

혼공해석기법 5 관계대명사의 계속적 용법

관계대명사 앞에 콤마(,)를 찍으면 관계대명사의 계속적 용법이라고 해. 지금까지 콤마를 안 찍고 쓴 관계대명사는 한정적 용법이라고 하지. 계속적 용법은 아래와 같은 특징을 가지고 있어.

1. 관계대명사 앞에 콤마(,)를 써서 나타낸다.
2. '~했는데 ~은(는)'으로 해석한다.
3. 대개 「접속사 + 대명사」로 바꾸어 쓸 수 있다.
4. 관계대명사 that, what은 계속적 용법으로 쓸 수 없다.

I met an old friend of mine, who didn't recognize me.
(= but he/she)
(나는 옛 친구 중의 한 명을 만났는데, 그는 나를 알아보지 못했다.)

We saw a fancy car, which was parked here.
(= and it)
(우리는 멋진 차를 보았는데, 그것은 여기에 주차되어 있었다.)

He loved a woman, who lived next door to him.
(= and she)
(그는 한 여성을 사랑했는데, 그녀는 그의 옆집에 살았다.)

디저트 퀴즈

다음 문장들에서 관계대명사에 밑줄을 치고, 그 관계대명사의 격을 써 보자.

EX **Once there were two thieves <u>who</u> worked together.** (주격) 관계대명사

1 He often buys cakes which taste sweet in Susan's bakery. ( ) 관계대명사
2 She loves her cat whose eyes are blue. ( ) 관계대명사
3 Kate tried to fix her laptop which had been broken. ( ) 관계대명사
4 The company which produces soccer balls is going well. ( ) 관계대명사
5 I met a woman whose car was stolen. ( ) 관계대명사

다음 우리말 의미에 맞게 박스 안에서 알맞은 것을 골라 보자.

1 I have a book [which / whose] cover is black. 나는 표지가 검은색인 책을 가지고 있다.

2 I will take the cookie [who / which] is on the table. 탁자 위에 올려져 있는 쿠키를 내가 가져갈게.

3 He is the first Korean [whom / that] won the gold medal. 그는 금메달을 딴 최초의 한국인이다.

4 Friendship is a plant [who / which] must be watered. 우정은 반드시 물을 주어야만 하는 식물이다.

5 The photo [which / whom] you're looking at was taken by your father.
네가 보고 있는 사진은 네 아버지께서 찍어주신 거야.

6 'Gulliver's Travels' is a story [which / whose] every child will enjoy.
'걸리버 여행기' 는 모든 아이들이 즐길만한 이야기이다.

7 You are the only person [which / who] can understand me. 너는 나를 이해할 수 있는 유일한 사람이야.

8 This is the point [whom / which] is hard for me to understand.
이 지점이 나에게 이해하기 어려운 지점이다.

9 He has the watch [whose / which] I bought for him. 그는 내가 그에게 사주었던 시계를 가지고 있다.

10 The man [whose / whom] Scarlett truly loved was Smith. 스칼렛이 진심으로 사랑했던 남자는 스미스였다.

3단계 해석 요리하기

보기와 같이 관계대명사가 이끄는 문장을 묶은 후 의미에 주의해서 해석해 보자.

보기 **They prefer practices (that make resources valuable).**

➡ 그들은 자원을 가치 있게 만드는 관행을 선호한다.

혼공TIP that이 일단 관계대명사로 쓰이고 있다는 건 한 눈으로 봐도 알 수 있지? that 뒤에 주어가 없고 바로 동사가 나오는 거 보니까, 이건 practice를 수식해주는 주격 관계대명사라는 걸 알 수 있어.

모의고사 2015년 고1 3월 학평

1 A brilliance of beautiful colors that lit up the sky!

모의고사 2014년 고1 11월 학평

2 Also, think back on the books that you liked.

모의고사 2016년 고1 3월 학평

3 According to him, entertainers who are alive are not included.

모의고사 2016년 고1 3월 학평

4 Food is the most important tools that you can use as a manager.

모의고사 2015년 고1 3월 학평

5 We're social animals who need to discuss our problems with others.

모의고사 2015년 고1 9월 학평

6 Keep the money that you need for your fees.

모의고사 2014년 고1 11월 학평

7 "I'm sorry, but this is the best that I can do."

모의고사 2015년 고1 6월 학평

8 One hardworking couple that I know regularly gets together for lunch.

모의고사 2016년 고1 3월 학평

9 There are a few things about dams that are important to know.

모의고사 2015년 고1 3월 학평

10 Gahndi handed the letter to his father who was lying ill in bed.

단어 PLUS

1
+ brilliance 찬란함
+ lit up 멋지게 꾸미다

2
+ think back 다시 생각해보다

3
+ entertainer 예능인
+ alive 살아있는
+ include 포함시키다

4
+ tool 도구
+ manager 관리자

5
+ social 사회의
+ discuss 논의하다

6
+ fee 등록금, 요금

7
+ the best 최선

8
+ hardworking 성실한
+ regularly 정기적으로

9
+ a few 약간의
+ dam 댐

10
+ hand 건네다
+ lie 눕다

앞서 배운 문장들을 바탕으로 빈칸을 채워 문장을 완성해 보자.

1 그에 의하면 / 예능인들은 / 살아 있는 / 포함되지 않는다
According to him, / entertainers / w____________ are a____________ / are not included.

2 음식은 / 가장 중요한 도구이다 / 당신이 사용할 수 있는 / 매니저로서
Food / is the most important t____________ / t____________ you can use / as a manager.

3 챙겨라 / 돈을 / 네가 필요한 / 너의 등록금을 위해
Keep / the money / t____________ you need / for your f____________.

4 한 성실한 부부는 / 내가 아는 / 정기적으로 / 함께 한다 / 점심식사를 위해
One hardworking couple / t____________ I know / r____________ / gets together / for lunch.

5 ~가 있다 / 몇 가지가 / 댐에 대하여 / 중요한 / 알기에
There are / a few things / about dams / t____________ a____________ important / to know.

보기와 같이 수능 문장을 단계별로 정확하게 해석해 보자.

보기 You can't change your genes, but you can change the people you imitate.

2013년 수능

❶ You can't change your genes, but you can change the people you imitate.
→ 너는 너의 유전자를 바꿀 순 없지만,

❷ You can't change your genes, but you can change the people you imitate.
→ 너는 너의 유전자를 바꿀 순 없지만, 사람들은 바꿀 수 있다

❸ You can't change your genes, but you can change the people you imitate.
→ 너는 너의 유전자를 바꿀 순 없지만, 네가 모방하는 사람들은 바꿀 수 있다.

A **Cells that are produced as a result of these conditions are densely arranged.**

2011년 수능

❶ Cells that are produced as a result of these conditions are densely arranged.
→

❷ Cells that are produced as a result of these conditions are densely arranged.
→

❸ Cells that are produced as a result of these conditions are densely arranged.
→

B **The people who are most different from us probably have the most to teach us.**

2012년 수능

❶ The people who are most different from us probably have the most to teach us.
→

❷ The people who are most different from us probably have the most to teach us.
→

❸ The people who are most different from us probably have the most to teach us.
→

단어 

A
+ cell 세포
+ produce 생산하다
+ condition 조건
+ densely 빽빽하게
+ arrange 정렬하다

B
+ different 다른
+ probably 아마도

선배들의 달콤살벌한 공부 이야기 #10

슬럼프를 극복하는 방법

SKY선배가 너에게

저 높은 정상에서 아름다운 풍경을 보려면 우리는 산을 올라야 해. 산을 오르면서 가파른 경사도 지나야 하고, 산에 있는 벌레들과 야생동물들을 피하면서 와야 해. 발을 헛디뎌서 넘어지더라도 다시 일어나서 올라가곤 하지. 이게 바로 인생의 이치야. 어떤 것을 이루기 위해서는 그만큼의 노력이 필요해. 그리고 절대 쉽게 얻어지는 것은 없어.

공부할 때에도 인생의 이치는 적용이 돼. 그래서 우리는 열심히 공부해서 성적 향상의 짜릿함을 맛보고 나서 성적 하락이나 정체된 성적에 대한 두려움에서 벗어나지 못해. 그리고 우리는 이를 '슬럼프'라고 부르지. 슬럼프라는 단어는 '털썩 앉다; 푹 쓰러지다(가치 · 수량 · 가격 등이), 급감[급락/폭락]하다'라는 의미를 담고 있어. 쉽게 말하면 하늘을 향해 오르던 것이 떨어지는 상황을 표현하는 단어이지. 우리는 예전부터 슬럼프라는 것을 많이 겪어 왔을 거야. 걸음마를 시작하기 전에 우리는 몇 번이고 넘어졌을 것이고, 넘어진 나를 본 어른들의 기대 섞인 목소리가 실망감이 가득한 목소리로 바뀌는 것도 봤을 거야. 그런데 이상하게도 우리는 이러한 슬럼프가 공부할 때에는 나타나지 않기를 바라. 그만큼 공부에서의 슬럼프가 주는 실패감이 크다는 것을 보여주는 거야.

그러면 어떻게 슬럼프를 극복해야 할까?

나는 지금 너희에게 '슬럼프를 극복하려고 하지 마'라고 말하고 싶어. 대신에 슬럼프를 받아들이자는 거지. 우리는 한 번 실패했다고 해서 계속 실패해있지 않을 거야. 슬럼프를 겪게 되면 우리는 그 패배감에 위축되어있지만 시간이 지난 후에는 그 슬럼프에서 벗어나기 위해 많은 노력을 하게 될 거야. 그렇기 때문에 슬럼프를 겪는 동안에는 '어떻게든 벗어나겠어.'라는 생각에 괜한 힘을 빼지 않았으면 좋겠어. 슬럼프를 겪는 동안, 우리는 어떠한 위로의 말도 들리지 않아. 마음을 다 잡아도 무너지기 쉬운 상태야. 그런 상황에서 슬럼프에서 벗어나겠다고 이것저것 했다가 실패하면 그 실패감의 크기는 그 이전과 비교할 수 없는 상황일 거야. 마음을 다 잡고, 슬럼프를 받아들여. 유태인들이 힘든 시기를 보내면서 '이 또한 지나가리. This, too, shall pass away.'라는 말을 많이 했다고 해. 이 말을 기억하면서 언젠가 이것이 지나갈 날을 기다려. 잠시 쉬면서 마음을 굳게 잡고 그동안 해왔던 것을 계속 하면 돼. 그러면 우리는 어느 순간 슬럼프를 극복할 거야.

혼공

13일차

길어진 문장 – 관계부사

The day when I was born was Monday.

내가 태어난 날은 월요일이었다.

난이도

"My children will live in a nation
where they will not be judged by the color of their skin."
- Martin Luther King

우리 아이들은 그들의 피부색으로 차별 받지 않는
나라 안에서 살아갈 것입니다.
– 마틴 루터 킹

1단계 개념 요리하기

학습날짜 : 월 일

관계부사 요리법

관계부사는 관계대명사와 쌍벽을 이루는, 영문법에서 가장 중요한 요소 중 하나야. 하지만 관계대명사와 크게 다를 것이 없고, 합쳐지기 전의 두 문장으로 쪼개서 이해하면 충분히 정복할 수 있어. 관계부사의 형성 원리부터 시작해 볼까?

혼공해석기법 1 관계부사란?

관계부사는 관계대명사처럼 두 문장을 한 문장으로 합치는 문법이야. 문장의 접착제 같은 거지. 관계대명사랑 다른 점은 딱 하나야. 관계대명사는 뒤 문장에서 앞 문장과 공통된 명사가 주어, 목적어, 소유격으로 쓰였지? 관계부사는 공통 명사가 뒤 문장에서 「전치사 + 명사」 또는 '부사'의 형태로 부사 역할을 해.

문장1	명사	+	문장2	부사, 전치사 + 명사

I like Seoul.(나는 서울을 좋아해.) I was born in Seoul.(나는 서울에서 태어났어.)

→ I like Seoul which I was born in ~~Seoul~~. (겹치는 명사 Seoul 생략)
→ I like Seoul in which I was born. (전치사를 관계대명사 앞으로 이동)

in which는 관계부사 where로 바꿀 수 있어. 그래서 최종적으로 아래와 같은 문장이 완성되는 거지.
→ I like Seoul where I was born. (관계부사로 딱 한 단어로 압축!)

혼공해석기법 2 관계부사의 종류

선행사가 때, 장소, 이유, 방법 중 무엇이냐에 따라서 관계부사의 종류도 다양해. 선행사를 보고 적절한 관계부사를 사용할 수 있는 능력은 중요해.

1. 때를 나타내는 when
선행사: the time, the year, the month, the day 등 시간 관련 명사
at/in/on + which로 바꾸어 쓸 수 있음
Friday / is the day / when I am the busiest / of the week. (금요일은 / 날이다 / 내가 가장 바쁜 / 주 중에)

2. 장소를 나타내는 where

선행사: the place, the country, the city, the house 등 장소 관련된 명사
at/in/to + which로 바꾸어 쓸 수 있음
Sometimes / I miss / the town / where I used to live. (때때로 / 나는 그립다 / 마을이 / 내가 살았었던)

3. 이유를 나타내는 why

선행사: the reason
for which로 바꾸어 쓸 수 있음
That's why / I changed / my mind. (그것이 이유이다 / 내가 바꿨던 / 내 마음을)
*That's why는 간편하게 '그래서'라고 해석해도 좋아.

4. 방법을 나타내는 how

선행사: the way(방식, 방법)
the way how로는 쓰지 않음. the way 또는 how 둘 중에 하나만 쓰는 것이 규칙임
I don't know / how / it happened. (나는 모르겠다 / 어떻게 / 그것이 일어났는지)

혼공해석기법 

관계부사의 계속적 용법

관계대명사와 마찬가지로 관계부사도 콤마(,)를 찍으면 계속적 용법으로 쓸 수 있어. 해석에는 큰 영향을 주지 않지만 몇 가지 특징들이 있어.

1. 관계부사의 계속적 용법은 when과 where에만 사용한다.
2. 「접속사 + 부사」로 바꾸어 쓸 수 있다.
3. when은 and then, where은 and there로 바꾸어 쓸 수 있다.

I'll meet her / on Tuesday, / when I'm free. (나는 그녀를 만날 것이다 / 화요일에 / 그때 나는 한가하다)
= I'll meet her on Tuesday and then I'm free.

I went into the restaurant, / where I saw her. (나는 음식점에 갔다 / 거기서 나는 그녀를 봤다)
= I went into the restaurant and there I saw her.

디저트 퀴즈

다음 빈칸에 알맞은 관계부사를 써 보자.

EX **This is my place (where) I used to hide my money.**

1 May 5th is the day ( ) I was born.

2 I will tell you the reason ( ) he suddenly disappeared.

3 The library ( ) she studies is quiet.

4 I don't know ( ) the student came into the room.

2 단계 문법 요리하기

다음 우리말 의미에 맞게 박스 안에서 알맞은 것을 골라 보자.

1 That's the way [X / how] we got to know each other. 그것이 우리가 서로를 알게 된 경로다.

2 I don't know the reason [which / why] she hates me. 나는 그녀가 나를 싫어하는 이유를 모르겠다.

3 Is there a restaurant around [which / at which] I can have a good meal?
여기 주변에 제가 맛있는 식사를 할 만한 레스토랑이 있나요?

4 A boy entered a coffee shop [why / where] I worked as a waitress.
그 소년은 내가 웨이트리스로 일했던 커피숍에 들어왔다.

5 The reason [for which / of which] he was absent yesterday is not clear.
그가 어제 결석이었던 이유는 명확하지 않다.

6 This is the way [in which / how] that accident happened.
이것이 어떻게 그 사고가 발생했는지 이다.

7 Let's go to a quiet place [which / where] you are not likely to be disturbed.
네가 방해 받지 않을 것 같은 조용한 장소로 가자.

8 The exact day [when / where] that event happened is not known.
그 사건이 발생한 정확한 날은 알려지지 않았다.

9 That is [why / where] it is called one of the best restaurants in Tokyo.
그게 왜 여기가 도쿄에서 가장 맛있는 식당 중 하나라고 불리는 이유야.

10 I didn't like the restaurant [where / when] I visited in New York.
나는 내가 뉴욕에서 방문했던 그 식당을 좋아하지 않았다.

3단계 해석 요리하기

보기와 같이 관계부사의 의미에 주의해서 해석해 보자.

보기 Our history teacher told us that is when the revolution happened.

➡ 우리 역사 선생님이 우리에게 그게 그 혁명이 일어난 때라고 말씀해주셨다.

혼공TIP 관계부사 when이 보이지? when 앞에 선행사 time 정도가 생략됐다고 생각하면 돼.

모의고사 2016년 고1 3월 학평

1 And then he asked why he was retiring.

모의고사 2016년 고1 3월 학평

2 The reason it looks that way is that the sun is on fire.

모의고사 2015년 고1 11월 학평

3 They tended to call around the time the trains used to run.

모의고사 2014년 고1 11월 학평

4 Another dog was barking, and he had no idea where the dogs were.

모의고사 2015년 고1 11월 학평

5 Staring at the bare Sun is more harmful than when the Moon blocks it.

모의고사 2015년 고1 9월 학평

6 But there are situations where that compassion might cause problems.

모의고사 2015년 고1 11월 학평

7 Responsibility is when one takes on a burden and accepts its outcomes.

모의고사 2015년 고1 9월 학평

8 Eventually the use of this alarm call will be restricted to those situations when an eagle is spotted in the skies above.

모의고사 2015년 고1 6월 학평

9 The day when the percentage of the population was the least, however, was Monday with 5.6%.

단어 PLUS

1
+retire 은퇴하다

2
+on fire 타고 있는

3
+tend to ~하는 경향이 있다
+used to ~하곤 했다

4
+bark 짖다

5
+stare 응시하다
+bare 발가벗은, 맨
+harmful 유해한
+block 가리다

6
+situation 상황
+compassion 동정

7
+responsibility 책임
+burden 짐
+accept 받아들이다
+outcome 결과

8
+alarm call 경계 신호
+restrict 제한하다
+spot 발견하다

9
+population 인구, 참여자

4단계 빈칸 요리하기

앞서 배운 문장들을 바탕으로 빈칸을 채워 문장을 완성해 보자.

1 이유는 / 그것이 그런 식으로 보이는 / ~이다 / 태양이 불타오르고 있다

The r____________ / it looks that w____________ / is / that the sun is on fire.

2 그들은 / 전화하는 경향이 있었다 / 시간 즈음에 / 기차들이 달리곤 하는

They / t____________ to call / around the t____________ / the trains used to run.

3 그러나 / 상황들도 있다 / 그 동정이 문제를 야기할 수도 있는

But / there are situations / w____________ that c____________ might cause problems.

4 책임은 때이다 / 한 사람이 짐을 짊어진다 / 그리고 그것의 결과를 받아들이는

Responsibility is w____________ / one takes on a burden / and accepts its outcomes.

5 날은 / 인구의 비율이 / 가장 낮았던 / 그러나 / 월요일이었다 / 5.6%를 기록한

The day / w____________ the percentage of the population / was the l____________, / however, / was Monday / with 5.6%.

보기와 같이 수능 문장을 단계별로 정확하게 해석해 보자.

보기 One of the worst moments was when he distributed a math test.

2015년 수능

❶ One of the worst moments was when he distributed a math test.
➞ ~중 하나는

❷ One of the worst moments was when he distributed a math test.
➞ 최악의 순간들 중 하나는 ~였다

❸ One of the worst moments was when he distributed a math test.
➞ 최악의 순간들 중 하나는 그가 수학 시험지를 배부했을 때였다.

A **You see the world as a big contest, where everyone is competing against everybody.**

2011년 수능

❶ You see the world as a big contest, where everyone is competing against everybody.
➞

❷ You see the world as a big contest, where everyone is competing against everybody.
➞

❸ You see the world as a big contest, where everyone is competing against everybody.
➞

B **Grandpa got most of the materials for his little house from the Oakland docks, where he was working.**

2011년 수능

❶ Grandpa got most of the materials for his little house from the Oakland docks, where he was working.
➞

❷ Grandpa got most of the materials for his little house from the Oakland docks, where he was working.
➞

❸ Grandpa got most of the materials for his little house from the Oakland docks, where he was working.
➞

단어 

A
+contest 경합
+compete 경쟁하다
+against 대항하여

B
+material 재료
+dock 갑판

선배들의 달콤살벌한 공부 이야기 #11

영어 내신 공부법

SKY선배가 너에게

특목고 졸업생인 내가 함부로 일반적인 영어 내신 공부법을 말할 수 있을까 고민도 많이 했어. 일반고에 다니는 동생을 위해 영어 과외를 하면서, '영어 내신 공부법은 딱 하나구나.'라는 생각이 들었어. 영어 내신을 위해 학원을 다니고 있다면, 과외를 하고 있다면 과감하게 그만두어도 괜찮을 것 같아. 왜냐하면 영어 내신 성적이 좋은 학생들은 영어를 잘하는 학생들보다 영어를 잘 외우는 학생들이거든. 지금부터 영어 내신 고득점을 위한 방법을 알려줄게.

#1. 수업 후 매일매일 복습하기

영어 과목은 시험범위가 많든 적든 시험 직전에 벼락치기를 해서 끝낼 수 있는 과목이기는 해. 하지만, 미리 수업 내용이라도 정리해두면 시험 공부할 때 아무래도 수월하겠지? 수업을 한 후에 선생님께서 설명하신 내용과 더불어 중요 문법 요소, 구조, 어휘 등을 꼼꼼하게 정리해둬.

#2. 교과서는 복습하고 모의고사는 강의듣기

시험 기간이 다가오기 전에 할 일은 딱 두 가지야. 하나는 수업 후에 틈틈이 교과서를 복습하는 거야. 또 다른 하나는 모의고사가 끝난 후(대부분의 학교는 모의고사가 시험범위에 포함되더라고) EBS에서 강의를 찾아서 들어봐. 약 3시간의 강의동안 선생님께서는 답을 찾는 방법부터 꼼꼼한 구문 해석까지 다 해주신단다. 나는 그 강의가 수능을 위한 실력 쌓기보다 학생들의 내신 준비를 위한 것이라고 생각할 정도로 자세하고 친절하게 설명해주셔.

#3. 고득점? 외우면 끝.

영어 과목의 시험 범위는 정해져있어. 종종 변별력을 위해 외부지문을 출제하지만 문제의 대부분은 시험 범위 내에서 출제해. 즉, 주어진 범위에 있는 지문을 다 외우면(혹은 외울 정도로 자주 봄으로써 익숙해지면) 고득점을 받을 수 있다는 거야. 한 지문을 5번만 꼼꼼하게 읽으면 첫 문장을 보고 답을 고를 수 있는 경지에도 오를 수 있지. 시험 시간 동안, 시험 범위 내의 문제를 빨리 풀고 나서 외부 지문을 꼼꼼하게 읽고 문제를 풀면 외부 지문에 대한 정답률도 높일 수 있어!

상당히 당연한 공부법이지만, 우리가 당연하기 때문에 잘 적용하지 않는 공부법이야. '지문을 외울 정도로 지문에 익숙해져야 한다.'는 공부법이 우리에게 너무도 당연하게 와 닿고 있다는 것은 그만큼 이 방법이 정석이라는 것이야.

혼공

14일차

길어진 문장 - 관계대명사 what, 전치사 + 관계대명사, 복합관계사

I like whatever he likes.

나는 그가 좋아하는 것이라면 뭐든지 좋아한다.

난이도 🌶🌶🌶

"The big secret in life is that there is no big secret.
Whatever your goal, you can get there if you're willing to work."
- Oprah Winfrey

인생에 큰 비밀은 큰 비밀 따위가 없다는 것이다.
당신의 목표가 무엇이든 열심히 할 의지가 있다면 달성할 수 있다.
– 오프라 윈프리

1단계 개념 요리하기

학습날짜 : 월 일

관계대명사 what, 전치사 + 관계대명사, 복합관계사 요리법

오늘은 지난 시간에 이어서 관계사를 한 단계 더 파고들 거야. 기본이 탄탄하면 얼마든지 이해할 수 있는 내용이니까 겁먹지 말고 하나씩 도전해 보자. 분명한 것은 우리는 지금 영문법 중에서 가장 어렵지만 가장 아름다운 꽃길을 걷고 있는 거야.

혼공해석기법 1 관계대명사 what

관계대명사 what은 다른 관계대명사와 달리 선행사를 포함해. 선행사를 삼킨 관계대명사 정도로 이해하면 돼. 따라서 당연히 관계대명사 what 앞에는 명사 즉, 선행사가 없어. 그리고 명사를 삼켰기 때문에 '~하는 것'이라 해석하고 문장에서 주어, 목적어, 보어, 전치사의 목적어로 사용이 돼.

1. 주어 역할
What I want to know / is her name. (내가 알기를 원하는 것은 / 그녀의 이름이다)

2. 목적어 역할
I'll do / what you want. (나는 할 것이다 / 네가 원하는 것을)

3. 보어 역할
That's / what I was trying to say. (그것이 ~이다 / 내가 말하고자 하는 바 = 그게 내가 하고 싶은 말이다)

4. 전치사의 목적어 역할
Thank you / for what you did / for us. (감사합니다 / 당신이 했던 것에 대해 / 우리를 위해)

혼공해석기법 2 관계대명사 what vs. 의문사 what

영어에서 what은 의문사, 관계대명사 두 종류가 있어. 문법적으로는 둘의 구별이 어렵기 때문에 반드시 의미로 구별을 해야 해. 간혹 둘 다로 해석되는 것들이 있어. 그런 것들은 문법 문제로 등장하지는 않고, 의미도 크게 차이나지 않으니 걱정하지 마.

의문사 what	관계대명사 what
– 주로 의문문에 사용 – '무엇'이라는 의미	– '~하는 것'이라고 해석 – the thing that으로 교체 가능
What / did you buy? 무엇을 너는 샀니	This / is what you saw. 이것이 네가 보았던 것이다

혼공해석기법 

전치사 + 관계대명사

전치사 다음에는 항상 명사를 써야 해. 그러다 보니 전치사 다음에 있던 명사가 관계대명사로 바뀌면 자연스럽게 「전치사 + 관계대명사」가 만들어져.

She is the girl. + I take care of her.
→ She is the girl whom I take care of ~~her~~.

이때 문장 마지막에 있는 전치사 of는 관계대명사를 따라 앞으로 나갈 수도 있고, 그 자리에 계속 있을 수도 있어. 그래서 아래의 두 문장이 탄생하는 거지. 의미는 같아.

She is the girl whom I take care of.
She is the girl of whom I take care.

「전치사 + 관계대명사」는 꽤 어려운 문법 포인트이기 때문에 아래 문장들을 보면서 제대로 다시 한 번 복습하자.

다만, 「전치사 + 관계대명사」 부분은 해석보다는 문법 문제로 활용되는 포인트야. 뒤 문장을 보면 전치사가 왜 필요한 지 알 수 있어. 뒤 문장에 선행사를 넣어 보면서 전치사가 필요한 이유를 다시 한 번 확인하자.

I know the girl / about whom Tom has talked a lot. (나는 그 소녀를 안다 / 톰이 많이 이야기 했었던)
*talk about이 '~에 대해 이야기하다'니까 about 필요

That's a mistake / for which I am responsible. (그것은 실수이다 / 내가 책임을 맡는)
*be responsible for가 '~에 대해 책임을 지다'니까 for 필요

That was the movie / during which I fell asleep. (그것은 영화였다 / 내가 (보는 동안) 잠들었던)
*during the movie니까 during 필요

These are the facts / on which / the theory is based. (이것들은 사실들이다 / 그 이론이 기초를 두고 있는)
*be based on이 '~에 기초를 두다'라는 표현이니 on 필요

혼공해석기법 4
복합관계대명사

복합관계사라는 것은 복합관계대명사와 복합관계부사를 합친 말이야. 이 문법들은 시험에 많이 활용되지는 않지만, 독해할 때 한 번씩 등장하는데 해석을 정확하게 할 수 있어야 해. 복합관계대명사는 문장에서 명사절, 부사절의 역할을 하는데, 어려운 문법 용어보다 해석을 제대로 하는 것에 집중해.

1. whoever

명사절: ~하는 사람이면 누구든지

Whoever wins the race / will win / the prize. (경주에 이기는 사람이면 누구든지 / 탈 것이다 / 상을)

부사절: ~가 누구더라도

Whoever he is, / she will hate him. (그가 누구더라도 / 그녀는 그를 싫어할 것이다)

=No matter who he is, she will hate him.

2. whatever

명사절: ~하는 것이면 무엇이든

You can do / whatever you'd like. (너는 할 수 있다 / 네가 좋아하는 것이라면 뭐든지)

부사절: 무슨 ~라도

Whatever he says, / don't believe him. (그가 무슨 말을 하더라도 / 그를 믿지 마라)

=No matter what he says, don't believe him.

참고로 whichever이라는 표현도 나오는데 whatever과 같은 요령으로 해석하면 돼. 차이는 whichever는 '~하는 것이면 어떤 것이든, 어떤 것을 ~라도'라고 선택을 강조하는 표현이라는 거야.

You can take / whichever you choose. (너는 가질 수 있다 / 네가 고르는 어떤 것이든)

혼공해석기법 5 복합관계부사

복합관계부사는 부사절의 역할을 하는데, 해석을 적절하게 할 수 있도록 연습하자. 끊어 읽기를 잘하면 그리 어렵지 않아.

1. whenever

부사절: ~할 때는 언제나, 언제 ~하더라도

You may leave / whenever you wish. (당신은 떠나도 좋다 / 언제든 당신이 소망한다면)

2. wherever

부사절: (~하는 곳은) 어디든지

You can sit / wherever you like. (당신은 앉아도 됩니다 / 좋아하는 곳은 어디든)

3. however

부사절: 아무리 ~해도

However cold it is, / he goes fishing. (아무리 춥더라도 / 그는 낚시를 간다)

however는 「however + 형용사/부사 + 주어 + 동사」의 어순으로 써.

디저트 퀴즈

다음 문장에서 what이 의문사인지 관계대명사인지 써 보자.

EX **What are you talking about?** 의문사

1 Do you agree what he says?

2 What does it mean exactly?

3 What is that? I can't believe my eyes!

4 Can you eat what she is eating now?

2단계 문법 요리하기

다음 우리말 의미에 맞게 박스 안에서 알맞은 것을 골라 보자.

1 There is not enough money for [which / what] you want to buy.
네가 사고 싶은 것을 살 수 있을 정도로 충분한 돈이 있지 않다.

2 This is [what / which] you're looking for. 이것은 네가 찾고 있는 것이다.

3 She is the girl [whom / about whom] I talked. 내가 그 때 얘기했던 여자애가 바로 저 소녀야.

4 There wasn't information [which / about which] I need to know.
내가 알 필요가 있는 정보들이 없었다.

5 The hotel [which / at which] I stayed was clean. 내가 묵었던 호텔은 깨끗했다.

6 There is an obvious goal [which / for which] I should study hard.
내가 공부를 열심히 해야만 하는 명확한 목표가 있다.

7 [What / Whatever] you do, do your best. 네가 무엇을 하든지, 최선을 다하렴.

8 [Whatever / Wherever] you go on this globe, you can get along with English.
당신은 이 지구상 어디를 가든지, 영어와 함께 살아갈 수 있다.

9 This is the show [which / during which] she fell asleep. 이것이 도중에 그녀가 잠들었던 쇼야.

10 The works [which / at which] you're looking at are mine. 네가 보고 있는 작품들은 내 것이야.

3단계 해석 요리하기

보기와 같이 밑줄 친 부분의 의미에 주의해서 해석해 보자.

보기 **There is a mistake for which I am responsible.**

➡ 내가 책임져야 할 실수들이 있다.

혼공TIP be responsible for는 하나의 덩어리로 '~에 책임이 있는'이란 의미로 사용 돼. 관계사 절 뒤에 보면 be responsible까지만 있고 for는 없지? 그래서 관계사 which 앞에 for를 붙여준 거야.

모의고사 2014년 고1 11월 학평

1 They have their own gardens in which they can cultivate vegetables.

모의고사 2015년 고1 9월 학평

2 What is different today, though, is the speed of these interactions.

모의고사 2014년 고1 11월 학평

3 They live off whatever nature provides in their surroundings.

모의고사 2015년 고1 3월 학평

4 When kids turn 4, they start to consider what others are thinking.

모의고사 2014년 고1 9월 학평

5 Whatever an answer is, the research demonstrates one thing clearly.

모의고사 2016년 고1 3월 학평

6 The emotion itself is tied to the situation in which it originates.

모의고사 2015년 고1 11월 학평

7 An observer who didn't know to which group each baby belonged studied the babies.

모의고사 2015년 고1 6월 학평

8 What you and your spouse need is quality time to talk.

모의고사 2015년 고1 6월 학평 응용

9 Everyone with whom you come in contact in your life can be your teacher.

단어 PLUS

1
+own 자기 소유의
+cultivate 경작하다
+vegetable 채소

2
+though 그래도
+interaction 상호작용

3
+live off 살아가다
+provide 제공하다
+surroundings 환경

4
+consider 고려하다

5
+research 조사, 연구
+demonstrate 입증하다

6
+emotion 감정
+be tied to ~에 속박되어 있다
+originate 기원하다

7
+observer 관찰자
+belong to ~에 속하다

8
+spouse 배우자
+quality time (가족과 보내는) 귀중한 시간

9
+contact 접촉

4 단계 빈칸 요리하기

앞서 배운 문장들을 바탕으로 빈칸을 채워 문장을 완성해 보자.

1 그들은 / 가지고 있다 / 그들 자신의 텃밭을 / 그들이 채소를 경작할 수 있는
They / have / their own gardens / in w_____________ they can c_____________ vegetables.

2 오늘 날 다른 것은 / 그래도 / 속도이다 / 이러한 상호작용들의
W_____________ is different today / though, / is the speed / of these i_____________.

3 아이들은 4살이 되면 / 그들은 / 고려하기 시작한다 / 다른 이들이 생각하고 있는 것을
When kids turn 4, / they / start to c_____________ / w_____________ others are thinking.

4 정답이 무엇이든 간에 / 그 연구는 / 증명한다 / 한 가지를 / 명확히
W_____________ an answer is, / the research / d_____________ / one thing / clearly.

5 당신과 당신의 배우자가 필요로 하는 것은 / (가족 간의) 귀중한 시간이다 / 이야기할 수 있는
W_____________ you and your s_____________ need / is q_____________ time / to talk.

5 단계 수능 요리하기

보기와 같이 수능 문장을 단계별로 정확하게 해석해 보자.

보기 Energy depends on a pre-existing polarity, without which there could be no energy.

2011년 수능

❶ Energy depends on a pre-existing polarity, without which there could be no energy.
→ 에너지는 의존한다

❷ Energy depends on a pre-existing polarity, without which there could be no energy.
→ 에너지는 원래 존재하던 극성에 의존한다

❸ Energy depends on a pre-existing polarity, without which there could be no energy.
→ 에너지는 원래 존재하던 극성에 의존하는데, 이것이 없다면 에너지는 있을 수 없다.

A **What disturbs me is the idea that good behavior must be reinforced with incentives.**

2011년 수능

❶ What disturbs me is the idea that good behavior must be reinforced with incentives.
→

❷ What disturbs me is the idea that good behavior must be reinforced with incentives.
→

❸ What disturbs me is the idea that good behavior must be reinforced with incentives.
→

B **Both eye and camera have a light-sensitive layer onto which the image is cast.**

2013년 수능

❶ Both eye and camera have a light-sensitive layer onto which the image is cast.
→

❷ Both eye and camera have a light-sensitive layer onto which the image is cast.
→

❸ Both eye and camera have a light-sensitive layer onto which the image is cast.
→

단어 PLUS

A
+disturb 혼란스럽게 하다
+behavior 행동
+reinforce 강화시키다
+incentive 보상

B
+light-sensitive 빛에 민감한
+layer 막
+cast 드리우다

D course

진짜
길어진 문장

혼공

15일차

명사절 때문에 진짜 길어진 문장

That the Earth is round is true.

지구가 둥글다는 것은 사실이다.

난이도 🌶🌶

"Strong reasons make strong actions."
- William Shakespeare

강력한 동기는 강력한 실천을 낳는다.
– 윌리엄 셰익스피어

1단계 개념 요리하기

학습날짜 : 월 일

명사절 요리법

이제 영문법의 끝을 향해서 달려가고 있네. 명사절은 명사와 같이 문장에서 주어, 목적어, 보어 역할을 해. 명사절이라는 것을 이해하기 위해서는 구와 절부터 차근차근 이해해야 해. 구와 절, 그리고 더 나아가 명사절, 부사절 등을 익히게 되면 영문법을 보는 눈이 한 층 더 넓어질 거야. 시작해 보자!

혼공해석기법 1
단어, 구, 절

1. 단어

단어는 의미를 가지는 하나의 덩어리를 말해. 지금껏 접해온 거라 쉬울 거야.

I, student, book, Seoul

2. 구

두 개 이상의 단어가 모여서 하나의 의미를 이루는 것이 '구'야. 단, 이들 단어 사이에는 「주어 + 동사」의 관계가 없어야 해. 구는 아래 예시처럼 두 개 이상의 단어들이 모여서 하나의 의미를 이루고 있으니 잘 봐.

to study(공부하는 것), going to school(학교에 가는 것), sleeping on the bed(침대에서 자고 있는)

3. 절

두 개 이상의 단어가 모여서 하나의 의미를 이루는데, 이들 단어 사이에 「주어 + 동사」의 관계가 있을 때 이런 것을 '절'이라고 불러. 보통 절은 거의 문장이라 봐도 돼.

that he is kind (그가 착하다는 사실), when he is alone (그가 혼자 있을 때)
S V S V

문장 속의 단어, 구, 절

I / like / English. (나는 / 좋아한다 / 영어를)
→ English = 단어

Studying English / is not difficult. (영어를 공부하는 것은 / 어렵지 않다)
→ Studying English = 구(두 개 이상의 단어가 모여서 하나의 의미를 이루고 있음)

That we must study English / is a common belief. (우리가 영어를 공부해야 한다는 것은 / 일반적인 생각이다)
→ That we must study English = 절(여러 단어가 모여서 하나의 의미를 이루고 있으면서 그 안에 「주어 + 동사」의 관계가 있음

혼공해석기법 2
명사절의 종류

앞서 구와 절을 익혔다면, 이제 명사, 형용사, 부사라는 이름을 붙여 보자. 구와 절의 종류는

명사구, 형용사구, 부사구
명사절, 형용사절, 부사절

이렇게 6가지야. 그 중에서 명사절의 종류부터 한번 알아보자. 아래와 같은 명사절들이 문장에서 주어, 목적어, 보어 역할을 한다고 생각하면 돼.

명사절의 종류	접속사 that절	I know that she is pretty. 나는 그녀가 예쁘다는 것을 안다.
	동격의 that절	The fact that he is a nurse will change her mind. 그가 간호사라는 사실은 그녀의 마음을 바꿀 것이다.
	whether/if 절	I don't know if[whether] he will come. 나는 그가 올지 안 올지 모르겠다.
	관계대명사 what절	I remember what you did to me. 나는 네가 나에게 했던 것을 기억한다.
	의문사절	She doesn't know what she should do. 그녀는 그녀가 무엇을 해야 하는지를 모른다.
	복합관계대명사절	Whoever comes first will win the prize. 먼저 오는 사람이라면 누구든지 상을 탈 것이다.

혼공해석기법 3
that이 이끄는 명사절

명사절 중에서도 that이 이끄는 명사절은 중학교에서부터 중요하게 등장해. that이 이끄는 명사절은 '~하는 사실, ~하는 것'이라고 해석을 해. 문장에서 주어, 목적어, 보어 역할을 하는 that이 이끄는 명사절을 문장 속에서 느껴 보자. 문장으로 된 긴 주어, 보어, 목적어라고 생각하면 해석에 아주 큰 도움이 될 거야.

1. 주어 역할(~것은)

That you don't believe me / is a great pity. (네가 나를 믿지 않는다는 것은 / 큰 유감이다)

2. 보어 역할(~것이다)

The fact / is that he lied to her. (사실은 / 그가 그녀에게 거짓말했다는 것이다)

3. 목적어 역할(~것을, ~것이라고)

I think / (that) she will eat dinner with him. (나는 생각 한다 / 그녀가 그와 함께 저녁을 먹을 것이라고)
*목적어 역할을 하는 that절의 that은 생략 가능

혼공해석기법 4
if/whether이 이끄는 명사절

if/whether이 이끄는 명사절은 that이 이끄는 명사절처럼 문장에서 주어, 목적어, 보어의 역할을 해. 다만, 의미가 '~인지 (아닌지)'로 that이랑은 달라. 주로 know(알다), wonder(궁금해하다), ask(묻다), doubt(의심하다) 등의 동사와 함께 사용한다는 특징이 있어. 주로 내가 아는지 모르는지와 관계있는 동사야. 그리고 if만 보면 무턱대고 '만약 ~한다면'이라고 해석하려는 본능은 잠시 접어둬. 지금 단계에서 명사절의 모든 종류를 익힌다는 것은 불가능하고 큰 의미도 없어. 다만 문장 내에 있는 큰 하나의 덩어리를 느껴야 해. 아래에서 밑줄 친 덩어리를 느낄 수 있어야 해석을 더 정확하고 빠르게 할 수 있어. 다양한 형태의 큰 명사절 덩어리들에 익숙해지기 바라.

1. 주어 역할(~인지는)

Whether the fact is true / is my concern. (그 사실이 진실인지는 / 나의 걱정이다)

*주어 역할에는 if를 쓸 수 없어.

2. 보어 역할(~인지이다)

The problem / is whether this book positively affects teens.

(문제는 / 이 책이 긍정적으로 10대에 영향을 미칠지이다)

*보어 역할에는 if를 쓸 수 없어.

3. 목적어 역할(~인지를, ~일지를)

We / want to know / whether[if] they will come back safely (or not).

(우리는 / 알고 싶다 / 그들이 안전하게 돌아올지 안 올지를)

명사절 덩어리는 단수 취급

Whether we win or lose / are not important. (X)

Whether we win or lose / is not important. (O)

'우리가 이길지 질지는 중요하지 않다.'라는 뜻이야. whether절[문장]이 주어가 되고, 딱 하나의 사실이니까 주어는 한 개지? 그래서 동사는 is를 쓰는 게 맞아. 긴 덩어리는 단수 취급한다는 것을 알아두면 요긴하게 쓸 수 있을 거야.

혼공해석기법 5
that이 이끄는 동격의 명사절

명사 뒤에 that이 문장을 이끈다고 해서 that이 전부 다 관계대명사는 아니야. 명사가 fact(사실), belief(신념), idea(생각), rumor(소문), news(소식) 등과 같이 다소 눈에 보이지 않는 추상적인 내용일 때 뒤에 자세한 설명을 해줄 필요가 있어. 그래서 그러한 명사 뒤에 오는 that절을 '동격의 that절'이라고 해. 추상적 개념의 내용을 설명해 주는 역할을 하지.

I hate / the fact. (나는 싫어한다 / 그 사실을)
I hate / the fact / that he likes Mary. (나는 싫어한다 / 그 사실을 / 그가 Mary를 좋아한다는)

동격의 that과 관계대명사 that

관계대명사 뒤의 문장은 보통, '주어, 목적어' 등이 생략되어서 없잖아? 하지만 동격의 that절 뒤에는 생략된 부분이 없는 완벽한 문장이 이어져. 이것을 이용한 고난도 문법 문제가 출제되기도 해.

I love Tommy that is kind to everyone. (나는 모두에게 친절한 Tommy를 사랑한다.)
→ that절 안에 주어가 없으므로 관계대명사

I know the fact that Tommy likes cats. (나는 Tommy가 고양이를 좋아한다는 사실을 안다.)
→ that절 안에 주어와 목적어가 모두 있으니 동격의 that

디저트 퀴즈

다음 문장들의 명사절을 괄호를 이용해서 한 덩어리로 묶어 보자.

EX **I wonder (if he will win the race).**

1 Whether Penny loves her or not doesn't matter to me.
2 The fact that he can't drive anymore surprises me.
3 What made me depressed was her cold attitude.
4 Whatever has a beginning also has an end, too.

다음 우리말 의미에 맞게 박스 안에서 알맞은 것을 골라 보자.

1 What happened in the vineyard [was / were] cruel. 포도밭에서 발생했던 일은 참혹했다.

2 The question is [whether / which] I should pay or not. 의문점은 내가 지불해야만 하느냐 마느냐이다.

3 No one can deny the fact [that / which] everything changes.
그 누구도 모든 것이 변한다는 사실을 부정할 수는 없다.

4 It is a good thing [that / which] she broke up with him. 그녀가 그와 헤어진 것은 잘된 일이다.

5 [That / What] I saw in a drawer of his desk was a gun. 내가 그의 책상 서랍에서 본 건 총이었다.

6 Remember [that / which] life is a game where there are multiple winners.
인생은 다수의 승자들이 있는 게임이라는 것을 기억해라.

7 The truth is [what / that] everyone has a story. 진실은 모든 이가 이야기를 가지고 있다는 것이다.

8 That she is Japanese [is / are] obvious. 그녀가 일본인이라는 사실은 명백하다.

9 Food plays a large part in how much [do you enjoy / you enjoy] the outdoors.
음식은 얼마나 많이 당신이 야외를 즐기는지에 있어서 큰 영향을 미친다.

10 [That / Whether] you will do it or not is up to you. 네가 할지 아니면 하지 않을지는 너에게 달려있어.

3 단계 해석 요리하기

보기와 같이 다음 문장들을 명사절의 의미에 주의해서 해석해 보자.

보기 It is said that honesty is the best policy.

➡ 정직이 최고의 대책이라고 전해지곤 한다.

혼공TIP 이 문장의 원래 형태는 아마 'That honesty is the best policy is said.'일 거야. 하지만, 주어인 that절이 너무 길어져서 문장이 복잡해보이니까 뒤로 빼주고 주어 자리에는 아무 의미도 없는 가짜 주어[가주어] it을 넣었어!

모의고사 2014년 고1 9월 학평

1 I feel that this approach is a serious mistake.

모의고사 2014년 고1 11월 학평

2 The kind teacher told her that she was not stupid.

모의고사 2015년 고1 11월 학평

3 But you should know that multitasking doesn't save any time.

모의고사 2014년 고1 9월 학평

4 Caleb, an anthropologist, decided to map where this sound occurs.

모의고사 2016년 고1 3월 학평

5 Show how the gentle wind touches the edge of her silky, brown hair.

모의고사 2015년 고1 9월 학평

6 You will find the hardboiled egg spins so easily while the raw doesn't.

모의고사 2014년 고1 11월 학평

7 Imagine that a study on the effects of drinking coffee comes out in the news.

모의고사 2016년 고1 3월 학평

8 Your parents may be afraid that you won't spend your allowance wisely.

모의고사 2015년 고1 6월 학평

9 That's why I knew something was terribly wrong that afternoon last spring.

모의고사 2014년 고1 11월 학평

10 They also had to estimate how many other students would do the task.

단어 PLUS

1
+approach 접근법
+serious 심각한, 진지한

2
+stupid 바보 같은

3
+multitasking 동시에 많은 일을 하는 것
+save 절약하다

4
+anthropologist 인류학자
+map 지도를 그리다

5
+gentle 부드러운
+silky 비단 같은

6
+hardboiled 삶아진
+raw 날 것의

7
+come out 나오다

8
+afraid 두려워하는
+allowance 용돈
+wisely 현명하게

9
+terribly 끔찍하게

10
+estimate 추정하다
+task 과업

앞서 배운 문장들을 바탕으로 빈칸을 채워 문장을 완성해 보자.

1 그러나 / 당신은 / 알아야만 한다 / 멀티태스킹이 어떠한 시간도 절약해주지 못한다는 것을
But / you / should k_____________ / multitasking doesn't s_____________ any time.

2 케일럽은 / 인류학자인 / 지도로 나타내기로 결심하였다 / 어디서 이 소리가 나는지를
Caleb, / an anthropologist, / decided to m_____________ / where this sound o_____________.

3 당신은 / 발견할 것이다 / 삶은 달걀은 쉽게 도는 것을 / 날 것이 빠르게 돌지 않는 반면
You / will find / the hardboiled egg s_____________ so easily / while the r_____________ doesn't.

4 상상해봐라 / 커피 섭취의 효과에 대한 연구가 / 보도되는 것을 / 뉴스에
Imagine / t_____________ a study on the e_____________ of drinking coffee / comes out / in the news.

5 당신의 부모님은 / 걱정하실 수 있다 / 당신이 당신의 용돈을 현명히 사용하지 않을까
Your parents / may be afraid / that you won't s_____________ your a_____________ wisely.

보기와 같이 수능 문장을 단계별로 정확하게 해석해 보자.

보기 You believe that there is no way that everyone can have anything.

2011년 수능

❶ You believe that there is no way that everyone can have anything.
→ 당신은 믿는다

❷ You believe that there is no way that everyone can have anything.
→ 당신은 방법이 없다는 것을 믿는다

❸ You believe that there is no way that everyone can have anything.
→ 당신은 모두가 모든 것을 가질 수 있는 방법이 없다는 것을 믿는다.

A **His idealism ran high and he thought he would be able to fix all of their problems.**

2015년 수능

❶ His idealism ran high and he thought he would be able to fix all of their problems.
→

❷ His idealism ran high and he thought he would be able to fix all of their problems.
→

❸ His idealism ran high and he thought he would be able to fix all of their problems.
→

B **That requires, of course, that his parents know where they themselves stand.**

2014년 수능

❶ That requires, of course, that his parents know where they themselves stand.
→

❷ That requires, of course, that his parents know where they themselves stand.
→

❸ That requires, of course, that his parents know where they themselves stand.
→

단어 

A
- **idealism** 이상주의
- **run high** 높아지다
- **fix** 해결하다

B
- **require** 요구하다
- **stand** 위치하다

선배들의 달콤살벌한 공부 이야기 #12

졸음퇴치법

SKY선배가 너에게

지금 돌이켜보면 고등학교 입학하기 전에는 공부하면서 졸음을 느낀 적이 없던 것 같아. 그만큼 고등학교에 입학하면서 잠의 양이 절대적으로 부족해졌다는 것을 의미하는 거지. 그리고 이는 고등학생들에게 공부할 때 찾아오는 졸음을 효과적으로 퇴치해야 하는 것이 중요하다는 것을 의미해. 다들 한 번쯤 공부를 하면서 나도 모르게 꾸벅꾸벅 졸고 있다든가, 이미 책상과 한 몸이 되어있는 경우를 봤을 거야. 어떤 학생들은 '잠이 부족한데 졸릴 수도 있지.'라는 생각이 무색할 정도로 자주 졸음을 느끼기도 할 거야. 나는 지금 단순히 '허벅지를 꼬집어서 졸음을 퇴치해!'이런 얘기를 할 게 아니야. 졸음에 효과적으로 대처하는 방법을 이야기 해줄 거야.

#1. 이유 없는 졸음에 대처하는 법

'이유 없는 졸음'이라는 것은 평소에 자는 만큼 잔 날에, 공부하는 중에 찾아오는 졸음을 말해. 즉 일반적인 졸음이지. 같은 자세로 오래 앉아 있어서 혈액순환이 잘 되지 않아 찾아오는 경우가 다반사야. 이 경우에는 일어나서 공부하거나, 목 뒤를 마사지하거나, 물을 마시는 게 효과적이야. 괜히 애꿎은 허벅지를 찌르지 말고 스트레칭처럼 자세에 약간의 변화를 주는 게 더 좋을 거야.

#2. 몰려오는 졸음에 대처하는 법

앞선 '이유 없는 졸음'보다 더 독한 졸음이 '몰려오는 졸음'이야. 졸린 것 같아서 일어나서 공부하는데 일어난 채로 졸고 있다면 이게 바로 몰려오는 졸음이야. 이러한 졸음은 잠깐 잠을 자는 게 하나의 방법이야. 여기서 '잠깐'은 최대 20분이야. 잠깐 자고 일어난 순간에는 머리가 많이 아플 수 있어. 그렇지만, 머리가 아파도 꿋꿋이 일어나서 물 한 잔 마시고 나면 아까와 다르게 맑은 정신으로 공부할 수 있을 거야.

#3. 그 전 날 잠을 충분히 못 잤을 때의 대처법

평소에 7시간을 자는 학생이 숙제를 하느라 5시간밖에 자지 못하면, 그 다음 날 그 학생은 내내 졸음에서 헤어 나오기 쉽지 않아. 그만큼 1시간, 2시간 덜 자는 게 그 다음날의 낮 10시간을 좌우할 정도로 위험하다는 거야. 이런 경우에는 1시간 정도 푹 자고 일어나서 공부하는 게 더 좋아. 아프다고 말씀드리고 보건실에 가거나 일찍 귀가해서 잠을 자고 공부해야 해. 괜히 버티겠다고 졸린 채로 공부하면 오히려 공부하지 않은 것만 못할 수 있어. 아픈 경우에는 푹 쉬어서 몸을 빨리 낫게 하는 게 더 좋아. 괜히 아픈데 버티면서 공부하지 말고.

혼공

16일차

부사절 때문에 진짜 길어진 문장

Catch me if you can.

만약에 네가 가능하다면, 나를 잡아봐.

난이도 

"The most wasted of all days is one without laughter."
- E. E. Cummings

삶에서 가장 쓸데없는 날은 웃음이 없는 날이다.
– E.E. 커밍스

1 단계 개념 요리하기

학습날짜 : 월 일

부사절 요리법

지난 시간에 구와 절에 대해서 확실하게 개념을 익혔다면 부사절은 쉽게 이해할 수 있어. 절 중에서 부사의 역할을 하는 절들을 부사절이라고 하지. 부사절은 문장에서 핵심적인 성분들은 아니기 때문에 문장에서 빼버려도 문장은 할 말을 다 해. 하지만 양념이 들어간 요리가 맛있듯이, 부사절이 들어간 문장은 의미가 풍부해.

혼공해석기법 1 시간을 나타내는 부사절

when(~할 때), while(~하는 동안에), before(~하기 전에), after(~한 후에), until(~까지), since(~이후로), as soon as(~하자마자)는 많이 들어봤을 거야. 예문을 통해 가볍게 해석하면서 넘어가보자.

When I stood up, / she began to cry. (내가 일어섰을 때 / 그녀는 울기 시작했다)
While I was walking / along the street, / I met him. (내가 걷고 있는 동안 / 길을 따라 / 나는 그를 만났다)
You should do it / before you forget. (너는 그것을 해야 해 / 네가 잊기 전에)
I can go out / after he comes home. (나는 나갈 수 있다 / 그가 집에 온 후에)
I can wait / until she arrives. (나는 기다릴 수 있다 / 그녀가 도착할 때까지)
The city has changed a lot / since I moved here.
(그 도시는 많은 것들이 바뀌었다 / 내가 여기로 이사 온 이후로)
As soon as he heard the news, / he turned pale. (그는 뉴스를 듣자마자 / 그는 창백해졌다)

혼공해석기법 2 원인/이유를 나타내는 부사절

이유를 나타내는 접속사로는 because가 참 유명하지? 하지만 as나 since도 '~기 때문에'라는 '이유'를 나타내기도 해. 평소 다른 뜻으로 쓰이기도 하지만 문맥에 따라 이유를 나타내기도 하니 문장을 잘 봐야해. now that(~이니까) 같은 경우에는 because만큼 원인과 결과에 대한 관계가 강하지 않아. 자주 등장하지 않으니 눈에만 익혀 두자.

I can't go / because I'm busy today. (나는 갈 수 없다 / 오늘 바쁘기 때문에)
As he is poor, / he can't buy that car. (그는 가난하기 때문에 / 저 차를 살 수 없다)
Since it's raining, / I will stay at home. (비가 오고 있기 때문에 / 나는 집에 머물 것이다)
Now (that) the game is over, / people are leaving. (게임이 끝나서 / 사람들이 떠나고 있다)

혼공해석기법 3
조건/양보를 나타내는 부사절

조건을 나타내는 접속사는 if(만약 ~라면)와 unless(만약 ~가 아니라면)가 있어. unless는 자체에 부정의 의미가 들어가 있으니 주의해. 양보를 나타내는 접속사 though, although는 '~에도 불구하고'라는 뜻을 지니고 있어. '~에도 불구하고'라는 문장이 있기 때문에 핵심 문장이 더 빛나잖아? 그래서 양보라고 해.

Can you come / if you have time? (올 수 있니 / 시간이 있으면)
Unless you walk fast / you will miss the bus. (만약 빨리 걷지 않는다면 / 너는 버스를 놓칠 것이다)
Although it's hot / he is wearing a coat. (더움에도 불구하고 / 그는 코트를 입고 있다)

혼공해석기법 4
목적/결과를 나타내는 부사절

접속사 that이 '~하기 위해서' 또는 '그 결과'로 해석되는 경우가 많아. 선생님이 잘 정리해놨으니 끊어읽기 해석을 보면서 감을 잡아봐. 문장이 꽤 기니까 2, 3번 해석해 보자.

1. so that + 주어 + can/may/might ~ (~하기 위하여, ~하도록)
I studied hard / so that I might not fail the exam. (나는 열심히 공부했다 / 시험에서 떨어지지 않기 위해서)

2. in order that + 주어 + can/may ~ (~하기 위하여, ~하도록)
Speak clearly / in order that he can understand you. (명확하게 말해라 / 그가 너를 이해할 수 있도록)

3. so + 형용사/부사 + that ~ (너무 ...해서 그 결과 ~하다)
He was so poor / that he couldn't buy a car. (그는 너무 가난해서 / 그 결과 자동차를 살 수 없었다)

4. such + 명사 + that ~ (너무 ...해서 그 결과 ~하다)
This book is written / in such easy English / that beginners can understand it.
(이 책은 쓰여 있다 / 너무 쉬운 영어로 / 그 결과 초보자도 그것을 이해할 수 있다)

디저트 퀴즈

다음 문장들의 부사절을 괄호로 묶어 보자.

EX **(When I stood up), she began to cry.**

1 While she was walking along the street, she met him.
2 I can go out after mom comes home.
3 Don't start until I give the word.
4 The city has changed a lot since I moved here.

2단계 문법 요리하기

다음 우리말 의미에 맞게 박스 안에서 알맞은 것을 골라 보자.

1 [As / While] I am good at math, my brother is hopeless.
나는 수학을 잘하는 반면, 우리 오빠는 가망이 없다.

2 I have waited for you [since / while] you left me. 네가 나를 떠난 이후로 난 너를 기다려왔어.

3 [As soon as / If] I know the result, I'll let her know. 내가 그 결과를 알자마자, 나는 그녀가 알게 할 거야.

4 [Although / Now that] you mention it, I do remember. 네가 그것을 언급한 이상, 난 똑똑히 기억해.

5 I will leave here [if / unless] it doesn't rain. 만약 비가 오지 않는다면 난 이곳을 떠날 거야.

6 [Unless / Even though] he wasn't feeling well, he went to work today.
비록 그는 몸이 좋지 않았지만, 오늘 출근했다.

7 Go early [now / in order] that you can get a good seat. 네가 좋은 자리를 얻을 수 있도록 일찍 가라.

8 It is [so / such] dark that I can't see my hands. 너무 어두워서 내 손조차 보이지가 않는다.

9 He studied very hard [because / so that] he might pass this exam.
그는 이 시험을 통과하기 위해 굉장히 열심히 공부했다.

10 [Since / Whether] she is ill, we can't go on a trip with her.
그녀가 아프기 때문에, 우리는 그녀와 함께 여행을 갈 수 없다.

3 단계 해석 요리하기

보기와 같이 다음 문장들을 부사절의 의미에 주의해서 해석해 보자.

보기 This is written such easy English that beginners can understand it.

➡ 이건 너무 쉬운 영어로 쓰여서 입문자들도 이해할 수 있다.

혼공TIP 「such + (명사) + that ~」 구조의 문장이야. 그런데 이상하게 such 다음에 명사가 아닌 easy라는 형용사가 왔어. 하지만 such가 수식해주는 건 easy가 아니라 easy English 라는 하나의 명사니까 so 대신 such가 오는 게 타당해.

모의고사 2015년 고1 11월 학평

1 When the bus arrived, I just hopped on.

모의고사 2016년 고1 3월 학평

2 If you leave the situation, the opposite is true.

모의고사 2016년 고1 3월 학평

3 When Louis finished, everybody burst into laughter.

모의고사 2015년 고1 9월 학평

4 If you are at a baseball game, how do you know where to look?

모의고사 2016년 고1 3월 학평

5 What's happening when we're actually doing two things at once?

모의고사 2015년 고1 3월 학평 응용

6 The addax is active at night since the heat of the desert makes it exhausted.

모의고사 2015년 고1 3월 학평 응용

7 As you worked hard in order to enter that college, you deserve your success.

모의고사 2015년 고1 3월 학평 응용

8 The English find an English document of the year 1300 very difficult to understand unless they have special training.

모의고사 2016년 고1 6월 학평

9 Perhaps the biggest mistake that most investors make when they first begin investing is getting into a panic over losses.

단어 PLUS

1
+hop on 뛰어서 타다

2
+opposite 반대

3
+burst into laughter 웃음보가 터지다

5
+at once 한번에

6
+addax 아닥스 여우
+active 활동적인
+desert 사막
+exhausted 지친

7
+deserve ~할 만한 자격이 있다

8
+document 서류

9
+investor 투자자
+invest 투자하다
+panic 공황상태
+loss 손실, 손해

4단계 빈칸 요리하기

앞서 배운 문장들을 바탕으로 빈칸을 채워 문장을 완성해 보자.

1 Louis가 (공연을) 끝냈을 때, / 모든 사람들이 / 웃음보를 터뜨렸다

W____________ Louis finished, / everybody / b____________ into laughter.

2 아닥스 여우는 활동을 한다 / 밤에 / 왜냐하면 사막의 열기가 / 그것을 지치게 만들기 때문에

The addax is a____________ / at night / s____________ the heat of the desert / makes it e____________.

3 만약 당신이 야구 경기에 있다면, / 어떻게 아는 것일까 / 어디를 봐야 할지를

I____________ you are at a baseball game, / how do you know / w____________ to look?

4 네가 열심히 공부했기 때문에 / 그 대학에 들어가기 위해서 / 너는 너의 성공에 대한 자격이 있다

As you worked hard / in o____________ to enter that college, / you d____________ your success.

5 아마도 가장 큰 실수는 / 대부분의 투자자들이 저지르는 / 투자를 처음 시작할 때 / 공황상태에 빠지는 것이다 / 손실을 보고

Perhaps the biggest mistake / that most i____________ make / w____________ they first begin investing / is getting into a p____________ / over l____________.

5단계 수능 요리하기

보기와 같이 수능 문장을 단계별로 정확하게 해석해 보자.

보기 If our situation changes, we will call you to resume delivery.

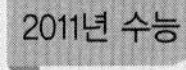

❶ If our situation changes, we will call you to resume delivery.

→ 만약 우리의 상황이 바뀌면,

❷ If our situation changes, we will call you to resume delivery.

→ 만약 우리의 상황이 바뀌면, 우리는 당신에게 연락할 것이다

❸ If our situation changes, we will call you to resume delivery.

→ 만약 우리의 상황이 바뀌면, 우리는 당신에게 배달을 재개하라고 연락할 것이다.

A 2013년 수능 **Hikers tend to take more risks when they think a rescuer can access them easily.**

❶ Hikers tend to take more risks when they think a rescuer can access them easily.

→

❷ Hikers tend to take more risks when they think a rescuer can access them easily.

→

❸ Hikers tend to take more risks when they think a rescuer can access them easily.

→

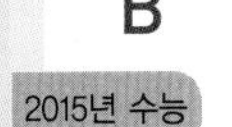

B **Jeremy became so stressed that he even dreaded going into his classroom.**

❶ Jeremy became so stressed that he even dreaded going into his classroom.

→

❷ Jeremy became so stressed that he even dreaded going into his classroom.

→

❸ Jeremy became so stressed that he even dreaded going into his classroom.

→

단어 PLUS

A
- **hiker** 하이커, 도보여행자
- **tend to** ~하는 경향이 있다
- **take a risk** 위험을 감수하다
- **rescuer** 구조대원
- **access** 접근하다

B
- **dread ~ing** ~을 무서워하다

E course

해석에 필수적인 구문

혼공

17일차

가주어, 가목적어 it

It is fun to study English.

영어를 공부하는 것은 재밌다.

난이도

"You may regret your silence once,
but you will regret your words often."
- Ian Gabirol

당신은 한 번쯤 당신이 침묵했던 것에 대해 후회할 수 있지만,
실제로 내뱉은 말에 대해서는 자주 후회하게 될 것이다.
– 이안 가비롤

개념 요리하기

학습날짜 : 월 일

가주어, 가목적어 it 요리법

문장의 주어나 목적어가 너무 길 때 우리는 문장을 제대로 이해하기가 어려워. 그래서 그 자리에 it을 대신 쓰고 진짜 주어나 목적어는 뒤로 보내지. 이것이 가주어, 가목적어야. 문장의 의미를 더 효과적이고 명확하게 전달하기 위해서 사용하는 문법이라고 생각하면 돼.

혼공해석기법 1 가주어 it을 잡아라

진짜 주어가 너무 길 때, 문장의 뒤로 보내고 그 자리에 가주어 it을 사용해. 해석할 때는 가주어-진주어 관계를 파악하고 진짜 주어를 주어처럼 '은, 는, 이, 가'를 붙여 해석해 주는 것이 중요해.

To talk to him / is always nice. (그와 이야기하는 것은 / 항상 기분 좋다)
= It's always nice to talk to him.

That we should not lie / is clear. (우리가 거짓말을 하지 않아야 한다는 것은 / 명백하다)
= It is clear that we should not lie.

혼공해석기법 2 가주어 it과 잘 어울리는 형태

가주어 it은 형용사와 같이 흔히 사용될 수 있어. 주로 다음과 같은 형태로 사용이 돼. 눈에 익혀 두면 해석이 달라질 거야.

It is +	형용사(easy, difficult, important, possible, impossible, necessary, usual, hard, interesting, boring)	+ to 부정사
		+ that S + V

It was fun / to read this book. (재밌었다 / 이 책을 읽는 것은)
It isn't good / to eat fast food. (좋지 않다 / 패스트푸드를 먹는 것은)
It is difficult / to get up early. (어렵다 / 일찍 일어나는 것은)
It is important / that you exercise regularly. (중요하다 / 당신이 규칙적으로 운동하는 것은)

혼공해석기법 3
가목적어 it을 잡아라

가목적어는 쉽지 않은 문법이야. 그 이유는 가목적어는 5형식 문장에서만 쓸 수 있는 문법이거든. 5형식 문장이 어렵기 때문에 가목적어도 쉬운 문법이 아니지. 하지만 긴 목적어를 뒤로 보내고 그 자리에 가목적어 it을 쓰는 것만 기억하면 돼. it은 따로 해석하지 말고 진짜 목적어인 뒷부분에 '~을, 를'을 붙여서 해석해야 해.

I found to study Chinese interesting. (X)

이 문장에서 to study Chinese는 목적어로서 큰 문제가 없어 보이지만 이 문장은 틀린 문장이야. 그래서 가목적어 it을 목적어 자리에 적어주고 진짜 목적어는 문장의 뒤로 보내야해.

I found to study Chinese interesting.

I found it interesting / to study Chinese.

가목적어(그것이라고 해석하지 말자)

(나는 흥미롭다고 생각했다 / 중국어를 공부하는 것을)

혼공해석기법 4
비인칭주어 it을 잡아라

가주어, 가목적어 it과 형태는 똑같지만 비인칭주어 it이라는 것도 있어. 사실 우리가 아주 잘 알고 있는 문법이야. 날씨, 날짜, 요일, 시간, 거리, 명암, 계절 등을 나타내는 경우에는 딱히 주어로 내세울 것이 없어서 it을 사용해. 이때의 it은 따로 '그것'이라 해석하지 않고, 문법적으로는 비인칭주어 it이라고 불러.

계절 It's summer. (여름이야.)
날짜 It's 4th of July. (7월 4일이야.)
거리 It is two kilometers to the station. (역까지 2킬로미터야.)

디저트 퀴즈

다음 문장의 it이 가주어, 가목적어, 비인칭주어, 대명사 중 무엇에 해당하는지 써 보자.

EX **It is raining hard. Let's stay home.** 비인칭주어

1 I read 'Romeo and Juliet.' And I enjoyed it a lot.

2 It's always nice to talk with him.

3 I found it interesting to study psychology.

4 It became dark soon.

문법 요리하기

다음 우리말 의미에 맞게 박스 안에서 알맞은 것을 골라 보자.

1 I found [it / them] difficult to do my math homework by myself.
나는 수학 숙제를 나 혼자 하는 것이 어렵다는 것을 알았다.

2 [It / What] is dangerous to talk to a stranger. 낯선 이와 이야기하는 것은 위험하다.

3 It was rude of you [go / to go] away without saying good–bye.
네가 작별 인사도 하지 않고 가버린 건 무례했다.

4 She thought [it / them] easy to finish the task within two hours.
그녀는 두 시간 내로 그 일을 끝내는 것이 쉽다고 생각했다.

5 It is hard for a rich man [enter / to enter] the kingdom of heaven.
부유한 사람에게 천국에 가는 것은 어렵다.

6 [It / What] was very irresponsible of you to drive after drinking.
네가 술을 마신 후 운전을 한 일은 굉장히 무책임했다.

7 It is clear [to / that] we should find another energy source.
우리가 또 다른 에너지 원천을 찾아야만 한다는 것은 명백하다.

8 He thought it [wise / wisely] to say nothing about the matter.
그는 그 문제에 대해서 아무 말도 하지 않는 것이 현명하다고 생각했다.

9 It is better [light / to light] a candle than to curse the darkness.
어둠을 저주하는 것보단 촛불을 켜는 게 더 낫다.

10 [That / It] is not known when Shakespeare first appeared in London.
셰익스피어가 런던에 언제 처음 나타났는지는 알려지지 않았다.

3 단계 해석 요리하기

보기와 같이 다음 문장들을 it의 용법에 주의해서 해석해 보자.

보기 Don't you find it very unpleasant walking in the rain?

➡ 빗속을 걸어가는 것이 굉장히 불쾌한 일이라고 생각하지 않니?

혼공TIP 의문문의 모습을 하고 있지만 가목적어가 굉장히 깔끔하게 나와 있어. 진짜 목적어는 walking in the rain이고 이게 너무 기니까 문장을 깔끔하게 만들어주려고 가목적어 it을 세워놨어. 참고로 진짜 목적어는 to 부정사뿐만 아니라 동명사도 될 수 있어.

모의고사 2014년 고1 9월 학평

1 But it makes sense to think about how often you do.

모의고사 2015년 고1 3월 학평

2 Rosa made it clear that our happiness was important to her as well.

모의고사 2016년 고1 3월 학평

3 It is important to recognize your pet's particular needs and respect them.

모의고사 2015년 고1 11월 학평

4 More and more people find it quite a fulfilling task and very beneficial.

모의고사 2016년 고1 3월 학평

5 It's great to have people in your life who believe in you and cheer you on.

모의고사 2016년 고1 3월 학평

6 It's better that you make your mistakes early on rather than later in life.

모의고사 2016년 고1 6월 학평

7 Technology makes it much easier to worsen a situation with a quick response.

모의고사 2015년 고1 3월 학평

8 It is important to realize that shopping is really a search for information.

1
+make sense 이치에 맞다

2
+make it clear 분명히 밝혀주다

3
+recognize 인식하다
+particular 특정한
+needs 필요, 요구

4
+fulfilling 성취감을 주는
+beneficial 유익한, 이로운

5
+cheer on ~를 응원해주다

6
+mistake 실수
+rather than 오히려 ~보다

7
+technology 기술
+worsen 악화시키다
+response 반응, 응답

8
+realize 깨닫다

4단계 빈칸 요리하기

앞서 배운 문장들을 바탕으로 빈칸을 채워 문장을 완성해 보자.

1 로사는 분명히 밝혀주었다 / 우리의 행복이 중요하다라는 것을 / 그녀에게 / 또한

Rosa made i____________ c____________ / that our happiness was i____________ / to her / as well.

2 중요하다 / 당신의 애완동물의 특정한 요구를 인식하는 것 / 그리고 그것들을 존중하는 것은

I____________ is important / to r____________ your pet's particular n____________ / and respect them.

3 점점 더 많은 사람들이 / 그것을 아주 성취감을 주는 일이라 생각 한다 / 그리고 유익하다고

More and more people / find i____________ quite a fufilling task / and very b____________.

4 기술은 훨씬 더 쉽게 만든다 / 한 상황을 악화시키는 것을 / 성급한 반응으로

Technology makes i____________ much easier / to w____________ a situation / with a quick r____________.

5 중요하다 / 깨닫는 것은 / 쇼핑이 정말로 정보의 탐색이라는 것을

I____________ is important / to r____________ / that shopping is really a search for information.

5단계 수능 요리하기

보기와 같이 수능 문장을 단계별로 정확하게 해석해 보자.

보기 By using this definition, it is easy to identify media as old or new.

2015년 수능

❶ By using this definition, it is easy to identify media as old or new.

→ 이 정의를 사용함으로써,

❷ By using this definition, it is easy to identify media as old or new.

→ 이 정의를 사용함으로써, 규정하는 것은 쉽다

❸ By using this definition, it is easy to identify media as old or new.

→ 이 정의를 사용함으로써, 매체를 신식 혹은 구식으로 규정하는 것은 쉽다.

A **Therefore, it is not surprising that humans use all their five senses to analyze food quality.**

2016년 수능

❶ Therefore, it is not surprising that humans use all their five senses to analyze food quality.

→

❷ Therefore, it is not surprising that humans use all their five senses to analyze food quality.

→

❸ Therefore, it is not surprising that humans use all their five senses to analyze food quality.

→

B **It is best to assume nothing and treat the problem as if you have never seen it.**

2011년 수능

❶ It is best to assume nothing and treat the problem as if you have never seen it.

→

❷ It is best to assume nothing and treat the problem as if you have never seen it.

→

❸ It is best to assume nothing and treat the problem as if you have never seen it.

→

단어 PLUS

A
- five senses 오감
- analyze 분석하다
- quality 질

B
- assume 가정하다
- treat 다루다
- as if 마치 ~처럼

선배들의 달콤살벌한 공부 이야기 #13

이 노랠 들어요

SKY선배가 너에게

"그대 내 눈엔 이 세상에서 제일 아름다워요. 지치고 힘들 때면 그대 이 노랠 들어요."

이것은 가수 로이킴의 노래 '이 노랠 들어요' 중 일부야. 고등학교를 다니면서 힘들 때마다 나는 노래를 통해 위로를 많이 받았던 것 같아. 시각과 다르게 청각은 마음의 울림으로 전해지는 감각 같아.

우리는 열심히 살고 있어. 그렇게 바쁘게 살다보니 우리 몸은 쉽게 지칠 수밖에 없지. 이 세상에는 즐거운 일도 많지만 우리는 매일같이 공부하는 데 오르지 않는 성적을 보면서, 번번이 '불합격'인 취업 결과를 보면서, 혹은 내가 믿었던 사람들이 떠나가는 것을 보면서 힘들어 하고 있는 것 같아. 매일같이 고생하는 너를 위해 작은 노래 선물을 준비했어. 로이킴의 노래 'Home' 가사 중 일부야.

화려한 불빛들 그리고 바쁜 일상들 뒤에 숨겨진 초라한 너의 뒷모습과
하고 싶은 일 해야만 하는 일 사이에서 고민하는 너의 무거운 어깨를 위해
…
현실 속에 무너져 내리는 가슴을 잡고
또 길을 나서는 너를 위해
너의 발걸음이 들릴 때 웃으며 마중을 나가는 게
너에게 해줄 수 있는 나의 유일한 선물이었지
어디 아픈 덴 없니 많이 힘들었지
난 걱정 안 해도 돼 너만 괜찮으면 돼
가슴이 시릴 때 아무도 없을 땐 늘 여기로 오면 돼

너에게 괜찮다고 말해줄 수 있는 사람을 생각하면서 오늘도 다시 힘을 내보자!

18일차

비교, 최상 표현

I am taller than you.

나는 너보다 키가 더 크다.

난이도 

"Don't be afraid your life will end; be afraid that it will never begin."
- Grace Hansen

당신의 인생이 끝날 것을 두려워 말라.
당신의 인생이 시작조차 해보지 못하는 것을 두려워하라.
– 그레이스 한센

1 단계 개념 요리하기

학습날짜 : 월 일

비교, 최상 표현 요리법

우리는 살면서 비교를 많이 하지. 특히 엄마가 나를 엄마 친구 아들딸과 비교를 많이 하지. 이런 비교 표현을 영어로 하기 위해서는 형용사와 부사를 비교급, 최상급으로 만들어서 사용을 해야 해. 이 문법은 어렵지는 않은데 각 형용사와 부사들의 비교급, 최상급 형태를 외워야 해서 처음에는 암기의 부담이 좀 있어. 하지만 시험에도 정말 자주 나오고 영어를 제대로 사용하기 위해서는 꼭 필요한 부분이니까 한 번만 제대로 외워 보자.

혼공해석기법 1 형용사, 부사의 비교급과 최상급 만들기

자, 지금부터 형용사와 부사의 비교급, 최상급을 익혀 보자. 다양한 경우가 있는데 결국은 다 외워서 내 것으로 만들어야 해. [원급-비교급-최상급]으로 이어지는 다음의 예들을 익히자. 물론 너무 쉽거나 기초적이다 싶으면 눈으로 스케치 하듯 쓱쓱 내려가도 상관없어.

규칙변화 1

1. 1음절 단어에는 er/est를 붙인다!

* 1음절이란 단어에 모음이 하나 있는 경우를 말해.

fast – faster – fastest　　short – shorter – shortest
great – greater – greatest

2. e로 끝나는 1음절 단어에는 r/st만 붙인다!

nice – nicer – nicest　　large – larger – largest
wise – wiser – wisest

3. 「단모음 + 단자음」으로 이루어진 단어는 마지막 자음을 한 번 더 쓰고 er/est를 붙인다!

* 단모음, 단자음은 모음이 1개, 자음이 1개인 것을 말해.

fat – fatter – fattest　　big – bigger – biggest
thin – thinner – thinnest　　hot – hotter – hottest

4. 「자음 + y」로 끝나는 1음절 단어는 y를 i로 고치고 er/est를 붙인다!

happy – happier – happiest　　early – earlier – earliest
lazy – lazier – laziest　　pretty – prettier – prettiest
busy – busier – busiest

규칙변화 2

1. −ful, −less, −ish, −ous, −ly로 끝나는 단어는 앞에 more/most를 붙인다!

useful – more useful – most useful
quickly – more quickly – most quickly

2. −ly로 끝나더라도 friendly와 같은 형용사의 경우에는 −ier/−iest을 사용한다!

friendly – friendlier – friendliest
lonely – lonelier – loneliest
lovely – lovelier – loveliest

3. 대부분의 2음절 이상의 단어 앞에 more/most를 붙인다!

difficult – more difficult – most difficult
popular – more popular – most popular

불규칙 변화

good(좋은), well(건강한) – better – best

bad(나쁜), ill(병든) – worse – worst

many(많은 수), much(많은 양) – more – most

little(적은 양) – less – least

old(늙은, 낡은) – older(더 늙은, 낡은) – oldest(가장 늙은, 낡은)

old(나이가 위인) – elder(연장의) – eldest(가장 연장인)

late(늦은) – later(더 늦은) – latest(최근의) *시간 개념

late(뒤의 순서) – latter(후반부의) – last(마지막의) *순서 개념

far(거리가 먼) – farther(더 먼) – farthest(가장 먼) *거리 개념

far(더 한) – further(더 한층) – furthest(가장) *정도 개념

혼공해석기법 2 원급을 이용한 비교 표현

원급이라는 것은 형용사, 부사의 원래 그대로의 형태를 말해. 원급을 이용해서도 두 대상을 비교하는 표현을 만들 수 있어.

1. 원급을 이용한 비교의 기본(A=B)

as 형용사/부사 as

I'm as tall / as him. (나는 키가 크다 / 그만큼)

2. 원급 비교의 부정

not + as[so] 형용사/부사 as

I am not as tall / as him. (나는 크지 않다 / 그만큼)

3. 배수사의 활용

배수사 + as[so] 형용사/부사 as *배수사는 두 배, 세 배 등을 나타내는 표현이야.

My house is twice as big / as his house. (내 집은 두 배 크다 / 그의 집 보다)

혼공해석기법 3
비교급을 이용한 비교 표현

비교급은 '~보다 더 ~한'이라고 해석하고 주로 than 뒤에 비교하는 대상이 위치해. 다시 말하면 「비교급 + than + 비교 대상」의 형태로 쓴다고 할 수 있지.

1. 비교급을 이용한 비교의 기본(A>B): 형용사/부사의 비교급 + than
I am taller / than him. (나는 더 크다 / 그보다)

2. 비교급의 부정: not + 비교급 / less + 원급
I am not heavier / than him. (나는 더 무겁지 않다 / 그보다)
She is less careful / than her sister. (그녀는 덜 조심스럽다 / 그녀의 여동생 보다)

3. 배수사의 활용: 배수사 + 비교급 than
I eat twice more / than my sister. (나는 두 배 더 먹는다 / 내 여동생 보다)

혼공해석기법 4
최상급

최상급은 셋 이상의 대상에서 '가장 ~한'이라고 해석해. 보통 비교 대상 중에서 최상의 것은 딱 정해져있는 경우가 많으니, the를 붙여서 표현해. 부정하는 요령은 비교급과 같아. 아래 예문을 보면서 여러 최상급 표현을 알아보자.

1. 최상급 기본 표현
This is the funniest story / I've ever heard. (이것은 가장 재미있는 이야기이다 / 내가 지금껏 들었던)

2. 최상급이 쓰이는 구문
*one of 최상급 + 복수명사: 가장 ~한 ~중에 하나이다
He is one / of the most popular actors. (그는 한 명이다 / 가장 유명한 배우들 중에서)
*make the most[best] of: ~를 최대한 활용하다
It is time / for me / to make the most of / my chance. (~할 때이다 / 내가 / 최대한 활용할 / 나의 기회를)

3. 최상급이 쓰이는 관용표현
(the) latest 늦어도
not in the least 전혀, 조금도
at best 기껏해야
at (the) worst 최악의 경우에도
last but not least 마지막으로 말하지만 역시 중요하지만

혼공해석기법 5
비교급 구문

아래의 구문들은 독해를 위해 반드시 알아둬야 하는 것들이야. 다른 것과 비교한다기보다는 관용적으로 쓰이는 것들이니 자동으로 해석이 될 때까지 눈에 익혀둬.

1. the 비교급 S + V, the 비교급 S + V(일명 더비더비): 더 ~할수록, 더 ~하다
The higher you go, / the colder it gets. (당신이 더 높이 올라갈수록 / 더 추워진다)
=As you go higher, it gets colder.

2. as ~ as possible: 가능한 한 ~하게
Call me / as soon as possible. (나에게 연락 줘 / 가능한 한 빨리)

3. 비교급 and 비교급: 점점 더 ~한(천천히 변화하는 것을 표현)
She was getting smarter and smarter. (그녀는 점점 더 똑똑해 지고 있었다.)

혼공해석기법 6
원급, 비교급의 최상급 표현

형용사, 부사의 원급, 비교급을 이용해서 최상급의 의미를 아래 문장들처럼 다양하게 표현할 수 있어. 학교 시험의 서술형 문제로 출제가 가능하니 직접 써보면서 익히자.

Tom is the tallest in the class. (톰은 반에서 가장 크다.)
= Tom is taller than anyone else. (톰은 다른 누구보다 더 크다.)
= Tom is taller than any other student. (톰은 어떤 다른 학생보다 더 크다.)
= Tom is taller than all the other students. (톰은 모든 다른 학생들보다 더 크다.)
= No other student is taller than Tom. (어떤 다른 학생도 톰보다 크지 않다.)
= No other student is as tall as Tom. (어떤 다른 학생도 톰만큼 않다.)

Passion is the most important thing. (열정은 가장 중요한 것이다.)
= Nothing is as[so] important as passion. (어떤 것도 열정만큼 중요하지 않다.)
= Passion is more important than any other thing. (열정은 다른 어떤 것보다 더 중요하다.)

디저트 퀴즈

괄호 안의 단어를 이용하여 빈칸을 채워 보자.

EX **Time is the most precious thing. (precious)**

1 He is as ____________ as dolphins. (stupid)

2 Sam's store is ____________ than Peter's. (big)

3 The loveliest flower is not the ____________ flower. (sweet)

4 Seoul is ____________ than any other city in Korea. (large)

2단계 문법 요리하기

다음 우리말 의미에 맞게 박스 안에서 알맞은 것을 골라 보자.

1 No other music fascinates me [more / most] than Jazz. 그 어떤 음악도 재즈보다 더 나를 매혹하는 것은 없다.

2 The air is as [bad / badly] polluted as the river. 대기는 강만큼 나쁘게 오염되었다.

3 Enjoy your school life as [more / much] as possible! 가능한 한 많이 당신의 학창 시절을 즐기세요!

4 He is not [too / so] arrogant as I thought he was. 그는 내가 생각했던 것처럼 오만하지 않다.

5 The faster he drove, the [more / most] nervous I became. 그가 더 빨리 운전할수록, 나는 더 긴장되었다.

6 This rope is five times [as long as / the longest] that one. 이 밧줄은 저것보다 다섯 배나 길다.

7 The more you study, the more [you feel satisfied / satisfied you feel] with the result.
네가 더 많이 공부할수록, 너는 결과에 더 만족할 것이다.

8 [A / The] most stupid man can solve this problem. 가장 멍청한 사람이 이 문제를 풀 수 있다.

9 No [other / another] jewel is more expensive than diamond.
그 어떤 보석도 다이아몬드보다 비싸진 않다.

10 Please explain what happened as [clear / clearly] as possible.
무슨 일이 발생했는지 가능한 한 명확하게 설명해 줘.

3단계 해석 요리하기

보기와 같이 다음 문장들을 비교 표현의 의미에 주의해서 해석해 보자.

보기 In those days sugar was less valuable than salt.

➡ 그러한 날들엔[그 당시에] 설탕은 소금보다 가치가 덜 했다.

혼공TIP 비교급에 부정표현이 들어간 형태야. '더 ~하다'라는 의미는 more을 써주는 반면 '덜 ~하다'란 의미는 less를 써줘. 최상급 표현으로는 least야. 기억해두자.

모의고사 2015년 고1 3월 학평

1 No other country exported more rice than India in 2012.

모의고사 2016년 고1 3월 학평

2 This led to one of the most difficult decisions of Tim's life.

모의고사 2016년 고1 6월 학평

3 Education was not the least popular travel purpose for all 3 years.

모의고사 2015년 고1 11월 학평

4 But they unintentionally left another, more positive legacy as well.

모의고사 2016년 고1 3월 학평

5 The emotion begins to disappear as soon as you move away from the situation.

모의고사 2016년 고1 3월 학평

6 Germany, which spent 20 billion dollars less than the USA, took 3rd place.

모의고사 2015년 고1 9월 학평

7 SF involves much more than shiny robots and fantastic spaceships.

모의고사 2015년 고1 9월 학평

8 The more you know about baseball, the more that knowledge informs how you see a game.

모의고사 2014년 고1 11월 학평

9 The employees as a whole had a higher job satisfaction than industry norms.

단어 PLUS

1
- +export 수출하다
- +rice 쌀

2
- +led lead(이끌다)의 과거형
- +decision 결정

3
- +least less의 최상급
- +purpose 목적

4
- +unintentionally 의도치 않게
- +legacy 유산

5
- +disappear 사라지다
- +move away 떠나다

6
- +spend 지출하다

7
- +involve 포함하다
- +spaceship 우주선

8
- +knowledge 지식
- +inform 알려주다

9
- +employee 피고용인
- +satisfaction 만족
- +industry 산업
- +norm 기준

4 단계 빈칸 요리하기

앞서 배운 문장들을 바탕으로 빈칸을 채워 문장을 완성해 보자.

1 그 어떤 나라도 / 수출하지 않았다 / 더 많은 쌀을 / 인도보다 / 2012년에
No o____________ country / e____________ / more rice / than India / in 2012.

2 이것은 이끌었다 / 가장 어려운 결정들 중 하나로 / 팀의 인생에서
This l____________ / to one of the most difficult d____________ / of Tim's life.

3 그러나 그들은 의도치 않게 남겼다 / 또 다른, 더 긍정적인 유산을 / 또한
But they u____________ left / another, more positive l____________ / as well.

4 독일이 / 200억 달러를 덜 지출한 / 미국보다 / 3위를 차지하였다
Germany, / which spent 20 billion dollars l____________ / than the USA, / took 3rd
p____________.

5 전반적으로 근로자들은 / 보였다 / 더 높은 직장 만족도를 / 산업 기준보다
The e____________ as a whole / had / a h____________ job satisfaction / than industry
n____________.

5단계 수능 요리하기

보기와 같이 수능 문장을 단계별로 정확하게 해석해 보자.

보기 Dissent was far more frequent in the high-performing clubs.

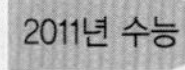

2011년 수능

❶ Dissent was far more frequent in the high-performing clubs.
→ 반대는

❷ Dissent was far more frequent in the high-performing clubs.
→ 반대는 훨씬 더욱 빈번했다

❸ Dissent was far more frequent in the high performing clubs.
→ 반대는 탁월한 성과를 보이는 집단에서 훨씬 더욱 빈번했다.

A **This matter is more complex than simply regarding all extrinsic rewards as controlling or diminishing learning.**

2016년 수능

❶ This matter is more complex than simply regarding all extrinsic rewards as controlling or diminishing learning.

→

❷ This matter is more complex than simply regarding all extrinsic rewards as controlling or diminishing learning.

→

❸ This matter is more complex than simply regarding all extrinsic rewards as controlling or diminishing learning.

→

B **Many disciplines are better learned by entering into the doing than by abstract study.**

2015년 수능

❶ Many disciplines are better learned by entering into the doing than by abstract study.

→

❷ Many disciplines are better learned by entering into the doing than by abstract study.

→

❸ Many disciplines are better learned by entering into the doing than by abstract study.

→

단어 PLUS

A
+ regard A as B A를 B로 여기다
+ extrinsic 외적인
+ reward 보상
+ diminish 감소시키다

B
+ discipline 규율
+ enter into 시작하다
+ abstract 추상적인

'꿈'을 정하는 방법

SKY선배가 너에게

꿈을 정하는 방법. 원론적인 이야기로 들어가자면 '적성'과 '흥미'에 맞는 직업을 탐색하고 그것을 목표로 상정하는 것일 거야. 그리고 그것을 우리는 예쁜 단어인 '꿈'이라고 부르지. 내가 이 이야기를 꼭 너희에게 하고 싶었던 이유가 참 많은 것 같아. 그 중에서도 내 사촌언니 이야기를 하고 싶어.

이과생이었던 사촌언니는 공부를 잘했어. 별다른 꿈 없이 공대에 진학하고 싶다는 생각이 컸지. 그래서 사촌언니는 소위 명문대학교 공대에 입학할 것이라는 기대를 받고 있었어. 그런데 수능 결과가 좋지 않았어. 명문대학교에 입학할 수는 있었지만 이과에서 문과로 전향해야만 했던 상황이었어. 결국 대학 이름을 보고 입학을 한 거지. 처음에는 학교에 잘 다닌다고 생각했어. 대학생활도 잘 즐기고 있는 것처럼 보였고, 명문대에 입학했던 언니가 마냥 부러웠지. 하지만 시간이 지나고 전공과목이 심화되자 사촌언니는 원하지 않던 공부를 하는 것에 염증을 느꼈던 거야. 그래서 뒤늦게 수능에 다시 응시하겠다는 결정을 내렸고, 이번에 다시 한 번 도전하는 걸로 알고 있어.

이러한 일은 비단 사촌언니뿐이 아니야. 성적에 맞춰 과를 선택한 과 동기도 새로운 학교를 찾아 다시 도전하기로 했어. 생각보다 주변에서 '꿈'이 확실하지 않아서 갈팡질팡하고 있는 사람들이 많아. 주변의 시선 때문에, 혹은 괜찮을 거라는 생각 때문에 각자의 마음속에 있는 '꿈'을 제대로 펼치지 못하는 경우가 많아. 애초에, 꿈을 확실하게 정하는 경우도 많지 않고.

사실 내가 하고 싶은 이야기는 확실하게 꿈을 정하고 그것을 위해 노력하라는 게 아니야. 원래 갖던 꿈 대신 다른 길을 선택하는 것이 위험하다는 이야기를 하고 싶은 것도 아니야.

꿈에 대한 스케치를 해둬. 꼼꼼하게 색칠을 해서 그림을 완성하는 게 아니라 '스케치'를 하자는 것이지. 너가 그리는 너의 꿈에 대한 밑그림만을 그려두라는 거야. 그러면 우리가 새로운 길로 가겠다고 선택하는 것에 큰 두려움이 없을 거야. 공학계열을 전공하고 싶다는 사촌언니의 꿈 스케치는 비록 조금 돌아가는 길을 선택했지만, 자신이 바라던 길로 다시 갈 수 있도록 격려했어. 스케치이기 때문에 언제든지 지웠다가 다시 그릴 수 있는 거야. 그게 꿈이야.

꿈을 정하는 법은 '꿈에 대한 스케치'를 해두는 거면 충분해. 온전한 색을 입히기 전에 간단한 밑그림만 그려둬. 이 세상에 영원한 것은 없으니까.

혼공

19일차

가정법 문장

If I were you, I wouldn't do that.

만약에 내가 너라면, 나는 그것을 하지 않을 텐데.

난이도

"The value of a man resides in what he gives and not in what he is capable of receiving."
- Albert Einstein

한 사람의 가치는 무엇을 받을 수 있느냐가 아니라
무엇을 줄 수 있느냐에 따라 결정된다.
– 알버트 아인슈타인

1단계 개념 요리하기

학습날짜 : 월 일

가정법 문장 요리법

가정법은 일단 현실이 아니라는 것을 명심해야 해. 절대로 일어날 수 없는 일을 가정해 보는 거지. 거지가 부자를 가정해 보고, 남자가 여자를 가정해 보고, 내가 너라고 가정해 보는 거야. 이것이 가정법이야. 이 개념만 이해가 되었다면 나머지는 공식을 외우고 이에 따라서 가정법을 사용하면 돼.

혼공해석기법 1 가정법 과거

가정법 과거는 현재 사실의 반대라는 것을 꼭 기억해야 해. 이름은 과거이지만 현재 사실에 대한 반대 상황을 가정해 보는 거야.

If you give me 10 dollars, I will buy a gift. (단순가정)
If you gave me 10 dollars, I would buy a gift. (가정법 과거)

일단 위의 두 문장을 해석해봐. 우리말 해석은 '네가 나에게 10달러를 준다면, 나는 선물을 살 것이다'라고 되지? 하지만 가능성이 완전히 달라.

첫째 문장은 네가 10달러를 줄 수도 안줄 수도 있는 상황이야. 이건 일어날 수 있는 일이야.

하지만 두 번째 문장은 너라는 사람은 태어나서 다른 사람에게 1달러도 안 준 구두쇠이거나, 평소에 돈이 한 푼도 없어서 돈을 줄 수 없는 사람일 때의 상황이야. 고로 가능성 거의 제로지.

이렇게 현재 시제를 과거로 바꾸어서 가능성을 희박하게 만드는 것을 '가정법 과거'라고 해. 이것만 헷갈리지 않으면 아래 공식을 외우는 일만 남았어.

1. 가정법 과거의 형태

If + 주어 + 동사의 과거형, 주어 + would/should/could/might + 동사원형

2. 가정법 과거의 해석

~하다면 ...할 텐데

If she were smart, she could solve the problem.
(그녀가 똑똑하다면 / 그녀는 이 문제를 풀 수 있을 텐데)
→ 그녀는 똑똑하지 않기 때문에, 이 문제를 풀 수 없다.

혼공해석기법 ❷ 가정법 과거완료

가정법 과거완료는 과거사실에 대한 반대 상황을 가정해 보는 문법이야. 가정법 과거와 마찬가지로 이름에 속으면 안 돼. 가정법 과거완료는 과거완료가 아닌 과거 사실에 대한 반대 상황을 가정법으로 표현하는 문법이야.

1. 가정법 과거완료의 형태

If + 주어 + had p.p., 주어 + would/should/could/might + have p.p.

2. 가정법 과거완료의 해석

~했다면 ...했을 텐데

동사는 과거완료형을 쓰지만 의미는 과거 사실의 반대를 나타내며 과거 사실과 반대 되는 가정을 한다.

If I had studied hard, / I could have passed the test.
(내가 공부를 열심히 했더라면 / 나는 시험을 통과할 수 있었을 텐데)
→ 내가 공부를 열심히 하지 않았기 때문에, 시험을 통과할 수 없었다.

혼공해석기법 ❸ I wish 가정법

I wish를 이용해서도 가정법을 표현할 수 있어. 새로 익힐 것은 없고, 앞서 배운 가정법 과거, 가정법 과거완료를 이용해서 I wish 가정법을 만들 수 있어. 다음의 문장들을 익히면 완벽하게 I wish 가정법을 이해한 거야. 가정법 과거를 쓰면 주절의 동사와 같은 시점의 일을 가정하고, 가정법 과거완료를 사용하면 주절의 동사보다 이전의 일을 가정하는 거야.

1. I wish + 가정법 과거: ~라면 좋을 텐데

I wish I were rich. (내가 부자라면 좋을 텐데.)
I wished I were rich. (내가 부자라면 좋았을 텐데.)

2. I wish + 가정법 과거완료: ~였다면 좋을 텐데

I wish I had been rich. (내가 부자였더라면 좋을 텐데.)
I wished I had been rich. (내가 부자였더라면 좋았을 텐데.)

혼공해석기법 4
as if 가정법

as if 가정법도 I wish와 마찬가지로 가정법 과거와 가정법 과거완료가 함께 쓰여 다양한 가정법 표현을 만들어. 아래의 4가지 경우를 이해해 보자. I wish 가정법과 마찬가지로 as if 다음에 가정법 과거를 쓰면 주절의 동사와 같은 시점의 일을 가정하고, 가정법 과거 완료를 사용하면 주절의 동사보다 이전의 일을 가정하는 거야.

1. as if + 가정법 과거: 마치 ~인 것처럼

He talks as if he were rich. (그는 자신이 부자인 것처럼 말한다.)
He talked as if he were rich. (그는 자신이 부자인 것처럼 말했다.)

2. as if + 가정법 과거완료: 마치 ~였던 것처럼

He talks as if he had been rich. (그는 자신이 부자였던 것처럼 말한다.)
He talked as if he had been rich. (그는 자신이 부자였던 것처럼 말했다.)

혼공해석기법 5
가정법 if의 생략

가정법에서 if를 생략하는 경우가 있어. 그러면 문장에 변화가 생겨. 가정법 과거와 가정법 과거완료로 나누어서 if가 생략됐을 때 일어나는 변화를 살펴보자. 공통적으로 but for와 without이 if가 없어도 가정법의 역할을 해 줄 수 있어.

1. 가정법 과거의 if생략

If it were not for your advice, / I would fail.
(너의 충고가 없다면, / 나는 실패할 것이다)
= Were it not for your advice, I would fail. (If가 사라지면서 어순이 바뀜)
= But for your advice, I would fail.
= Without your advice, I would fail.

2. 가정법 과거 완료의 if생략

If it had not been for my son, / I wouldn't have been happy.
(나의 아들이 없었다면 / 나는 행복하지 않았을 것이다)
= Had it not been for my son, I wouldn't have been happy. (If가 사라지면서 어순이 바뀜)
= But for my son, I wouldn't have been happy.
= Without my son, I wouldn't have been happy.

혼공해석기법 6
혼합가정법

지금까지는 현재 도저히 불가능한 것들을 가정하거나(가정법 과거), 과거에 대해 불가능했던 일들을 가정하는 것(가정법 과거완료)을 배웠어. 그런데 사람의 상상력이라는 것은 무궁무진해서 '과거에 이랬더라면, 내가 지금 이럴 텐데'라고 생각할 수도 있더라고. 그러면 앞부분은 과거의 불가능한 일을 상상하니까 가정법 과거완료가 되고, 뒷부분은 가정법 과거(현재의 불가능한 이야기)가 되지? 이렇게 앞 뒤에 사이좋게 다른 종류의 가정법이 섞이는 경우를 혼합 가정법이라고 해. 어떤 문법책에는 과거의 일이 현재까지 영향을 미칠 때 혼합가정법을 사용한다고 하는데 이것도 맞는 말이야.

혼합가정법(If 가정법 과거완료 + 가정법 과거)

If I had worked harder, / I would be a millionaire.
(만약 내가 더 열심히 일했더라면 / 나는 (지금) 백만장자일 텐데)
→ 과거에 더 열심히 일하지도 않았고, 난 지금 백만장자도 아니라는 슬픈 이야기야.

If you hadn't bought an expensive car, / you could buy a house.
(만약 네가 비싼 차를 사지 않았더라면 / 너는 집을 한 채 살 수 있을 텐데)
→ 과거에 비싼 차를 사는 바람에, 지금 너는 집을 살 수 있는 능력이 안 된다는 이야기야.

디저트 퀴즈

아래 문장들이 가정법 과거인지, 가정법 과거완료인지 구분해 보자.

EX **If I had enough time, I would not eat fast food.** 가정법 과거

1 If she were smart, she could solve the problem.

2 If I had studied hard, I could have passed the test.

3 I wish I had been rich.

4 She always acts as if she were a child.

2단계 문법 요리하기

다음 우리말 의미에 맞게 박스 안에서 알맞은 것을 골라 보자.

1 If he [was / were] an artist, he could live more freely.
만약 그가 예술가라면, 그가 좀 더 자유롭게 살 수 있을 텐데.

2 [It were / Were it] not for your advice, I would fail. 만약 너의 충고가 없다면, 난 실패할 거야.

3 But for my son, I wouldn't [be / have been] happy. 만약 나의 아들이 없었다면, 난 행복하지 않았을 거야.

4 I wish that you [told / had told] me that you needed money at that time.
네가 그 때 돈이 필요했다고 내게 말해줬다면 좋을 텐데.

5 [Had been / Were] I rich, I would travel around the world.
내가 만약 부자라면 나는 세계 곳곳을 여행할 텐데.

6 The secretary wishes that she [studied / had studied] English more in the past.
그 비서는 과거에 영어를 좀 더 열심히 공부했으면 하고 바란다.

7 If the government [was / were] more efficient, it would make our life easier.
만약 정부가 더욱 효율적이라면, 그것은 우리의 삶을 더 편하게 만들 것이다.

8 If war [broke / break] out, what would happen to us?
만약 전쟁이 발발한다면, 무슨 일이 우리에게 일어날까?

9 You drive as if you [are / were] the only driver on the road.
너는 마치 길 위에 운전자가 너 혼자인 것처럼 운전하는구나.

10 If it had not been for the accident, we could [be / have been] there on time.
만약 그 사고가 없었다면, 우리는 제시간에 갈 수 있었을 것이다.

3 단계 해석 요리하기

보기와 같이 다음 문장들을 가정법의 의미에 주의해서 해석해 보자.

보기 If I had listened to your advice, I could have won the prize.

➡ 내가 너의 충고에 귀를 기울였더라면, 나는 상을 탈 수 있었을 텐데.

혼공TIP 앞뒤를 살펴보니 가정법 과거완료야. '~했다면, ~했을 텐데'라고 해석하면 자연스러워.

모의고사 2016년 고1 3월 학평

1 If you were crossing a rope bridge over a valley, you'd likely stop talking.

모의고사 2015년 고1 11월 학평

2 If we mixed the paints together, we would fail in getting that result.

모의고사 2016년 고1 3월 학평

3 If he had taken that attitude, he might have ended his days as a vendor.

모의고사 2015년 고1 3월 학평

4 What difference would it make if you now attempted it?

모의고사 2014년 고1 11월 학평 응용

5 If the advertisement were recorded in her voice, the local radio station would play it.

모의고사 2016년 고1 3월 학평

6 If you have a small budget, you're not going to want to buy lunch at a restaurant for your entire group.

모의고사 2016년 고1 3월 학평

7 If you tried to explain on the cell phone how to operate a machine, you'd stop walking.

모의고사 2015년 고1 11월 학평

8 If colored green, it would be difficult to identify the flavor as strawberry unless it was very strong.

모의고사 2015년 고1 11월 학평

9 Researchers measured how fast and how many times dogs would give their paw if they were not rewarded.

단어 PLUS

1
+ cross 건너다
+ valley 골짜기
+ likely 아마

2
+ fail 실패하다

3
+ attitude 태도
+ vendor 행상인

4
+ attempt 시도하다

5
+ voice 목소리

6
+ budget 예산
+ entire 전체의

7
+ explain 설명하다
+ operate 작동시키다

8
+ identify 확인하다, 식별하다

9
+ measure 측정하다
+ paw (동물의) 발
+ reward 보상을 주다

앞서 배운 문장들을 바탕으로 빈칸을 채워 문장을 완성해 보자.

1 만약 그가 그러한 태도를 가지고 있었다면 / 그는 아마도 그의 생애를 끝냈을 것이다 / 행상인으로서

If he had taken that a____________, / he might have e____________ his days / as a vendor.

2 만약 그 광고가 녹음된다면 / 그녀의 목소리로 / 그 지역 라디오 방송국이 / 그것을 재생해줄 텐데

If the advertisement were r____________ / in her voice, / the local radio station / w____________ play it.

3 만약 당신이 설명하려 노력한다면 / 휴대폰 상에서 / 어떻게 기계를 작동하는지를 / 당신은 걸음을 멈출 것이다

If you t____________ to explain / on the cell phone / how to o____________ a machine, / you'd stop walking.

4 만약 녹색으로 칠해져 있다면 / 어려울 것이다 / 맛을 식별하는 것이 / 딸기라고 / 그것이 아주 강하지 않다면

If c____________ green, / it would be difficult / to i____________ the flavor / as strawberry / u____________ it was very strong.

5 연구자들은 / 측정했다 / 얼마나 빨리 그리고 얼마나 많은 횟수에 / 개들이 그것들의 발을 내 놓는지 / 만약 그들이 보상을 받지 않는다면

Researchers / m____________ / how fast and how many times / dogs w____________ give their paw / if they were not r____________.

보기와 같이 수능 문장을 단계별로 정확하게 해석해 보자.

보기 If I hadn't come along, he would have eventually died of starvation.

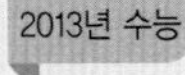

❶ If I hadn't come along, he would have eventually died of starvation.
→ 만약 내가 동행하지 않았다면

❷ If I hadn't come along, he would have eventually died of starvation.
→ 만약 내가 동행하지 않았다면 그는 결국 죽었을 것이다

❸ If I hadn't come along, he would have eventually died of starvation.
→ 만약 내가 동행하지 않았다면 그는 결국 굶어 죽었을 것이다.

A **How would you feel if I were to offer you the Sales Director position in London?**

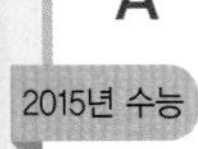

❶ How would you feel if I were to offer you the Sales Director position in London?
→

❷ How would you feel if I were to offer you the Sales Director position in London?
→

❸ How would you feel if I were to offer you the Sales Director position in London?
→

B **People act as if their involvement will somehow affect the outcome of the toss.**

❶ People act as if their involvement will somehow affect the outcome of the toss.
→

❷ People act as if their involvement will somehow affect the outcome of the toss.
→

❸ People act as if their involvement will somehow affect the outcome of the toss.
→

A
+**offer** 제공하다
+**position** 직위

B
+**involvement** 개입
+**somehow** 어떻게든
+**affect** 영향을 미치다
+**outcome** 결과
+**toss** 동전던지기

선배들의 달콤살벌한 공부 이야기 #15

수능 시험장에서

SKY선배가 너에게

매 해 11월 셋째 주(기존에는 둘째 주) 목요일, 12년간의 학교생활의 결실을 맺는 순간인 대학수학능력 시험이 다가온다. 초등학생 때는 뉴스에 나온 수능을 보러가는 언니들의 모습이 신기하기만 했고, 중학생 때는 감독관으로 가신 선생님들이 많아 학교가 쉬어서 좋기만 했다. 그러던 2015년 11월 12일 목요일, 나는 수능을 보았다.

1교시	국어영역	08:40 - 10:00
2교시	수학영역	10:30 - 12:10
3교시	영어영역	13:10 - 14:20
4교시	사회탐구영역/ 과학탐구영역	14:50 - 15:52
5교시	제 2외국어영역	16:20 - 17:00

부모님의 배웅을 받고서 시험장에 들어간 후에는 강한 긴장감과 함께 묘한 좋은 기분이 오간다. 그 당시의 감정을 회상해보면 부담감, 긴장감, 두려움, 믿음, 가능성 등의 상반되는 감정들이 계속 들었던 것 같다. 지금 생각해보면 별일이 아니었지만 그 때에는 올라가는 계단에서도 '학생증도 신분증으로 인정되겠지?'라는 사소한 생각이 나를 지배할 정도로 심리적인 압박감이 강했다.

시험장에 들어가자 같은 학교 친구들도 몇몇이 보였다. 애써 괜찮은 척 친구들과 대화를 나눴지만 괜히 주변에서 공부하는 사람들을 신경 쓰게 되었다. 그 당시에 그 사람들이 내 경쟁자라는 생각이 강했다. 국어영역이 시작하기 전 감독관이 들어온다. 감독관이 들어와 사진과 신분증을 확인한다. 모의고사 때보다 신분 확인 시간이 오래 걸렸다.

시간이 지나고 국어영역 시간이 다가왔다. 국어영역 시험지의 첫 장을 펴고 열심히 화법 문제를 풀었다. 주변에서 시험지를 넘기는 소리가 들려오자 괜히 불안해지기 시작했고, 내 페이스를 유지하는 것이 쉽지 않았던 것 같다. 중간에 나오는 어려운 물리 지문에 당황하기도 했다. 괜한 오기가 생겨 어려운 독서 지문에 많은 시간을 투자해버렸고, 이는 문학 문제를 풀 시간이 부족한 사태를 낳아버렸다. 결국, 말도 안 될 정도로 빠른 시간 내에 문학을 풀어야 했다. '흰 종이에 까만 글씨밖에 보이지 않는다.'가 무엇인지 깨달아버렸다.

다행히 수학부터 다시 마음을 잡고 열심히 수능에 임했던 것 같다. 국어 시간의 그 압박감이 강해서인지 그 이후에 대한 기억이 거의 없다. 국어에서 '멘탈'을 잃지 않도록 조심하자!

혼공

20일차

도치, 강조

Not a single word did he say.

그는 한 마디도 하지 않았다.

난이도

"Nothing is as far away as 1 minutes ago."
- Jim Bishop

1분 전보다 더 먼 시간은 없다.
– 짐 비숍

개념 요리하기

학습날짜 : 월 일

도치, 강조 요리법

도치와 강조는 문장의 형태가 바뀌는 거야. 무언가를 강조하기 위해서 어순이나 단어의 형태가 바뀌는 도치와 강조를 만나 보자.

혼공해석기법 1 도치 1

영어 문장에서 주어보다 더 강조하고 싶은 성분이 있을 때 우리는 그것을 문장 제일 앞으로 보낼 수 있어. 이 때 문장 전체에도 변화가 생겨. 주어-동사의 순서가 동사-주어의 순서로 바뀌게 돼. 이것을 '도치'되었다고 말해. 동사별로 주어와 동사가 도치되는 형태가 살짝 달라.

동사의 종류에 따른 도치

1. **be동사의 도치:** be동사 + 주어
2. **일반 동사의 도치:** do/does/did + 주어 + 동사원형
3. **조동사의 도치:** 조동사 + 주어 + 동사원형

혼공해석기법 2 다양한 도치구문

어떤 성분들이 문장의 제일 앞으로 와서 도치를 일으키는지 살펴보자.

1. 부정어구나 부정의 부사에 의한 도치(부정어구 + do/does/did + S + V)

부정어구의 종류	no, not, never, only, little, hardly, seldom, scarcely, not only, not until, no sooner

Not a single word / did he say. (한 마디도 / 그는 하지 않았다)
부정어구 S V

Only for the love / does he do hard work. (오직 사랑 때문에 / 그는 힘든 일을 한다)
부정어구 S V

2. 장소, 방향의 부사구에 의한 도치

At our feet / lies / the valley. (우리의 발에 / 놓여 있다 / 계곡이)
장소의 부사구 V S

3. 주격보어의 도치

So great was / his sorrow that he couldn't speak. (너무 컸다 / 그의 슬픔이 / 그는 말을 할 수 없었다)
C V S

4. 목적어의 도치(뒤의 어순은 S + V)

What he said / I / cannot believe. (그가 말한 것을 / 나는 / 믿을 수 없다)
O S V

5. as, than에 의한 도치

Sam is very quiet / as is his mother. (Sam은 조용하다 / 그의 어머니도 그러하다)
V S

I spend more time / working on my report / than does my friend.
(나는 더 많은 시간을 보낸다 / 보고서를 작성하는 데 / 내 친구가 그런 것보다)
*그런데 than 다음에 my friend does라고 해도 관계없어. 그냥 저렇게 나와도 당황하지 말라고 알려 준거야.

6. so, neither, nor에 의한 도치

I had a mustache and / so did he. (나는 콧수염이 있었고 / 그도 그러하다)
V S

혼공해석기법 3
강조

강조는 문장에서 강조하고 싶은 부분이 있을 때 사용하는 문법이야. 가장 대표적인 두 가지 강조 기법을 배워보자.

1. 동사 강조의 do

I know his name. (나는 그의 이름을 안다.) → I do know his name. (나는 정말로 그의 이름을 안다.)

2. 내용 강조의 It ~ that 강조 구문

강조하고 싶은 것을 It과 that 사이에 넣어 강조해. that 앞의 내용이 사람이면 that 대신 who도 쓸 수 있어.

Your parents love you most.
→ It is your parents who[that] love you most. 부모님 강조 (너를 가장 사랑하는 것은 너의 부모님이다.)
→ It is you that your parents love most. 너 강조 (너의 부모님께서 가장 사랑하는 것은 너다.)

디저트 퀴즈

밑줄 친 부분을 참고하여 문장에서 도치가 일어난 이유를 적어 보자.

EX **Not a single word did he say.** 부정어구

1 At our feet lies the valley.

2 So great was her sorrow that she could hardly speak.

3 Only through this way can we solve the problem.

4 Never have I tasted such a delicious meal!

다음 우리말 의미에 맞게 박스 안에서 알맞은 것을 골라 보자.

1 Only for the love of his family [does he do / he does] hard work.
그의 가족의 사랑만이 그가 열심히 일할 수 있는 원동력이다.

2 It is the Internet [that / where] has revolutionized our way of life.
우리의 삶의 방식에 혁명을 가져온 것은 바로 인터넷이다.

3 [Neither / Not only] was she a star of the stage, but also of the screen.
그녀는 무대 위의 별이었을 뿐 아니라, 스크린에서도 역시 별이었다.

4 Around them [was / were] wooden board. 나무 판자가 그것들 주변에 있었다.

5 Between tomorrow's dream and yesterday's regret [is / are] today's opportunity.
내일의 꿈과 어제의 후회 사이에 오늘의 기회가 있다.

6 Never [X / did] I know that he had such a positive attitude.
나는 그가 그렇게 긍정적인 태도를 가졌다는 걸 전혀 알지 못했다.

7 Little [she dreamed / did she dream] that she would marry Bob.
그녀는 밥과 결혼할 것이라고 거의 상상해본 적이 없다.

8 She couldn't understand what the speaker was saying, and neither [I could / could I].
그녀는 그 연사자가 무엇을 말하고 있었는지 이해할 수 없었고 나 또한 그러지 못했다.

9 Never in history [has the Korean language / the Korean language has] been confused as it is today.
역사상 한국어가 오늘처럼 오용된 적이 없어왔다.

10 In the USA [it / that] is the husband who is in charge of the family finances.
미국에서 가정의 경제 형편을 책임지는 사람은 바로 남편이다.

3 단계 해석 요리하기

보기와 같이 다음 문장들을 도치, 강조의 의미에 주의해서 해석해 보자.

보기 No longer will I think I know everything about math.

➡ 더 이상 나는 내가 수학에 대해 모든 것을 안다고 생각하지 않을 것이다.

혼공TIP I will no longer think I know everything about math.가 원래 문장이야. no longer라는 부정어가 문두로 나가면서, will I think ~의 어순이 된 거야.

모의고사 2016년 고1 6월 학평

1 Deep within the jungle of the southeast province of Papua lives the Korowai tribe.

모의고사 2015년 고1 11월 학평

2 She saw him and said, "Honey, you do look depressed."

모의고사 2015년 고1 11월 학평 응용

3 Some easily spoiled drugs do require refrigeration, but these should be labeled as well.

모의고사 2016년 고1 6월 학평

4 Everything does happen for a reason, which is to say that events have causes.

모의고사 2016년 고1 9월 학평

5 In some cases, fish exposed to these chemicals do indeed appear to hide.

모의고사 2014년 고1 9월 학평

6 Not only will students be unwilling to follow such schedules, it is undesirable for humans to attempt such strict arrangements.

모의고사 2015년 고1 9월 학평]

7 Not only does science fiction help students see scientific principles in action, but it also builds their critical thinking and creative skills.

단어 PLUS

1
+southeast 남동쪽의
+province 주
+tribe 부족

2
+depressed 낙담한

3
+spoil 상하다
+require 필요로 하다
+refrigeration 냉장보관
+label 라벨을 붙이다

4
+reason 이유
+cause 원인

5
+expose 노출시키다
+chemical 화학물질
+indeed 실제로
+hide 숨다

6
+be unwilling to ~하려고 하지 않다
+undesirable 바람직하지 않은
+attempt 시도하다
+strict 세밀한
+arrangement 계획

7
+principle 원리
+critical thinking 비판적 사고
+creative skill 창의적 기술

앞서 배운 문장들을 바탕으로 빈칸을 채워 문장을 완성해 보자.

1 깊은 정글 속에 / 남동쪽 주의 / 파푸아의 / 코로와이 부족이 산다
Deep within the jungle / of the southeast p_____________ / of Papua / l_____________ the Korowai tribe.

2 몇몇의 쉽게 손상되는 약들은 / 냉장을 분명 필요로 한다 / 하지만 이러한 것들은 라벨이 붙여져 있어야한다 / 또한
Some easily s_____________ drugs / do require refrigeration, / but these should be l_____________ / as well.

3 모든 것은 / 정말로 발생한다 / 한 이유 때문에 / 그것은 말하자면 / 사건들은 원인들이 있다는 것이다
Everything / d_____________ happen / for a reason, / which is to say / that e_____________ have c_____________.

4 학생들은 내키지 않아 할 뿐만 아니라 / 이런 일정을 따르는 것을 / 바람직하지 않다 / 인간이 / 그렇게 세밀한 계획을 시도하는 것은
Not o_____________ will students be u_____________ / to follow such schedules,
/ it is u_____________ / for humans / to attempt such strict arrangements.

5 과학 소설이 학생들을 도울 뿐 아니라 / 과학적 원리들을 볼 수 있도록 / 실제로 / 그것은 또한 기른다 / 그들의 비판적 사고 / 그리고 창의적 기술들을
Not only d_____________ science fiction help students / see scientific p_____________ / in action,
/ but it also b_____________ / their critical thinking / and creative skills.

5단계 수능 요리하기

보기와 같이 수능 문장을 단계별로 정확하게 해석해 보자.

보기 Only after a good deal of observation do the sparks become recognizable.

2015년 수능

❶ Only after a good deal of observation do the sparks become recognizable.

→ 다량의 관찰이 있는 후에야

❷ Only after a good deal of observation do the sparks become recognizable.

→ 다량의 관찰이 있는 후에야 불꽃은 ~된다

❸ Only after a good deal of observation do the sparks become recognizable.

→ 다량의 관찰이 있은 후에야 불꽃은 인식할 수 있게 된다.

A **It wasn't the music that he ever imagined playing.**

2017년 수능

❶ It wasn't the music that he ever imagined playing.

→

❷ It wasn't the music that he ever imagined playing.

→

❸ It wasn't the music that he ever imagined playing.

→

B **So imprudent are we that we wander about in times that are not ours.**

2011년 수능

❶ So imprudent are we that we wander about in times are not ours.

→

❷ So imprudent are we that we wander about in times that are not ours.

→

❸ So imprudent are we that we wander about in times that are not ours.

→

단어 PLUS

A
+ imagine 상상하다

B
+ imprudent 경솔한
+ wander 방황하다
+ about 여기저기에

선배들의 달콤살벌한 공부 이야기 #16

수능 직전 마인드 컨트롤

SKY선배가 너에게

수능 직전이 되면 학생들은 대부분 '한 달 사이에 뭐가 바뀌겠어.'라는 생각을 한다. 나에게도 그런 생각이 지배적이었고 가끔씩 공부하지 않고 허송세월하기도 한 것 같다. 수능 전에 뭐가 바뀌겠어? 바뀔 것은 많은 것 같다. 이 글을 읽을 고3 학생들, 혹은 모든 고등학생들, 중학생들 모두에게 해주고 싶은 말이 있다.

수능이 다가올수록 공부를 놓을 게 아니라 기본에 충실한 공부로 돌아가야 한다. 이 이야기는 국어 공부는 매일 30분씩 기출문제를 푸는 것으로, 수학 공부는 어려운 문제보다는 쉬운 문제를 많이 풀면서 실수를 줄이는 것에 초점을 두어야 한다는 것이다. 영어 공부는 연계교재를 다시 한 번 훑고 매일같이 기출문제를 시간 맞춰 풀어야 한다. 사회탐구 공부는 개념 복습과 함께 기출문제 분석을 하는 것에 초점을 두어야 한다. 시험 패턴에 맞춰서 기출문제나 사설 모의고사를 풀고, 그 외의 시간에는 연계교재를 복습하는 것에 초점을 두자.

수능을 12년간의 공부의 결과로 생각하지 말고 시험범위가 넓은 기말고사로 생각하기

큰 시험이 다가올수록 자신 없는 사람들은 오히려 포기하기가 쉽다. 열심히 공부했던 사람들도 다시 처음부터 보는 것이 두려워서 빨리 끝나기를 바라면서 대충 공부하는 경향을 갖게 된다. 이러한 시기에 마지막 스퍼트를 내는 것이 중요한데, 수능의 경우 '12년간의 결과물'이라는 인식 때문에 학생들은 쉽게 수능을 위한 마지막 공부를 포기한다. 그럴 때는 시험에 대한 부담감도 줄이고 동기부여를 위해 수능을 시험범위가 넓은 기말고사로 생각해보자. 그러면 막판까지 그동안의 연계교재, 정리해둔 노트, 중요한 문법 사항, 오답노트를 바라보면서 수능을 위한 최종점검을 할 수 있을 것이다.

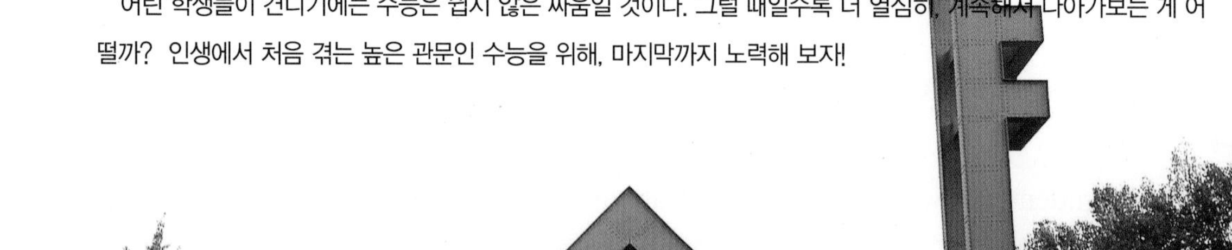

어린 학생들이 견디기에는 수능은 쉽지 않은 싸움일 것이다. 그럴 때일수록 더 열심히, 계속해서 나아가보는 게 어떨까? 인생에서 처음 겪는 높은 관문인 수능을 위해, 마지막까지 노력해 보자!

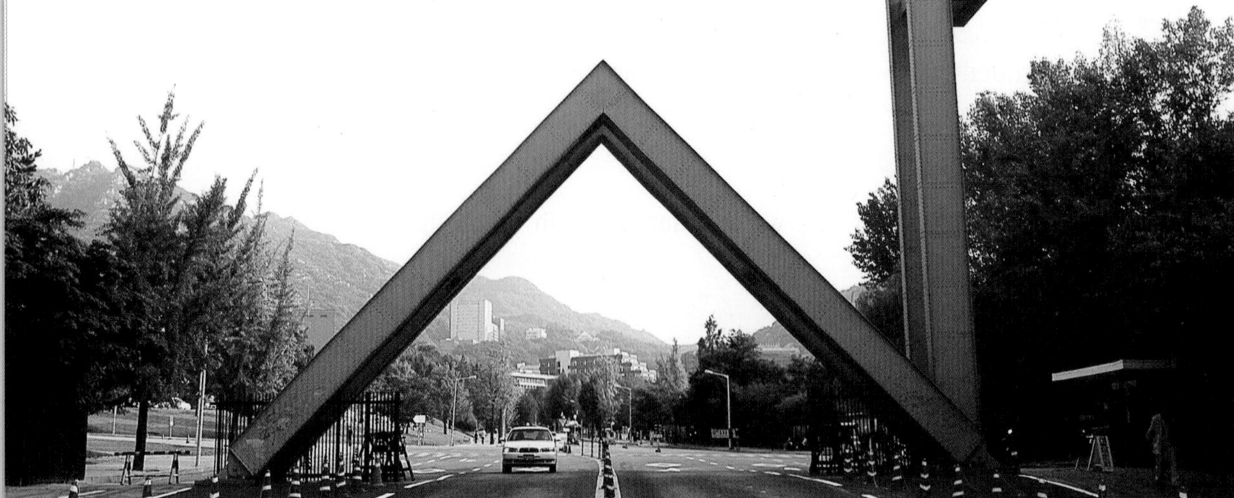

혼공 MEMO

혼공 수능 영어 시리즈

저자 허준석 정승익

랭기지플러스

정답과 해설

랭기지플러스

혼공 01일차 1형식 문장

1단계 개념 요리하기

p.15

디저트 퀴즈

EX) The cheetah runs very fast. 치타는 매우 빨리 달린다.

1. Birds sang in the morning. 새들은 아침에 노래한다.
2. Sam studies for the exam. Sam은 시험을 위해서 공부한다.
3. Age doesn't matter in love. 나이는 사랑에서 중요하지 않다.
4. Honesty will pay in the end. 정직은 결국 이익이 된다.
5. A great challenge lies ahead in the future. 위대한 도전이 미래에 놓여 있다.

2단계 문법 요리하기

p.16

1. There is no / royal road / to learning.
없다 / 왕도는 / 배움에

혼공TIP to는 '~에'라는 의미의 전치사로 쓰였고 there is는 '유도부사'라고 하는데, 쉽게 말해서 '~가 있다'란 의미를 가진다고 보면 돼.

Word royal road 왕도

2. One old man / stood / on the street.
한 늙은 남자가 / 서 있었다 / 길에

혼공TIP on the street는 '길에', '길에서'라는 장소를 나타내는 전치사구야. 항상 수식은 덩어리로 생각하면 좋아.

3. Every vote / counts / in an election.
모든 표는 / 중요하다 / 선거에서

혼공TIP vote는 '투표[선거]하다'라는 동사로도 쓰이지만, every라는 형용사 뒤에서는 '표'라는 명사로 쓰였어.

Word election 선거

4. She / came back / with the cups.
그녀는 / 돌아왔다 / 컵들과 함께[가지고]

혼공TIP with는 '~와 함께'라는 뜻으로 해석하면 대부분 잘 해석이 돼. 물건 앞에 쓰일 때는 '~을 가지고'라고 의역하면 더 자연스럽지.

5. These pills / will work / for you.
이 알약들은 / 효과가 있을 것이다 / 너에게

혼공TIP work는 '일하다'잖아? 약이 일을 잘한다는 것은 약의 효과가 좋다는 거겠지?
Word pill 알약

6. This little bed / will do / for the baby.
이 작은 침대가 / 적합할 것입니다 / 그 아기에게

혼공TIP 이 문장은 '어떤 침대가 아이한테 맞을까요?'라는 질문에 적합한 대답이야. '이 작은 침대면 될 거예요'라는 뉘앙스이기 때문에 do라는 동사로 간단하게 '적합하다'는 느낌을 살릴 수 있는 거야. 여러 번 읽으면서 익숙해지도록 해봐.

7. His speech / lasted / for an hour.
그의 연설은 / 지속되었다 / 한 시간 동안

혼공TIP last는 마지막이라는 의미도 있지만, 동사로 쓰이면 '지속되다'라는 뜻이야. 품사에 유의해야 해.
Word speech 연설

8. The new machine / will not work.
그 새 기계는 도무지 / 작동이 되질 않는다

혼공TIP 기계가 '일하다(work)'라고 하는 것은 기계가 잘 돌아간다는 의미잖아? 그래서 '작동하다'라고 해석하면 자연스럽지.

9. This knife / cuts well.
이 칼은 / 잘 든다[자른다]

혼공TIP cut은 '자르다, 잘리다'라는 뜻이 다 있어. 주어인 '이 칼은'이라는 말을 보자마자 칼이 뭔가를 잘 자른다는 의미를 캐치할 수 있어야 해.

10. Money / matters more / to her / than anything else / in the world.
돈은 / 더 중요하다 / 그녀에게 / 다른 무엇보다 / 세상에서

혼공TIP 문장이 좀 길지? 아무리 길어도 끊어 읽으며 주어와 동사를 먼저 찾아보자. 그리고 '전치사구'를 묶으면 문장이 좀 더 눈에 들어 올 거야. more A than B는 'B보다 더 A한'이라는 비교 표현이야. more을 보는 순간 뒤에 than이 올 수도 있겠다고 생각해야 해.

해석 요리하기

p.17

1. The same / applies / to your work.

같은 것이 / 적용 된다 / 너의 일에

⇒ 같은 것이 너의 일에 적용된다.

혼공TIP apply는 '적용되다'라는 뜻인 거 알고 있지? apply to는 '~에 적용되다'라는 뜻이고, apply for는 '~에 지원하다'라는 뜻이야. 비슷하게 생겼지만 뜻이 다르니 잘 알아둬.

2. And / she / hurriedly walked / to her bus.

그리고 / 그녀는 / 서둘러 걸었다 / 그녀의 버스로

⇒ 그리고 그녀는 그녀의 버스로 서둘러 걸었다.

혼공TIP 앞에서부터 천천히 끊어 읽으면 어렵지 않게 해석할 수 있을 거야.

3. Suddenly / a dog / barked / behind him.

갑자기 / 개 한마리가 / 짖었다 / 그의 뒤에서

⇒ 갑자기 개 한 마리가 그의 뒤에서 짖었다.

혼공TIP 「behind + 명사/대명사」는 '~의 뒤에서'라는 전치사구야. '비하인드 스토리'라는 말 들어봤지?

4. The hard-boiled egg / will stop / instantly.

완숙된 달걀은 / 멈출 것이다 / 즉시

⇒ 그 완숙된 달걀은 즉시 멈출 것이다.

혼공TIP 복잡해 보일지 몰라도 주어-동사로만 이루어진 가장 기본적인 1형식 문장이야. hard-boiled처럼 명사 egg 앞에 뭔가가 있지? 그럴 땐 명사를 수식하는 형용사라 생각하면 돼.

5. After that, / Cole / emerged / as a popular solo vocalist.

그 이후에 / Cole은 / 나타났다 / 인기 있는 솔로 가수로서

⇒ 그 이후에 Cole은 인기 있는 솔로 가수로서 나타났다.

혼공TIP as로 시작되는 수식어구에 주목하여 해석하자. 「as + 명사」는 주로 '~로서'라고 해석이 되니 덩어리로 파악하도록 해.

6. Much of learning / occurs / through trial and error.

배움의 많은 부분이 / 발생한다 / 시행착오를 통해

⇒ 배움의 많은 부분이 시행착오를 통해 발생한다.

혼공TIP 이 문장 또한 길고 복잡해 보이지만 주어-동사로 이루어진 1형식 문장이네. 주어와 동사를 한 눈에 파악할 수 있게 꾸준히 연습하자! through는 '~를 통해'라는 전치사야.

7. Jeff / nodded / in response to the question.

Jeff는 / 끄덕였다 / 질문에 대한 답으로

⇒ Jeff는 질문에 대한 답으로 끄덕였다.

혼공TIP 이제는 익숙하게 1형식 문장인 것을 알아낼 수 있겠지? in response to라는 표현은 하나의 덩어리로 암기해도 좋아. '~에 응하여', '~에 답하여'라는 뜻이야.

8. Good conclusions / come / from good observations.
좋은 결론은 / 나온다 / 좋은 관찰로부터

⇒ 좋은 결론은 좋은 관찰로부터 나온다.

혼공TIP come from이라는 동사에 주목하자. 자주 쓰이는 동사구이니 꼭 외워두기! 또는 come(나온다) / from + 명사 (명사로부터)라고 해석해도 괜찮아.

9. The same sort of process / takes place / in reading.
같은 종류의 과정은 / 발생한다 / 읽기에서

⇒ 같은 종류의 과정은 읽기에서 발생한다.

혼공TIP 이 문장에서는 단어가 아닌 구로 이루어진 동사가 등장했네! take place(발생하다)라는 동사구를 꼭 암기해두자!

10. She / went / to college in New York / and graduated / in 1851.
그녀는 / 갔다 / 뉴욕에 있는 대학에 / 그리고 졸업했다 / 1851년에

⇒ 그녀는 뉴욕에 있는 대학에 갔고 1851년에 졸업했다.

혼공TIP 동사 두 개가 대등하게 연결되어 있는 문장이네. 동사가 두 개 있다는 것을 연결어 and를 통해 빨리 파악하는 것이 핵심이야!

4단계 빈칸 요리하기

p.18

1. (o)ccurs **2.** (n)odded **3.** (c)ome **4.** (t)akes (p)lace **5.** (w)ent, (g)raduated

5단계 수능 요리하기

p.19

A. However, a question occurred to her one day.

❶ However, a question occurred to her one day.
→ 하지만, 한 질문이

❷ However, a question occurred to her one day.
→ 하지만, 한 질문이 떠올랐다

❸ However, a question occurred to her one day.
→ 하지만, 한 질문이 그녀에게 어느 날 떠올랐다.

혼공TIP However, / a question / occurred / to her / one day.
하지만 / 한 질문이 / 떠올랐다 / 그녀에게 / 어느 날

B. They grow very slowly and range from 15 to 40 feet in height.

❶ They grow very slowly and range from 15 to 40 feet in height.
→ 그것들은 매우 천천히 자란다

❷ They grow very slowly and range from 15 to 40 feet in height.
→ 그것들은 매우 천천히 자라고 15에서 40피트까지의 범위에 달한다

❸ They grow very slowly and range from 15 to 40 feet in height.
→ 그것들은 매우 천천히 자라고 높이가 15에서 40피트까지의 범위에 달한다.

혼공TIP They / grow / very slowly / and / range from 15 to 40 feet / in height.
그것들은 / 자란다 / 매우 천천히 / 그리고 / 15에서 40피트까지의 범위에 달한다 / 높이가

C. However, there is not a limited supply of resources out there.

❶ However, there is not a limited supply of resources out there.
→ 그러나, ~이 있는 것이 아니다

❷ However, there is not a limited supply of resources out there.
→ 그러나, 자원의 한정된 공급량이 있는 것이 아니다

❸ However, there is not a limited supply of resources out there.
→ 그러나, 저 바깥에 자원의 한정된 공급량이 있는 것이 아니다.

혼공TIP However, / there is not / a limited supply / of resources / out there.
하지만, / ~가 있는 것은 아니다 / 한정된 공급량이 / 자원의 / 저 바깥에

혼공 02일차 2형식 문장

개념 요리하기

p.23

디저트 퀴즈

EX) The story is exciting. 그 이야기는 흥미진진하다.

1. He became a teacher. 그는 선생님이 되었다.

2. My cat grew big recently. 나의 고양이는 최근에 커졌다.

3. The old house remains empty. 그 오래된 집은 비어있는 상태로 남아있다[비어있다].

4. This water smells sweet like a rose. 이 물은 장미처럼 달콤한 냄새가 난다.

문법 요리하기

p.24

1. The situation / looked serious.
그 상황은 / 심각해 보였다

혼공TIP look은 아주 대표적인 2형식 동사이지. 2형식 동사 뒤의 단어가 한국말로 '~처럼'으로 해석되더라도, 꼭 형용사가 등장해야 해. 잊지 말자!

Word situation 상황 serious 심각한

2. His snoring / sounded terrible.
그의 코고는 소리는 / 끔찍하게 들렸다

혼공TIP sound가 대표적인 2형식 동사인 것은 알고 있지? 우리말로는 '끔찍하게'라고 해석되어 부사를 넣어야 된다고 생각하기 쉽지만, 한국말과 상관없이 2형식 동사 뒤에는 형용사가 와야 하는 것 잊지 마!

Word snore 코골다 terrible 끔찍한

3. I / felt quite hopeless.
나는 / 아주 절망적이라 느꼈다

혼공TIP hope는 희망이라는 뜻이잖아? 그리고 less는 '~가 없는'이라는 뜻을 가진 접미사야. 그래서 hopeless는 '희망이 없는' 즉 '절망적인'이라는 뜻을 가지고 있지.

Word hopeless 절망적인

4. Your story / sounds strange.
너의 이야기는 이상하게 들린다

혼공TIP sound라는 2형식 동사 뒤에 형용사 strange를 보어로 사용했어.

Word strange 이상한

5. The woman / suddenly / got angry.
그 여성은 갑자기 화가 났다

혼공TIP get은 뒤에 상태를 나타내는 형용사가 오면 '~가 되다'라는 뜻을 가지고 있지. 그래서 I was angry.(나는 화나 있었다.)와 I got angry.(나는 화가 났다.)는 의미가 달라. I got angry.는 원래 화가 안 났었는데, 어떤 일 때문에 화가 나게 되었다는 변화를 말할 때 써.

6. It / looks very delicious / to me.
그것은 아주 맛있어 보인다 나에게

혼공TIP look은 대표적인 2형식 동사이자 지각동사이지. look 뒤에는 형용사가 와야 해. 또한 형용사를 수식하는 very가 있으므로 당연히 뒤에는 형용사인 delicious가 와야겠지!

7. The baseball game / looked exciting.
그 야구 경기는 흥미진진해 보였다

혼공TIP 주어 뒤에는 동사가 와야 해. looked는 '보였다'라는 동사의 과거형이니 주어진 의미와 맞지?

8. Take the tea / before it gets cold.
차를 마셔라 (그것이) 차가워[식기] 전에

혼공TIP 「get + 형용사」로 쓰이면 상태의 변화를 나타내고 '~하게 되다'라는 의미야.

9. It / is getting dark.
어두워지고 있다[날이 어두워지고 있다]

혼공TIP get은 '되다'라는 뜻이 있는 거는 이제 잘 알지? 날이 '어두워진다'라고 할 때는 따로 주어를 쓰기가 애매해서 만만한 it을 쓰고 '비인칭 주어'라고 해. 따로 '그것'이라고 해석하지 않아도 괜찮아.

10. Even / when he was wrong, / his voice / sounded confident.
심지어 그가 틀렸을 때에도 그의 목소리는 자신감 있게 들렸다

혼공TIP 두 문장이 연속으로 올 때, 길다고 당황하지 마. 콤마 다음에 /를 그어서 문장과 문장으로 나눈 뒤 하나씩 공략하는 거야.

Word confident 자신감 있는

3단계 해석 요리하기

p.25

1. The results / are incredible.
결과는 대단하다

⇒ 결과는 대단하다.

혼공TIP 주어가 복수니 be동사가 are로 쓰인 것을 주목해야 해.

2. Tens of thousands of / people / are homeless.
수만 명의 사람들은 집이 없다

⇒ 수만 명의 사람들은 집이 없다[집이 없는 상태이다].

혼공TIP tens of thousands of라는 표현은 수를 나타내는 형용사야. 길다고 당황하지 말고, people을 앞에서 수식하는 말이라고 생각하면 돼.

3. But / by her calculations / it was only mid-March.
그러나 그녀의 계산에 의하면 고작 3월 중순이었다

⇒ 그러나 그녀의 계산에 의하면 고작 3월 중순이었다.

혼공TIP 문장의 주어인 it 앞의 모든 부분들은 그냥 수식어인 것 알겠지? 고로 주어와 동사를 먼저 찾아낸 후 해석하면 쉽게 해석할 수 있을 거야. 시간을 나타내기 때문에 비인칭 주어 it은 굳이 '그것은'이라고 해석하기 보다 자연스럽게 '고작 3월 중순이었다'라고 해석하면 돼.

4. Sometimes / the effects / are positive.
때때로 그 효과는 긍정적이다

⇒ 때때로 그 효과는 긍정적이다.

혼공TIP 이 문장은 아주 간단하게 해석할 수 있겠지? 단어와 문장의 형식을 알면 해석은 문제 없어.

5. In most people, / emotions / are situational.
대부분 사람들의 경우 감정은 상황적이다

⇒ 대부분 사람들의 경우 감정이란 상황적인 것이다.

혼공TIP 상황에 따라 사람들의 감정이 좌우될 수 있다는 내용이지? 때론 우리말로 번역을 하더라도 의미를 완전히 이해하고 넘어가야 해.

6. Pets can also be a plus / in the workplace.
애완동물들은 또한 이점이 될 수 있다 직장에서도

⇒ 애완동물들은 직장에서도 또한 이점이 될 수 있다.

혼공TIP 대표적인 2형식 동사인 be동사가 can이라는 조동사와 결합된 형태야. can be는 '될 수 있다'라고 해석하면 돼.

7. She / was a loyal customer / to that one airline.
그녀는 충실한 고객이었다 그 한 항공사에

⇒ 그녀는 그 한 항공사에 충실한 고객이었다.

혼공TIP be동사가 대표적인 2형식 동사인 것 알겠지? be동사를 보는 순간! 뒤의 보어를 찾아서 2형식 문장으로 해석하면 돼.

8. When we are alone, / problems / become more serious.
우리가 혼자일 때 / 문제들은 / 더욱 심각하게 된다

⇒ 우리가 혼자일 때, 문제들은 더욱 심각하게 된다.

혼공TIP become도 be동사처럼 2형식 동사인 거 기억나? become 뒤에 부사형인 seriously가 아니라 형용사 serious가 왔네! 보어 자리니까 형용사가 왔지.

9. She thanked him, / yet deep down, / she / felt unsettled.
그녀는 그에게 고마워했다 / 하지만 내심 / 그녀는 / 혼란을 느꼈다

⇒ 그녀는 그에게 고마워했지만, 내심, 그녀는 혼란을 느꼈다.

혼공TIP 우리가 늘상 쓰던 thank가 동사였다는 것, 알고 있었니? 그 점 유의해서 해석하면 어렵지 않을 거야.

10. During summer, / their coat / gets lighter, / and / is almost white.
여름 동안 / 그들의 털은 / 더 밝게 변한다 / 그리고 / 거의 하얀색이 된다

⇒ 여름 동안, 그들의 털은 더 밝게 변하고 거의 하얀색이 된다.

혼공TIP coat는 '동물들의 털'이란 뜻이야. 그걸로 만든 옷들을 우리는 '코트'라고도 부르는 거고. 여기서는 2형식 동사인 get이랑 be동사가 한 문장에 쓰였네! 참고로 lighter는 '더 밝은'이라는 뜻이야. 보통 er이 붙으면 '더'라는 뜻이 더해지게 되니 알아둬. 가령 faster은 '더 빠른'이란 뜻이겠지?

4 단계 빈칸 요리하기

p.26

1. (b)e **2.** (w)as **3.** (b)ecome **4.** (f)elt **5.** (g)ets, (i)s

5단계 수능 요리하기

p.27

A. It didn't look safe enough but she didn't want to turn back.

❶ It didn't look safe enough but she didn't want to turn back.
→ 그것은 충분히 안전해 보이지 않았다

❷ It didn't look safe enough but she didn't want to turn back.
→ 그것은 충분히 안전해 보이지 않았지만 그녀는 원치 않았다

❸ It didn't look safe enough but she didn't want to turn back.
→ 그것은 충분히 안전해 보이지 않았지만, 그녀는 돌아가는 것을 원치 않았다.

혼공TIP It / didn't look / safe / enough / but / she didn't want / to turn back.
그것은 / 보이지 않았다 / 안전한 / 충분히 / 하지만 / 그녀는 원하지 않았다 / 돌아가는 것을

B. Not all children of successful people become successful themselves.

❶ Not all children of successful people become successful themselves.
→ 모든 자녀들이 ~인 것은 아니다

❷ Not all children of successful people become successful themselves.
→ 성공한 사람들의 모든 자녀들이 ~인 것은 아니다

❸ Not all children of successful people become successful themselves.
→ 성공한 사람들의 모든 자녀들이 스스로 성공하는 것은 아니다.

혼공TIP Not all children / of successful people / become successful / themselves.
모든 자녀들이 ~인 것은 아니다 / 성공한 사람들의 / 성공하다 / 그들 스스로

C. Many early successes of cinema were adaptations of popular novels.

❶ Many early successes of cinema were adaptations of popular novels.
→ 많은 초기 성공들은

❷ Many early successes of cinema were adaptations of popular novels.
→ 영화의 많은 초기 성공들은 ~이었다

❸ Many early successes of cinema were adaptations of popular novels.
→ 영화의 많은 초기 성공들은 유명한 소설들의 각색이었다.

혼공TIP Many early successes / of cinema / were adaptations / of popular novels.
많은 초기 성공들은 / 영화의 / 각색이었다 / 유명한 소설들의

혼공 03일차 3형식, 4형식 문장

1단계 개념 요리하기

p.31

디저트 퀴즈

EX) I made the final decision. 나는 최종 결정을 내렸다.

혼공TIP '만들었다'라는 동사 뒤에는 '을,를' 즉, 목적어가 오기 때문에 3형식이야.

1. He will answer your letter in a few days. 3

그는 며칠 후에 너의 편지에 답할 것이다.

혼공TIP '너의 편지'가 answer에 대한 목적어가 돼. 비록 '~을, ~를'이 아니라 '~에'로 해석이 되었지만, answer라는 동사는 뒤에 '~에'를 목적어로 받아들이니 기억해두자.

2. I bought my girlfriend a necklace for her birthday. 4

나는 그녀의 생일을 위해 내 여자친구에게 목걸이를 사 주었다.

혼공TIP '~에게, ~를'의 순서로 간접목적어, 직접목적어가 왔으니 4형식이야.

3. Children give their parents both headaches and pleasure. 4

아이들은 그들의 부모님들께 두통과 기쁨 둘 다를 준다.

혼공TIP '~에게, ~를'의 순서로 간접목적어, 직접목적어가 왔으니 4형식이야.

4. According to the Bible, God made the world in six days. 3

성경에 따르면, 신은 세상을 6일 만에 만들었다.

혼공TIP God ~부터 문장이 시작되는 거야. 앞의 According to는 '~에 따르면'이라는 표현이니 알아둬야 해.

2단계 문법 요리하기

p.32

1. My aunt / gave / a pretty doll / to me.
나의 숙모님은 주었다 예쁜 인형을 나에게

혼공TIP give는 3형식으로 쓸 때 목적어 다음에 「전치사 to + 간접목적어」를 쓰지.

2. He / bought / a scarf / for his wife.
그는 샀다 스카프를 그의 부인을 위해

혼공TIP buy를 3형식으로 쓸 때 목적어 다음에 「전치사 for + 간접목적어」를 쓰지.

3. My mom / made / a cake / for me.
내 엄마가 만들어주셨다 케이크를 나를 위해

혼공TIP make는 3형식으로 쓸 때 목적어 다음에 「전치사 for + 간접목적어」를 쓰지.

4. She / showed / her report card / to her friends.
그녀는 보여주었다 그녀의 성적표를 그녀의 친구들에게

혼공TIP 4형식에서는 She showed her friends her report card.라는 문장이었어. 자리가 바뀌면서 전치사 to를 쓰게 된 거지.

Word report card 성적표

5. Can you lend / me some money?
빌려줄 수 있니 나에게 약간의 돈을

혼공TIP 의문문이라고 당황하지 않아도 돼. 동사 다음부터는 구성이 똑같거든. 전치사가 보이지 않기 때문에 4형식인 「간접목적어 + 직접목적어」의 순서가 되어야지.

6. History / gives / us lessons / about our future.
역사는 준다 우리에게 교훈을 우리의 미래에 대한

혼공TIP give는 대표적인 4형식 동사로, 「간접목적어 + 직접목적어」 순서로 와야 해.

Word lesson 교훈, 수업

7. Writing letters / gives / me / a lot of pleasure.
편지를 쓰는 것은 준다 나에게 많은 기쁨을

혼공TIP 주어가 '편지들은'이 아니야. 편지를 쓰는 행위(Writing)가 주어니까 '편지를 쓰는 것은'이라고 해석하는 거야.

8. He / gave / her a kiss / on her cheek.
그는 주었다 그녀에게 키스를 그녀의 볼에

혼공TIP give 동사 다음에 to가 와야 하는데 왜 on이 왔는지 궁금하지 않니? 「her(간접목적어) + a kiss(직접목적어)」가 다 있으니 4형식 문장이고, 거기에 전치사구(on her cheek)가 온 거야. 이 문장의 on her cheek은 단순 전치사구야.

Word cheek 뺨, 볼

9. I / write / him a letter / every week.
나는 쓴다 그에게 편지를 매주

혼공TIP write는 보통 '쓰다'라는 의미라서 수여동사로 생각하기 힘들어. 하지만 사람이 뒤에 나오면 자동으로 수여동사로 해석하면 돼.

10. This machine / will save / us / a lot of trouble.
이 기계는 덜어줄 것이다 우리에게 많은 불편을

혼공TIP save는 여러 뜻을 가지고 있는 단어다 보니, 이런 문제가 어려울 수 있어. 문맥상 이 기계가 불편을 줄여줄 것이라는 것은 알겠지? 그래서 '저축하다'라는 뜻보다는 '덜어주다'라는 뜻으로 해석되는 거야.

Word save 덜어주다

3단계 해석 요리하기

p.33

1. I / found / my baby sister!
나는 찾았다 내 여동생을

⇒ 나는 나의 여동생을 찾았다!

혼공TIP 아주 간단한 3형식 문장이네! 주어, 동사, 목적어를 빠른 시간 내에 파악하는 것이 중요해.

2. Who / invented / the automobile?
누가 발명했는가 자동차를

⇒ 누가 자동차를 발명했는가?

혼공TIP 의문문 형식으로 되어있지만, 3형식 문장임을 파악할 수 있겠지?

3. He / showed / the woman / her picture.
그는 보여주었다 그 여자에게 그녀의 사진을

⇒ 그는 그 여자에게 그녀의 사진을 보여주었다.

혼공TIP 아주 대표적인 4형식 문장이네. 간접목적어와 직접목적어를 구분하는 연습도 해보자!

4. The judge / shook / his head / and / pointed / Jeff.
재판관은 흔들었다 그의 머리를 그리고 가리켰다 Jeff를

⇒ 재판관은 고개를 젓고는 Jeff를 가리켰다.

혼공TIP 동사가 두 개 있는 문장이네. and 앞 쪽의 문장은 간단한 3형식 문장이지? and 뒤 쪽에 문장도 point를 이용하는 3형식 문장이네.

5. I / send / you / my best wishes / for a happy time / at university.
나는 보낸다 너에게 내 기원을 행복한 시간을 위한 대학에서

⇒ 나는 네가 대학에서 행복한 시간을 보내기를 기원하는 마음을 보낸다.

혼공TIP 대표적인 4형식 동사 send가 들어있는 문장이네. 그리고 best wishes 같은 것은 보통 상대방에게 좋은 말, 덕담을 해줄 때 자주 쓰는 표현이니 꼭 알아둬.

6. Inside the box / he / found / two $100 bills.
상자 안에서 그는 발견했다 두 개의 100달러 지폐를

⇒ 상자 안에서 그는 100달러 지폐 두 개를 발견했다.

혼공TIP 알맹이인 he found bills만 추출하니까 3형식 문장이 훨씬 더 잘 보이지? 영어 독해에서는 특히 수식어를 제거하고 알맹이만 추출해내는 방식이 도움이 정말 많이 돼.

7. I / did / a television show / once / with Louis Armstrong.
나는 했다 TV 쇼를 한번 루이 암스트롱과 함께

⇒ 나는 루이 암스트롱과 함께 텔레비전 쇼를 한 번 한 적이 있다.

혼공TIP 횟수를 나타낼 때는 once, twice와 같은 표현들을 쓰니 참고해. 두 번 이상부터는 two times, three times.. 이렇게 '수[횟수] + times'로 쓰지.

8. Globalization / gives / us / a chance / to learn / about other societies.
세계화는 준다 우리에게 기회를 배울 다른 사회에 대해

⇒ 세계화는 우리에게 다른 사회에 대해 배울 기회를 준다.

혼공TIP 「give + us + a chance」이니 4형식이 보이지? to learn은 a chance라는 명사를 뒤에서 수식하는 거야. 수식어구는 문장 뼈대에서 제외한다고 했지? 이 문장은 「주어 + 동사 + 간접목적어 + 직접목적어 + 수식어구 + 수식어구」의 구조로 이루어져 있어.

9. Rebecca / didn't think / anything / of the situation / at that time.
레베카는 생각하지 않았다 어떤 것도 그 상황의 그 때에는

⇒ 레베카는 그 때 당시에 그 상황에 대해서 아무것도 생각하지 않았다.

혼공TIP 동사 think는 목적어를 취하는 3형식 동사로 쓸 수 있어. anything이 think의 목적어야.

10. Four years later, / Lynne / received / a letter / from that CEO.
4년 후에 린은 받았다 한 통의 편지를 그 사장으로부터

⇒ 4년 후, 린은 그 사장으로부터 편지 한 통을 받았다.

혼공TIP 수식어구인 Four years later과 from that CEO를 빼고 나면 3형식인 게 보이지?

4 단계 빈칸 요리하기

p.34

1. (f)ound **2.** (d)id **3.** (g)ives **4.** (t)hink **5.** (r)eceived

5 단계 수능 요리하기

p.35

A. My grandpa taught me that living a simple life isn't about self-deprivation.

❶ My grandpa taught me that living a simple life isn't about self-deprivation.
→ 우리 할아버지께서는 내게 가르쳐주셨다

❷ My grandpa taught me that living a simple life isn't about self-deprivation.
→ 우리 할아버지께서는 내게 간단하게 사는 것은 ~이 아니라고 가르쳐주셨다

❸ My grandpa taught me that living a simple life isn't about self-deprivation.
→ 우리 할아버지께서는 내게 간단하게 사는 것은 자기 궁핍에 대한 것이 아니라고 가르쳐주셨다.

혼공TIP My grandpa / taught / me / that / living a simple life / isn't about self–deprivation.
우리 할아버지께서는 / 가르쳐주셨다 / 나에게 / (연결어) / 간단하게 사는 것은 / 자기 궁핍에 대한 것이 아니라고

B. Animals, however, have no expectations about mental capacity.

❶ Animals, however, have no expectations about mental capacity.
→ 그러나 동물들은

❷ Animals, however, have no expectations about mental capacity.
→ 그러나 동물들은 기대감을 가지고 있지 않다

❸ Animals, however, have no expectations about mental capacity.
→ 그러나 동물들은 정신적인 능력에 대한 기대감을 가지고 있지 않다.

혼공TIP Animals, however, / have no expectations / about mental capacity.
그러나 동물들은 / 기대감을 가지고 있지 않다 / 정신적인 능력에 대한

혼공 04일차 5형식 문장

개념 요리하기

p.41

디저트 퀴즈

EX) She always makes makes me happy. 그녀는 항상 나를 행복하게 만든다.

1. I saw Penny enter the building. 나는 페니가 건물에 들어가는 것을 보았다.

2. My teacher got his arm broken yesterday. 선생님께서 어제 팔이 부러지셨다.

3. Did you find the math exam difficult? 너는 수학 시험이 어렵다는 것을 알았니?

4. The noise from the party kept me awake all night. 파티에서의 소음은 나를 밤새 깨어있게 했다.

5. Dad allowed my sister to go to the concert. 아빠는 여동생이 콘서트에 가는 것을 허락했다.

문법 요리하기

p.42

1. He / called / her / a fool.
그는 불렀다 그녀를 바보라고

혼공TIP call은 5형식 동사로서 '~를 ~라고 부르다'라고 해석하면 돼.

Word fool 바보

2. Adam / named / his wife / Eve.
아담은 이름을 지어주었다 그의 부인에게 이브라고

혼공TIP name A B 역시 대표적인 5형식 표현이야. 'A에게 B라고 이름 지어주다'라고 해석하면 돼. name이 명사로 '이름'이라는 뜻도 있지만 이렇게 동사로 쓰일 때 뜻을 잘 알아둬야 해.

Word name 이름을 지어주다

3. I / believe / him / cruel.
나는 믿는다 그가 잔혹하다고

혼공TIP 동사 believe는 주로 3형식 동사로서 '~을 믿는다'라고 해석되지만 5형식으로도 많이 쓰여. '목적어가 목적격보어하다고 믿는다'라는 의미야.

Word cruel 잔혹한, 잔인한

4. The long walk / made / me / hungry.
긴 산책은 만들었다 나를 배고프게

혼공TIP 「make + 목적어 + 목적격보어」일 때, 목적격보어에 위 예문처럼 형용사가 오기도 하고, 동사원형이 오기도 해. made me study로 쓰이게 되면 '내가 공부하게 만들었다'라고 해석이 되는 거지.

5. I / think / him / a genius.
나는 생각한다 그를 천재로

혼공TIP think 역시 이렇게 5형식에 쓰일 수 있어. '~를 ~라고 생각하다'라고 해석하면 아주 깔끔하지. 문장의 형식에 따라 해석하는 방식을 자연스럽게 적용해야 해. 말은 쉽다고? 복습할 때 자연스럽게 해석하는 연습을 여러 차례 해야 해.

Word genius 천재

6. I / heard / her / singing / an Italian song.
나는 들었다 그녀가 부르는 것을 이탈리아 노래를

혼공TIP hear, see, feel은 지각동사야. 주로 목적격보어에 동사원형 아니면 지금 예문처럼 「동사 + ing」가 오지. 둘 다 문법적으로 옳아.

7. I / saw / her / play the piano.
나는 보았다 그녀가 피아노 연주하는 것을

혼공TIP 6번에서 배운 것이 그대로 나왔지? 목적격보어 자리에 play라는 동사원형이 온 거지. 그녀가 피아노를 연주하는 거지, '나는'이라는 주어가 연주하는 것이 아니야. 동작은 늘 가장 가까운 곳에 있는 동작의 주체를 찾아서 해석하면 돼. play에서 her가 더 가깝잖아?

8. Did you have / your wallet / stolen?
당했니 네 지갑이 도난 된

혼공TIP 이런 문장에서 have가 참 해석하기 애매하지. stolen은 '도난 된'이라는 뜻이야 you라는 주어 입장에서 손해지. 이렇게 손해일 때는 have 같은 사역동사를 '~당하다'라고 해석하면 깔끔해. 이득일 때는 '~하도록 시키다'라고 하면 되는 거고. 이 문장은 '네 지갑 도난당했니?'라고 해석하면 아주 자연스럽지.

Word wallet 지갑 steal(stole–stolen) 훔치다

9. The teacher / encouraged / us / to study harder.
선생님은 격려하셨다 우리가 더 열심히 공부하도록

혼공TIP 「encourage + 목적어 + 목적격보어」는 '~가 ~하도록 격려하다'라는 아주 중요한 표현이야. 문법 시험에도 목적격보어에 「to + 동사원형」이 오는 것을 묻곤 하니 별 표시하기!

Word encourage 격려하다

10. Our boss / made / us / work / until late at night.
우리 상사는 만들었다 우리가 일하도록 밤늦게까지

혼공TIP make는 '~가 ~하도록 만들었다' 즉, 강제로 시킨다는 내용이 담겨있지. 목적격보어에 동사원형이 보통 오니까 알아두길.

해석 요리하기

p.43

1. She / told / the girl / to stay / after class.
그녀는 말했다 그 소녀에게 남으라고 수업 후에

⇒ 그녀는 그 소녀에게 수업이 끝난 후 남으라고 말했다.

혼공TIP 「tell + 목적어 + 목적격보어」의 구조야. 목적격보어에 명사가 올 수도 있지만, 이렇게 「to + 동사원형」이 오면 '~에게 ~하라고 말하다'라는 의미가 되는 거야.

2. Advertising / also helps / people / find / the best.
광고는 또한 도와준다 사람들이 찾도록 최고의 것을

⇒ 광고는 또한 사람들이 최고의 물건을 찾을 수 있게 도와준다.

혼공TIP help 또한 5형식 문장에 많이 쓰이는 동사야. 목적어 뒤에 목적격보어로 find 즉, 동사원형이 위치한 것 보이지? to find를 써도 문법적으로 괜찮아.

3. He / asked / the great pianist / to come and play.
그는 요청했다 그 훌륭한 피아니스트에게 와서 연주해달라고

⇒ 그는 그 훌륭한 피아니스트에게 와서 연주해달라고 요청했다.

혼공TIP 이 문장에서 ask는 '질문하다'라는 뜻이 아니라 '요청하다, 부탁하다'는 뜻이야. 5형식으로 사용하는 동사 ask는 목적격보어로 「to + 동사원형」의 형태를 취한다는 것을 잊지 마.

4. We / work hard / for money / and / we / want to see / it / grow.
우리는 열심히 일한다 돈을 위해 그리고 우리는 보길 원한다 그것이 자라는 것을

⇒ 우리는 돈을 위해 열심히 일하며 그것(=돈)이 불어나는 것을 보길 원한다.

혼공TIP and를 기준으로 앞 문장은 1형식 문장인 거 알겠지? 뒤 문장에서 「see(V) + it(O) + grow(O.C.)」의 구조를 볼 수 있고, 그게 우리가 지금까지 배워온 5형식의 구조야.

5. Please let me know / if / this / can be made.
제가 알게 해주세요 ~인지 이것이 만들어질 수 있는지

⇒ 이것이 만들어질 수 있는지 제가 알게 해주세요.

혼공TIP let은 가장 대표적인 5형식 사역동사이지? 주어가 없는 명령문 형태로 되어있지만, 목적어 me와 목적격보어로 동사원형 know가 쓰인 것 이제는 잘 보이지? 「let me + 동사원형」은 생활회화에서 많이 쓰이는 표현이야.

6. One psychological experiment / asks / people / to wear / headphones.
한 심리학 실험은 요구한다 사람들에게 착용하도록 헤드폰을

⇒ 한 심리학 실험은 사람들에게 헤드폰을 착용하도록 요구한다.

혼공TIP 3번과 마찬가지로 이 문장에서 ask는 '질문하다'라는 뜻이 아니라 '요청하다, 부탁하다'라는 뜻이야. 목적격보어로 「to + 동사원형」의 형태를 취한다는 거 이젠 확실히 알겠지?

7. The students / imagined / themselves / to be / in the majority.
학생들은 상상했다 그들 자신이 있다고 대다수 안에

⇒ 학생들은 그들 자신이 대다수 안에 속해있다고 상상했다.

혼공TIP imagine 또한 5형식 문장에 동사로 쓰일 수 있다는 것 기억하자.

8. Similarly, / you / can't expect / macaws / to be quiet / and still / all the time.
비슷하게 너는 기대할 수 없다 마코앵무새들이 조용하기를 그리고 가만히 있기를 항상

⇒ 비슷하게, 너는 마코앵무새들이 항상 조용하거나 가만히 있기를 기대할 수는 없다.

혼공TIP 6번의 ask와 마찬가지로 expect 역시 목적격보어로 「to + 동사원형」을 가져. 그래서 to be quiet가 오게 된 거야. 뒤의 still이란 단어를 조심해야 해. still은 '여전히'라는 뜻의 부사가 아니라 quiet처럼 형용사로 쓰였기 때문에 '가만히 있는'이라는 형용사 의미로 해석해야 해.

9. Then she said / "We can let / you / use a room / in our company."
그러고 나서 그녀가 말했다 우리는 허락할 수 있어요 당신이 방을 사용하도록 우리 회사에 있는

⇒ 그러고 나서 다음 그녀가 말했다 "우리는 당신이 우리 회사 내의 방을 쓰게 할 수 있어요."

혼공TIP 「let + 목적어 + 목적격보어」의 구조가 보이니? let은 목적격보어에 동작이 올 때는 동사원형을 쓰지. '~가 ~하도록 허락하다'라는 뜻이야. 애니메이션 겨울왕국의 주제가 let it go를 생각하면 go처럼 목적격보어에 동사원형을 쓴다는 것을 쉽게 기억할 수 있어.

10. He / threw in / some ad-libs / and / made / it / funny.
그는 덧붙였다 몇 개의 애드리브를 그리고 만들었다 그것을 재미있게

⇒ 그는 몇 개의 애드리브를 덧붙였고 그것을 재미있게 만들었다.

혼공TIP and를 기준으로 앞 문장은 3형식, 뒤 문장은 5형식인 거 이제는 보이지? 참고로 threw in은 하나의 숙어로 '덧붙이다'라는 뜻이야.

4단계 빈칸 요리하기

p.44

1. (a)sks **2.** (i)magined **3.** (e)xpect, (t)o (b)e **4.** (l)et, (u)se **5.** (m)ade, (f)unny

5 단계 수능 요리하기

p.45

A. Our eyes don't let us perceive with this kind of precision.

❶ Our eyes don't let us perceive with this kind of precision.
→ 우리의 눈은 우리가 ~하게 하지 않는다

❷ Our eyes don't let us perceive with this kind of precision.
→ 우리의 눈은 우리가 인식하게 하지 않는다

❸ Our eyes don't let us perceive with this kind of precision.
→ 우리의 눈은 우리가 이러한 종류의 정확성을 가지고 인식하게 하지 않는다.

혼공TIP Our eyes / don't let us / perceive / with this kind of precision.
우리의 눈은 / 우리가 ~하게 하지 않는다 / 인식하게 / 이런 종류의 정확성으로

B. Other teachers advised her to go on with something else.

❶ Other teachers advised her to go on with something else.
→ 다른 선생님들은

❷ Other teachers advised her to go on with something else.
→ 다른 선생님들은 그녀에게 조언해주셨다

❸ Other teachers advised her to go on with something else.
→ 다른 선생님들은 그녀에게 다른 것을 가지고 진행해보라고 조언해주셨다.

혼공TIP Other teachers / advised / her / to go on / with something else.
다른 선생님들은 / 조언해주셨다 / 그녀에게 / 진행하라고 / 다른 것을 가지고
* go on은 '나아가다, 진행하다'라는 의미니까 그냥 go와는 다르다는 것을 꼭 알아둬.

C. We will expect delivery to stop no later than the end of this week.

❶ We will expect delivery to stop no later than the end of this week.
→ 우리는 배달을 기대할 것이다

❷ We will expect delivery to stop no later than the end of this week.
→ 우리는 배달이 멈추길 기대할 것이다

❸ We will expect delivery to stop no later than the end of this week.
→ 우리는 배달이 늦어도 이번 주말 전까지는 멈추길 기대할 것이다.

혼공TIP We / will expect / delivery / to stop / no later than / the end of this week.
우리는 / 기대할 것이다 / 배달이 / 멈추기를 / 늦어도 ~까지 / 이번 주말까지

혼공 05일차 동사의 12시제

1단계 개념 요리하기

p.51

디저트 퀴즈

EX) 나는 내가 작년에 샀던 내 시계를 잃어버렸다.

1. 현재완료 나는 내 일생 동안 그러한 넌센스를 절대 들은 적이 없다.

2. 미래 우리는 내일 이사갈 것이다.

3. 미래완료 그는 일을 저녁까지는 끝내 놓을 것이다.

4. 과거 리사는 휴대폰을 잃어버렸다.

2단계 문법 요리하기

p.52

1. I / will work / harder / next term.
나는 공부할 것이다 더 열심히 다음 학기에

혼공TIP next term이라는 표현에서 미래라는 것을 알 수 있으니 will work를 선택해야 해. work는 '일하다'라는 의미도 있지만, 학생의 입장에서는 공부가 곧 '일'이기 때문에 '공부하다'라는 뜻으로 해석할 수 있어.

Word term 학기

2. I love you, Molly. / I / have always loved / you.
사랑해, 몰리 나는 항상 사랑해 왔어 당신을

혼공TIP 앞에 현재형 시제가 왔고 뒤 문장은 '항상 널 사랑해왔어'로 해석 돼. 즉, I라는 사람은 you(=Molly)를 예전부터 지금까지 쭉 사랑해오고 있지. 「과거 + 지금」의 구조이기 때문에 현재완료를 써야 하고 「have + p.p.」가 되는 거 알지?

3. I / will tell / her / the truth / if / I / see / her / again.
나는 말할 거야 그녀에게 진실을 만약 내가 본다면 그녀를 다시

혼공TIP 그녀를 다시 본다는 것은 사실 '미래'의 일이 맞지. 하지만 if가 '만약 ~한다면'이라는 뜻으로 해석되면 미래 시제 대신 현재 시제를 사용해. 이건 하나의 규칙이야.

Word truth 진실

4. She / will have graduated / from college / by next year.
그녀는 졸업해 있을 것이다 대학에서 다음 해까지

혼공TIP 해석이 '졸업 할 것이다'가 아니라 '내년까지는 꼭 졸업해 있을 것이다'가 되니까 미래 시제보다는 미래완료 시제(졸업식이 끝난 상태)의 뉘앙스가 더 강해. 이 미묘한 차이를 느낄 수 있을 때까지 많은 문장들을 봐야 해!

Word graduate 졸업하다

5. I / recognized / him / at once / since / I / had seen / him / before.
나는 알아보았다 그를 즉시 왜냐하면 나는 보았었다 그를 전에

혼공TIP 이전에 그를 보았기 때문에 즉시 그 사람을 알아 본거잖아? 즉 알아본 시점(과거)보다 일전에 본 경험이 더 이전이니까 과거완료를 써야겠지? 참고로 since는 '~이후로'라는 뜻도 있지만 '~ 때문에, 왜냐하면'이라는 이유를 표현하기도 해. 여기서는 이유에 해당되겠지.

Word recognize 알아보다

6. When I entered / the classroom, / the lesson / had already begun.
내가 들어왔을 때 교실에 수업은 이미 시작했었다

혼공TIP 교실에 들어온 것과 수업이 시작된 것 중 어떤 일이 먼저 일어났을까? 내용을 보니, 지각한 거잖아? 그렇기 때문에 교실에 들어온 행동(과거)보다 수업이 더 일찍 시작된 것을 표현하려면 과거완료(had + p.p.)가 맞지.

7. She / will have taught / English / for 10 years / by next year.
그녀는 가르치게 될 것이다 영어를 10년간 내년까지면

혼공TIP '내년으로 10년 째가 되어 있을 것이다!'니까 미래완료의 뉘앙스를 풍기고 있어. '~까진 ~가 되어 있을 것이다' 라는 구조로 보통 많이 해석되니까 많은 미래완료 시제 문장들을 보면서 연습해두자.

8. It has been many years / since / they / got divorced.
수년이 되었다 ~이후로 그들이 이혼했다

혼공TIP 여기서의 since는 5번과 달리 '~이후로'란 의미로 사용되고 있어. 그럼 자동적으로 완료 시제가 와야겠지? 시간을 표현할 때는 it을 따로 '그것은'이라고 해석하지 말고 '수년이 흘렀다, 되었다'라고 해석하면 자연스러워.

Word divorce 이혼하다

9. We will have / a nice lunch / at his restaurant / tomorrow.
우리는 가질[할] 것이다 멋진 점심식사를 그의 식당에서 내일

혼공TIP tomorrow라는 표현은 미래 시제를 써야 한다고 알려주고 있어. have는 '가지다'라는 뜻을 가지고 있지만, 식사와 결합할 때는 식사를 '하다'라고 해석해.

10. Several girls / were moving / their bodies / rhythmically.
몇몇 소녀들이 움직이고 있었다 그들의 몸을 리듬에 맞춰

혼공TIP 해석을 보는 순간, 과거라는 것을 알 수 있지? 그래서 미래가 아니라 과거를 표현한 과거진행형을 선택하면 되는 거지.

Word rhythmically 리듬에 맞춰

3단계 해석 요리하기

p.53

1. It / was the first rainbow / that / Esther / had ever seen.
그것은 첫 번째 무지개였다 (연결어) 에스더가 여태까지 봐왔던

⇒ 그것은 에스더가 여태까지 처음 본 무지개였다.

혼공TIP 에스더가 대과거부터 그 무지개를 본 시점(과거)까지의 이야기이기 때문에 무지개를 본 당시는 과거이고, 이전은 과거완료로 표현한 거야.

2. I / am writing / to you / on behalf of Ashley Hale.
나는 쓰고 있습니다 당신에게 애쉴리 해일을 대신해서

⇒ 애쉴리 해일을 대신하여 당신에게 쓰고 있습니다.

혼공TIP 편지글에서 실제로 많이 쓰이는 표현이야. '~를 대신해서'라는 on behalf of는 아주 정중한 표현으로 많이 쓰이니 알아두자.

3. We / hadn't noticed / the sound / while / it / was ongoing.
우리는 알아채지 못해왔다 그 소리를 ~동안에 그것이 진행되고 있었다

⇒ 우린 그것이 진행 중일 동안 그 소리를 알아채지 못해왔다.

혼공TIP while 다음에 문장이 오는 표현은 무척 많이 쓰여. '~가 ~하는 동안에'라고 해석해 보자.

4. A college student / was struggling / to pay / his school fees.
한 대학생이 고군분투 하고 있었다 지불하느라 그의 학비를

⇒ 한 대학생이 그의 학비를 내느라 고군분투 하는 중이었다.

혼공TIP 과거진행 시제가 쓰였네? 그래서 '고군분투 하고 있었다'로 해석했어.

5. You / might have heard of / such stories / about expert intuition.
당신은 들어 보았을지도 모른다 그러한 이야기들을 전문가 직관력에 대한

⇒ 당신은 전문가 직관력에 대한 그런 이야기들을 들어본 적이 있을지도 모른다.

혼공TIP might는 may의 과거지만, 가능성이 좀 더 약할 때 쓰는 거야. have heard of는 '들어봤다'란 뜻이니 might와 함께 쓰면 '들어봤을지도 모른다'라는 약한 추측의 표현이 되는 거야. 이런 조동사 결합 표현을 잘 이해하면 동사를 쉽게 공략할 수 있어.

6. It had been a hot sunny day / and / the air / was heavy / and still.
뜨거운 햇빛 쬐는 날이었다 그리고 공기는 무거웠고 그리고 고요했다

⇒ 뜨거운 햇빛이 내리쬐는 날이었고 공기는 무겁고도 고요했다.

혼공TIP 이전부터 이야기가 진행되는 그 시점(과거)까지 계속 날씨가 쨍쨍 했나봐. 공기가 still하다는 것은 알지? still이 '여전히'라는 시간 개념도 있지만, 형용사로 '가만히 있는'(고요한)이라는 뜻으로 쓰인다고 배웠잖아. 기억이 안 난다고? 그럼 머릿속의 지우개를 얼른 꺼내도록 해.

7. But unfortunately, / he / had not managed to sell / enough tickets.
그러나 불행히도 그는 팔지 못했다 충분한 표들을

⇒ 그러나 불행히도, 그는 충분한 표들을 파는데 실패했다.

혼공TIP 간만에 문장 형식을 한번 볼까? 「그는(주어) + 팔지 못했다(동사) + 충분한 표들을(목적어)」의 3형식이군!

8. Wouldn't it be nice / to go out saying / that / you had faced / all your fears?
훌륭하지 않나요 / 밖에 나가서 외치는 것이 / (연결어) / 당신이 직면했다고 / 모든 당신의 두려움에

⇒ 밖으로 나가 당신이 모든 두려움에 대면해 왔노라고 외치는 것이 훌륭하지 않겠습니까?

혼공TIP that은 또 다른 문장을 목적어로 삼고 있군. '외치다'라는 말 뒤에 '당신이 모든 당신의 두려움에 직면했다는 것을'로 연결되니까 목적어 맞지? 그리고 that절 속에 had faced는 앞의 동작들 보다 더 이전에 일어난 일들에 대해 이야기 하는 거라 '과거완료' 형태인 「had + p.p.」를 쓴 거라고 알고 있으면 돼.

9. She / is pretty tired / – it's been a tough day! – / and / she / wants / her bottle.
그녀는 / 아주 피곤하다 / 고된 하루였다 / 그리고 / 그녀는 / 원한다 / 그녀의 병을

⇒ 너무나 고된 하루였기에 그녀는 꽤나 피곤하고 그녀는 그녀의 병을 원한다.

혼공TIP 소설의 한 장면 같지? 짧은 세 문장이 연속으로 이어지니 이제 꽤 근사하군. 고된 하루를 보내왔기 때문에 지금 현재 피곤한 거겠지? 여기서 '병'은 물 등을 담는 '병'이야.

10. You're going to have / a wonderful marriage.
당신은 가질 것입니다 / 멋진 결혼식을

⇒ 당신은 멋진 결혼식을 할[가질] 것입니다.

혼공TIP be going to는 '~할 것이다'라는 뜻이야. will도 같은 뜻으로 알고 있지만 둘은 달라. 이 문제에서 be going to는 결혼하려고 식장도 잡아놓은 구체적인 계획을 말하는 거야. will을 쓴다면 아직 결혼을 구체적으로 계획하지 않았지만 하겠다는 막연한 예정 그리고 말하는 사람의 의지를 강조할 때 쓰지. 일상 회화에서는 당연히 be going to를 어마어마하게 많이 써.

4단계 빈칸 요리하기

p.54

1. (h)ad, (s)een **2.** (a)m (w)riting **3.** (w)as (s)truggling **4.** (h)ave (h)eard
5. (g)oing (t)o (h)ave

p.55

A. In effect, the vampire bats have created a kind of mutual insurance system.

❶ In effect, the vampire bats have created a kind of mutual insurance system.
→ 실제로,

❷ In effect, the vampire bats have created a kind of mutual insurance system.
→ 실제로, 흡혈박쥐는 만들어왔다

❸ In effect, the vampire bats have created a kind of mutual insurance system.
→ 실제로, 흡혈박쥐는 일종의 상호 보험 시스템을 만들어왔다.

혼공TIP In effect, / the vampire bats / have created / a kind of / mutual insurance system.
실제로 / 흡혈박쥐들은 / 만들어왔다 / 일종의 / 상호 보험 시스템을

B. The body has been viewed as a 'natural' phenomenon – a fixed, unchanging fact.

❶ The body has been viewed as a 'natural' phenomenon – a fixed, unchanging fact.
→ 육체는 인식되어 왔다

❷ The body has been viewed as a 'natural' phenomenon – a fixed, unchanging fact.
→ 육체는 '자연적' 현상으로서 인식되어 왔다

❸ The body has been viewed as a 'natural' phenomenon – a fixed, unchanging fact.
→ 육체는 '자연적' 현상 – 고정되어 있고, 변하지 않는 사실로서 인식되어 왔다.

혼공TIP The body / has been viewed / as a 'natural' phenomenon / – a fixed, unchanging fact.
육체는 / 인식되어져 왔다 / 자연적인 현상으로 / 고정된, 변하지 않은 사실로

혼공 06일차 조동사

1단계 개념 요리하기

p.61

디저트 퀴즈

1. You may use my computer at any time.
   너는 나의 컴퓨터를 언제나 사용해도 좋다.
2. She ought to finish her homework today.
   그녀는 오늘 그녀의 숙제를 끝내야만 한다.
3. Bill used to eat noodles for his lunch.
   빌은 점심으로 면 요리를 먹곤 했다.
4. She may have missed the point of my joke.
   그녀는 내 농담의 주요 요점을 놓쳤을지도 모른다.
5. You may well be proud of your students.
   너는 너의 학생들을 자랑스러워하는 것이 당연하다.

2단계 문법 요리하기

p.62

1. Can you tell / me / the reason?
너는 말해줄 수 있니 나에게 이유를

혼공TIP Can you ~?는 부탁을 할 때 굉장히 많이 쓰이는 생활 영어 패턴이야. 앞으로 살면서 회화도 배워야 하니 지금 꼭 입으로 10번씩 이 문장 반복해서 연습해봐. 그리고 tell me the reason에서 me는 '나에게'라고 해석하는 것이 자연스러워. tell이 '~에게 ~을 말해주다'라는 4형식 수여동사로 쓰일 수 있다고 배웠잖아?

Word reason 이유

2. She / must be honest.
그녀는 정직함이 분명하다

혼공TIP 이런 문장에서 학생들이 헷갈려 해. must가 의무로 쓰여서 '그녀는 반드시 정직해야 해.'라고 쓰일 수도 있는 거 아니에요? 라고 질문하지. 일리가 있는 질문이야. 문맥상 그렇게 쓰일 수도 있어. 하지만 보통 글의 내용상 must가 「be + 형용사」랑 같이 쓰이면 '강한 추측'이 많더라고. 경험에 근거해서 알려주는 것이니까 강한 추측으로 해석해 보고 그래도 문맥상 맞지 않으면 의무로 해석해 봐.

3. You / had better prepare / for the test.
너는 준비하는 것이 좋겠다 시험을 위해

혼공TIP had better는 조심해서 써야 하는 표현이야. 우리말 뜻은 부드러운 것 같지만, 친한 친구 사이에만 할 수 있는 표현이야. 그러니까 나보다 나이가 많거나 상급자에게 쓰면 무례한 표현이 될 수 있으니 참고해. 그리고

prepare는 for 빼고도 쓸 수 있어. prepare the test하면 네가 선생님이 되어 그 시험을 준비하는 게 되는 거야. 시험장도 꾸미고, 시험문제도 내는 거 말이지. prepare for는 말 그대로 그 시험을 대비해서 준비하는 거니까 학생 입장에서 쓸 수 있는 표현이 되는 거고. 이런 내용 어디가도 잘 안 가르쳐 주지? 여긴 혼공이야.

Word prepare for ~를 준비하다

4. He / may fail / the exam.
그는 떨어질지도 모른다 시험에서

혼공TIP 끔찍한 상황이군. 시험은 붙어야 하는데 말이야. fail의 반대말은 pass니까 pass the exam(시험에 통과하다)도 꼭 알아둬.

Word fail 떨어지다, 낙제하다

5. Would you spell / your name / for me?
철자를 말해주겠니 너의 이름의 나를 위해

혼공TIP Would you ~?는 질문이나 부탁을 하는 표현이야. 살면서 스펠링이라고 말해 본 적 있을 거야. 철자를 의미하는 단어지. 이 표현 역시 외국인을 처음 만났을 때 쓸 수 있는 표현이야. '크리스'라는 같은 이름에도 철자가 Kris가 있고 Chris가 있거든. 신기하지?

Word spell 철자를 말하다

6. I / used to go fishing / with my dad.
나는 낚시를 가곤 했다 아빠와 함께

혼공TIP 이 문장을 보면 현재 낚시터에서 옛날을 추억하는 거 같지? 이와 같이 과거엔 규칙적으로 뭔가를 했으나 지금은 하지 않는 표현을 할 때 「used to + 동사원형」을 많이 쓰지.

7. In the past, / people used to read / by candlelight.
과거에는 사람들이 읽곤 했다 초 불빛으로

혼공TIP 오랜만에 질문할게. 이 문장은 몇 형식일까? 「주어 + 동사」니까 1형식이네. 전치사구는 의미를 풍부하게 할 뿐 문장의 구성요소는 아니야.

Word candlelight 초 불빛

8. You / may take a picture / here.
너는 사진을 찍어도 된다 여기서

혼공TIP '~해도 된다'는 허용의 표현으로는 조동사 may가 쓰인다는 것 잘 알고 있지?

9. I / should have sent / the file / to him.
나는 보냈어야 하는데 그 파일을 그에게

혼공TIP 과거에 대해 누구나 한번 씩은 후회하지? '~했어야 하는데(should + have + p.p.)'와 같은 표현은 꼭 알아둬야 해.

10. Jason / could have completed / the project / on time.
제이슨은 끝낼 수 있었을 텐데 그 프로젝트를 제 시간에

혼공TIP could have p.p.를 많이 어려워하더라고. 상황을 주지. 제이슨이 프로젝트에 매달렸으나 다른 일을 같이 하다가 하루 정도 늦게 끝낸 거야. 그 친구가 좀만 더 집중했으면 '제 시간에 끝낼 수 있었을 텐데'라는 표현이 떠오르지? 그 상황에서 이 문장이 나올 수 있는 거야.

Word complete 완성하다 on time 제 시간에

3단계 해석 요리하기

p.63

1. First, / a detective / must find / the clues.
첫째로 / 탐정은 / 반드시 찾아야 한다 / 단서들을

⇒ 첫 번째로, 탐정은 단서들을 찾아야만 한다.

혼공TIP '~해야 한다'는 의미를 나타내는 조동사는 must인 것 아주 잘 알고 있지?

2. Someone / may be "cold / as ice" / or "busy / as a bee."
누군가는 / 차가울 지도 모른다 / 얼음처럼 / 또는 바쁠 지도 / 벌처럼

⇒ 누군가는 얼음처럼 차가울 수도 있고 벌처럼 바쁠 수도 있다.

혼공TIP 여기서는 as의 쓰임이 까다로웠을 거야. as는 뜻이 많지만, 비교할 때는 '~처럼'으로 해석하면 아주 자연스러워. '얼음처럼 차갑다, 벌처럼 바쁘다'라는 것은 비교하는 대표적인 예니까 잘 해석할 수 있겠지?

3. At first / you might focus / on the pitcher / and hitter.
처음에는 / 당신은 집중할 지도 모른다 / 투수에게 / 그리고 타자에게

⇒ 처음에는 당신이 투수와 타자에게 집중할 수도 있다.

혼공TIP '~할 수도 있다'는 약한 추측을 나타내는 표현으로는 might가 생활 영어에서 많이 쓰여. focus on은 하나의 덩어리로 알아두자.

4. I / must have taken her smile / as permission / to take the bread.
나는 / 그녀의 미소를 받아들였음에 틀림없다 / 허락으로 / 빵을 가져가도 된다는

⇒ 나는 그녀의 웃음을 빵을 가져가도 좋다는 허락으로 받아들였음에 틀림없다.

혼공TIP '~했음에 틀림없다'라는 뜻을 나타내는 must have p.p.는 꼭 알아둬야 해. 그리고 as는 명사 앞에 쓰일 때 주로 '~로서'로 해석이 잘 돼. 2번의 as는 '~처럼'의 뜻으로 비교를 나타내는 것이니 다르지.

5. I / worked / for very little pay, / so / I must have enjoyed / the work.
나는 / 일했다 / 아주 적은 급여로 / 그래서 / 나는 즐겼음에 틀림없다 / 그 일을

⇒ 나는 적은 급여로 일했기에 나는 그 일을 즐겼음에 틀림없다.

혼공TIP must have p.p.가 또 나왔지? 반복해서 연습하는 게 아주 도움이 많이 될 거야.

6. But / that / was the take / he should have put / on TV.
그러나 / 그것은 / 촬영분이었다 / 그가 내보냈어야 하는 / TV에

⇒ 그러나 그것은 그가 TV에 내보냈어야 할 촬영분이었다.

혼공TIP 갑자기 take라는 명사 뒤에 문장이 또 하나 나와서 해석하는 데 힘들진 않았니? 여기서는 he should have put이 take를 꾸며주는 역할을 해. 그래서 해석도 '그가 내보냈어야 할 촬영분이었다'로 되는 거고. 원래는 take와 he 사이에 목적격 관계대명사 that이 있었는데 생략된 형태야. take는 동사로도 쓰이지만, 촬영할 때 take#1, take#2 하는 것처럼 촬영분이라는 의미로도 쓰이지.

7. Children / must learn / not to chase / the family dog or cat / in the park.
아이들은 / 배워야 한다 / 쫓지 말아야 한다는 것을 / 가족들의 강아지 또는 고양이를 / 공원에서

⇒ 아이들은 공원에서 가족들의 강아지 혹은 고양이를 쫓지 말아야 한다는 것을 배워야만 한다.

혼공TIP 여기서 주목할 포인트는 to chase의 부정으로 not이 앞에 왔다는 거야. 「to + 동사원형」을 부정할 땐 바로 앞에 not을 붙여.

8. A challenge / for prehistoric man / may have been / to walk outside.
도전은 / 선사시대 사람에게 있어 / ~이었을지도 모른다 / 밖에서 걷는 것

⇒ 선사시대 사람들에게 있어 도전은 밖에서 걷는 것이었을지도 모른다.

혼공TIP 여기서 to walk의 to 부정사가 '~하는 것'이라는 의미의 명사처럼 쓰였네! to 부정사의 의미를 자연스럽게 파악하는 것이 중요하지. may have p.p.는 '~이었을지도 모른다'라고 해석하는 거 기억하지?

9. One of thieves, / Jeff / would distract / people / out on the street.
도둑들 중 한 명인 / 제프는 / 주의를 분산시키곤 했다 / 사람들의 / 밖의 길거리에서

⇒ 도둑들 중 한 명인 Jeff는 밖의 길거리에서 사람들의 시선을 분산시키곤 했다.

혼공TIP 소설과 같은 글에서 would가 종종 등장해. 과거의 이야기를 구수하게 할 때 '~하곤 했지'라고 많이 표현하잖아.

10. You / may want to eat / fatty fast food, / chocolates, cookies or chips.
당신은 / 먹고 싶을지도 모른다 / 기름진 패스트푸드 음식 / 초콜렛, 쿠키 또는 감자칩을

⇒ 당신은 기름진 패스트푸드, 초콜릿, 쿠키 혹은 감자칩을 먹고 싶을지도 모른다.

혼공TIP 목적어가 여러 개 등장했지? 그래봤자 「주어 + 동사 + 목적어」의 간단한 3형식일 뿐이니 콤마를 잘 보면서 적절히 해석하면 돼.

4단계 빈칸 요리하기

p.64

1. (m)ust (h)ave **2.** (s)hould (h)ave **3.** (m)ust **4.** (m)ay / (m)ight (h)ave **5.** (w)ould

5 단계 수능 요리하기

p.65

A. Solar energy can be an alternative energy source for us in the future.

❶ Solar energy can be an alternative energy source for us in the future.
→ 태양열 에너지는 될 수 있다

❷ Solar energy can be an alternative energy source for us in the future.
→ 태양열 에너지는 대체 에너지 원천이 될 수 있다

❸ Solar energy can be an alternative energy source for us in the future.
→ 태양열 에너지는 미래에 우리를 위한 대체 에너지 원천이 될 수 있다.

혼공TIP Solar energy / can be an alternative energy source / for us / in the future.
태양열 에너지는 / 대체 에너지 원천이 될 수 있다 / 우리를 위한 / 미래에

B. Others may be disgusted by even glamorous representations of violence.

❶ Others may be disgusted by even glamorous representations of violence.
→ 다른 이들은 혐오감을 느낄 수 있다

❷ Others may be disgusted by even glamorous representations of violence.
→ 다른 이들은 심지어 미화된 표현에도 혐오감을 느낄 수 있다

❸ Others may be disgusted by even glamorous representations of violence.
→ 다른 이들은 심지어 폭력의 미화된 표현에도 혐오감을 느낄 수 있다.

혼공TIP Others / may be disgusted / by even glamorous representations / of violence.
다른 이들은 / 혐오할 수도 있다 / 심지어 미화된 표현에 의해서도 / 폭력의

혼공 07일차 수동태

1단계 개념 요리하기

p.71

디저트 퀴즈

EX) 샐리는 그 사건을 예견했다.

1. 수동 인형은 북극곰처럼 만들어졌다.

2. 능동 하선생님은 화학을 가르치신다.

3. 능동 나의 아버지는 내 방을 따뜻하게 유지했다.

4. 능동 우리는 그를 대한민국의 대통령으로 선출했다.

2단계 문법 요리하기

p.72

1. Some elephants / were seen / by tourists.
몇몇 코끼리들은 보여졌다 관광객들에 의해

혼공TIP 원래 문장은 Tourists saw some elephants.가 되겠지? 초점을 코끼리에 두다 보니 주어를 코끼리로 잡고 수동태로 표현했어.

2. The trees / were planted / by children.
그 나무들은 심어졌다 어린이들에 의해

혼공TIP plant는 '식물'이란 뜻도 있지만, 타동사로 '심다'라는 뜻으로 쓰여. '~을'이라는 목적어가 '그 나무들'이었겠지? 그것을 주어 자리에 두고 수동태 문장을 쓴 거야.

Word plant 심다

3. This music / was made / by Mozart.
이 음악은 만들어졌다 모차르트에 의해

혼공TIP 역시 원래는 목적어였을 this music이 주어 자리에 오면서 쓰인 수동태 문장이야.

4. My desk / was covered / with dirt.
내 책상은 덮여 있었다 먼지로

혼공TIP be covered with는 사실 숙어처럼 쓰이지. 꼭 수동태 다음에 by가 오는 것은 아니야. 이렇게 숙어처럼 외워야 하는 경우도 있어.

Word dirt 먼지

5. Milk and newspaper / were delivered / every morning / by the boys.
우유와 신문은 / 배달되었다 / 매일 아침 / 그 소년들에 의해

혼공TIP 주어가 복수잖아? 일단 「be + p.p.」에서 be동사는 are, were 둘 중에 하나가 되어야 해. 하지만 과거를 이야기하고 있기 때문에 were delivered라고 쓰인 거지.

Word deliver 배달하다

6. Cinderella / was often laughed at / by her sisters.
신데렐라는 / 종종 비웃음 당했다 / 그녀의 언니들에 의해

혼공TIP laugh at은 한 덩어리로 '비웃다'라는 뜻을 가지고 있어. 그래서 was often laughed at by가 언뜻 보면 무척 어색하지만, 문법적으로 올바른 표현이지. by 다음엔 행위자가 나온 거고.

Word laugh at 비웃다

7. I / resemble / my father.
나는 / 닮았다 / 나의 아버지를

혼공TIP resemble은 절대 수동태로 쓸 수 없는 특이한 동사 중에 하나야. 꼭 기억해두자.

Word resemble 닮다

8. A language / is taught / to be the source / of human life / and power.
언어는 / 가르쳐진다 / 근원이라고 / 인간 삶의 / 그리고 힘의

혼공TIP is taught 해석을 잘 못하는 경우가 많더라고. 사물이 주어일 때는 '가르쳐진다', 사람이 주어일 때는 '배운다(learn)'라고 해석하면 아주 자연스러워.

Word source 근원

9. It is said / that the taste of love / is bitter.
말 되어진다 / 사랑의 맛은 / 쓰다고

혼공TIP It is said는 무척 많이 쓰이는 구문이야. 그 다음에 진짜 말하고 싶은 문장은 that 다음에 등장하지. 'that 이하라고 말한다'로 해석하면 이해하기 쉬워.

Word bitter 쓴

10. It is considered / that Google is a good resource / to find information / over the Internet.
여겨진다 / 구글이 좋은 원천이라고 / 정보를 찾을 수 있는 / 인터넷상에서

혼공TIP 9번과 마찬가지로 that 이하에 진짜 하고 싶은 말이 나오는 구문이야. 크게 어렵지 않아 뒷부분의 내용에 집중하면 돼.

Word resource 원천

3 단계 해석 요리하기

p.73

1. They / may also be found / in sandy bays.
그들은 또한 발견될지도 모른다 모래가 있는 만에서
⇒ 그들은 또한 모래가 있는 만에서 발견될 수도 있다.

혼공TIP be found 앞에 may라는 조동사가 왔잖아? may의 의미 중 약한 추측과 결합하여 해석해야 해.

2. An atmosphere of sharing / is created / by this.
나눔의 분위기가 만들어진다 이것에 의해서
⇒ 나눔의 분위기가 이것에 의해서 만들어진다.

혼공TIP atmosphere는 뜻이 좀 많아서 어려울 수 있어. sphere는 '구'라는 뜻이야. 숫자 9가 아니라, 지구와 같은 둥근 것을 의미해. 그 지구를 둘러싸고 있는 것은 '대기'라고 하지. 그리고 어떤 장소를 둘러싸고 있는 것은 '분위기'야. 그래서 '대기, 분위기'와 같은 뜻이 나오는 거야.

3. Not everything / is taught / in the school!
모든 것이 ~는 아니다 가르쳐진다 학교에서
⇒ 모든 것이 학교에서 가르쳐 지는 것은 아니다.

혼공TIP not과 every가 결합하면 조심해서 해석해야 해. '모든 것이 아니다'라고 전체 부정하는 친구들이 있는데, '모든 것이 ~한 것은 아니다'라는 부분 부정을 해야 해.

4. At first / I was blinded / by the flame.
처음에 나는 눈을 뜰 수 없었다 화염에 의해서
⇒ 처음에 나는 화염 때문에 눈을 뜰 수 없었다.

혼공TIP blind는 '눈 먼'이라는 형용사의 뜻이 있기도 해. 하지만 동사로 쓰이면 '눈이 부셔서 (잠시) 볼 수 없다'라는 의미를 가지고 있어. 여기서도 화염이 너무 뜨겁고 눈부셔서 눈을 뜰 수 없었다는 거지, 눈이 먼 게 아니야.

5. It is said / that a nutritious breakfast / is / the brain's fuel.
말 되어진다 영양가 많은 아침 식사는 ~이다 뇌의 연료
⇒ 영양가 많은 아침 식사는 두뇌의 연료라고 말한다.

혼공TIP 이전에 연습했던 구문이지? 'that 이하의 문장이라 말한다'라고 하면 쉽게 해석이 될 거야.

6. The dogs / were repeatedly asked / to give their paws.
강아지들은 반복적으로 요구받았다 그들의 발을 내밀어 달라고
⇒ 강아지들은 반복적으로 그들의 발을 내밀어 달라고 요구받았다.

혼공TIP were asked사이에 repeatedly라는 부사가 들어간 거야. 당황하지 말고 「요구받았다 + 반복적으로」라고 생각하면 어렵지 않아. 이 문장은 원래 「ask + 목적어 + to 부정사」'목적어가 ~하도록 부탁하다[요구하다]'라는 표현의 수동태야.

7. Strawberry-flavored food / will be expected / to be red.
딸기 맛이 나는 음식은 예상될 것이다 빨갛다고
⇒ 사람들은 딸기 맛이 나는 음식은 빨갛다고 예상되어질 것이다.

혼공TIP 역시 수동태에 조동사가 결합한 형태지. 「~할 것이다 + 예상되어지다」니까 '예상되어질 것이다'라는 덩어리로

해석이 되지?

8. The same effect / with familiar holiday destination / can be seen.
같은 효과가 / 친숙한 휴양지와 함께 / 보여질 수 있다

⇒ 친숙한 휴양지와 함께 동일한 효과가 보여질 수 있다.

혼공TIP 주어가 좀 많이 길지? 하지만 진짜 알맹이는 the same effect가 되는 거지. 뒤에 오는 것은 전치사구로 조금 더 정보를 줄 뿐이야.

9. To create goodwill, / the food / must be unexpectedly delivered / by chef.
호의를 만들기 위해 / 음식은 / 예상치 못하게 배달되어야 한다 / 주방장에 의해서

⇒ 호의를 이끌어내기 위해서, 음식은 예상치 못하게 주방장에 의해서 배달되어야 한다.

혼공TIP 문장이 약간 긴 것 같지만, 앞의 to 부정사 구(문장보다 작은 덩어리)에서 한번 끊어준 다음, 문장을 공략하면 그리 어렵지 않아. 주로 이렇게 앞에 따로 쓰이는 to 부정사는 '~하기 위해서'라고 해석하면 90% 이상 맞다고 보면 돼.

10. Alcoholic drinks / were made / from their flower, / too.
술은 / 만들어졌다 / 그들의 꽃으로부터 / 또한

⇒ 술 또한 그들의 꽃으로부터 제조되어졌다.

혼공TIP by가 안 나온다고 당황하지 마. be made from 하면 '~로부터 만들어지다'라는 뜻을 가진 표현이야.

4단계 빈칸 요리하기

p.74

1. (r)epeatedly (a)sked **2.** (e)xpected **3.** (b)e (s)een **4.** (g)oodwill, (d)elivered
5. (w)ere (m)ade

5단계 수능 요리하기

p.75

A. I tried to paddle back to shore but my arms and legs were paralyzed.

❶ I tried to paddle back to shore but my arms and legs were paralyzed.
→ 나는 물가로 돌아가기 위해 허우적거려 보았다

❷ I tried to paddle back to shore but my arms and legs were paralyzed.
→ 나는 물가로 돌아가기 위해 허우적거려 보았으나 나의 팔과 다리는

❸ I tried to paddle back to shore but my arms and legs were paralyzed.
→ 나는 물가로 돌아가기 위해 허우적거려 보았으나 나의 팔과 다리는 마비되었다.

혼공TIP I tried / to paddle back / to shore / but my arms and legs / were paralyzed.
나는 노력했다 / 허우적거려 돌아가기 위해 / 물가로 / 하지만 내 팔과 다리는 / 마비되었다

B. The phenomenon can be observed in all aspects of our daily lives.

❶ The phenomenon can be observed in all aspects of our daily lives.
→ 그 현상은

❷ The phenomenon can be observed in all aspects of our daily lives.
→ 그 현상은 관찰될 수 있다

❸ The phenomenon can be observed in all aspects of our daily lives.
→ 그 현상은 우리 일상의 모든 측면들에서 관찰될 수 있다.

혼공TIP The phenomenon / can be observed / in all aspects / of our daily lives.
그 현상은 / 관찰될 수 있다 / 모든 측면에서 / 우리 일상의

C. He was considered to be more successful as an architect than a painter.

❶ He was considered to be more successful as an architect than a painter.
→ 그는 여겨졌다

❷ He was considered to be more successful as an architect than a painter.
→ 그는 건축가로서 더욱 성공적이었다고 여겨졌다

❸ He was considered to be more successful as an architect than a painter.
→ 그는 화가보다는 건축가로서 더욱 성공적이었다고 여겨졌다.

혼공TIP He / was considered / to be more successful / as an architect / than a painter.
그는 / 여겨졌다 / 더 성공했다고 / 건축가로서 / 화가보다는

혼공 08일차 to 부정사를 이용해 길어진 문장

1단계 개념 요리하기

p.83

디저트 퀴즈

EX) 그의 꿈은 한국의 대통령이 되는 것이다.

1. 형용사 그 요리사는 자를 칼이 필요하다.

2. 부사 그는 깨어나서 자신이 집에 혼자 있다는 것을 알았다.

3. 명사 피터는 내일 떠날 계획이다.

4. 형용사 펭귄들은 비행하는 능력을 상실했다.

2단계 문법 요리하기

p.84

1. She / wants to buy / new books.
그녀는 사기를 원한다 새 책들을

혼공TIP want는 보통 to 부정사를 목적어로 취하는 동사잖아. 그렇기 때문에 목적어인 '~을, ~를' 자리에 오려면 to 부정사는 자동적으로 '~하기, ~하는 것'과 같이 명사적 용법으로 해석해야 해.

2. I / didn't decide / where to go.
나는 결정하지 않았다 어디에 갈지를

혼공TIP 「의문사 + to 부정사」는 하나의 패턴이야. 원래는 where I should go처럼 '의무'의 느낌이 녹아 있지.

3. I / don't know / where to park / my car.
나는 모른다 어디에 주차할지 내 차를

혼공TIP 역시 2번과 같은 패턴이지. where I should park라는 문장을 이렇게 줄여놓은 거야.

4. My son / grew up / to be a firefighter.
내 아들은 자랐다 (그 결과) 소방관이 되었다

혼공TIP 이런 문장이 사실 해석하기 어려워. 모르면 그냥 오역하게 되지. 이와 같은 문장으로 I grew up to be a writer.가 있어. '나는 자라서 작가가 되었다.'라고 해석이 되겠지?

5. I / am to see / my boss / tomorrow.
나는 볼 것이다(예정) 내 상사를 내일

혼공TIP am to는 be to 용법이잖아? tomorrow라는 시간적인 맥락이 있으니 '예정'으로 해석하면 깔끔해.

6. They / are trying / to take yoga classes.
그들은 노력하고 있다 요가 수업을 듣기 위해서

혼공TIP 일단 try to라는 숙어가 눈에 들어오지? try 뒤에는 to 부정사 또는 동명사를 다 취할 수 있어. 하지만 의미는 다르다는 것을 꼭 명심해야 해.

7. Be careful / not to catch / a cold.
조심해라 걸리지 않도록 감기에

혼공TIP 원어민 친구가 있다면 환절기에 꼭 써볼만한 표현이네. to 부정사의 부정은 바로 앞에 not이나 never를 붙여. 그리고 감기와 같은 작은 질병에는 a라는 관사가 꼭 오니까 참고해.

8. I / want / you / to marry her.
나는 원한다 네가 그녀와 결혼하기를

혼공TIP you는 목적어 자리잖아? 그렇다고 '너를'이라고 해석하면 해석이 부자연스러워. 뒤에 나오는 '결혼하다'는 동작의 주체가 you이기 때문에 '네가'라고 해석하는 게 자연스러워. 참고로 marry는 '~와 결혼하다'는 뜻이기 때문에 marry with her 이렇게 쓰면 절대 안 돼.

9. I'm sorry / to hear that.
나는 유감이다 그것을 듣게 되어서

혼공TIP 일단 I'm sorry를 무조건 '미안합니다'라고 해석하면 안 돼. 좋지 않은 상황에 대해 이야기 할 때는 '유감이다'라는 의미야. 그리고 유감인 이유가 뒤에 나오겠지? 그때 to 부정사로 그 '이유, 원인'을 표현하는 거야.

10. I / was very pleased / to receive his gift.
나는 아주 기뻤다 그의 선물을 받게 되어서

혼공TIP pleased는 '기쁜'이라는 감정을 나타내는 형용사야. 그 뒤에 to 부정사로 그 이유를 표현하는 거야. 9번과 비슷한 원리지?

3 단계 해석 요리하기

p.85

1. It / was an unfortunate way / to end / his career.
그것은 유감스러운 방식이었다 끝내는 그의 경력을

⇒ 그것은 그의 경력을 끝내는데 유감스러운 방식이었다.

혼공TIP to end가 앞의 an unfortunate way를 수식하고 있지? 형용사가 명사를 수식해주는 것처럼, 여기서도 to 부정사가 형용사적 용법으로 쓰였어.

2. Put / your finger / on the eggs / to stop them / spinning.
두어라 너의 손가락을 달걀들 위에 그것들을 멈추기 위해 회전하는 것을

⇒ 그것들이 회전하는 것을 멈추게 하기 위해 달걀들 위에 네 손가락을 올려봐.

혼공TIP 이 문장을 차근차근히 해석해 보면, 달걀이 회전하는 것을 멈추기 위해서 손가락을 올려보라고 했으니 to stop은 '멈추기 위해서'라고 해석되고, 이것은 부사적 용법 중에서 '목적'이야.

3. He / would always have / a good story / to tell.
그는 항상 가지고 있곤 했다 좋은 이야기를 말할[들려줄]

⇒ 그는 들려줄만한 좋은 이야기들을 항상 지니곤 했다.

혼공TIP 이 또한 to tell이 앞의 a good story를 수식하고 있고, '~할'이라고 해석되지? 그러므로 형용사적 용법에 속해.

4. To be separated / so long / from his love / was heart-breaking / for him.
떨어져 있는 것은 너무 오래 동안 그의 사랑으로부터 가슴 아팠다 그에게

⇒ 그의 사랑으로부터 너무 오랫동안 떨어져 있는 것은 그에게 가슴 아픈 일이었다.

혼공TIP 이 문장은 보자마자 알 수 있듯이 to 부정사가 처음에 등장하지? 이런 경우 거의 대부분이 명사적 용법 중에 주어를 나타내는 것으로 쓰인 것이야. 결정적으로 해석이 '떨어져 있는 것'이라고 되기 때문에 100% 명사적 용법이지.

5. The pastor / had invited her / to speak about / "The Hunger Project".
목사는 그녀를 초대했었다 ~에 대해 이야기하려고 헝거 프로젝트에

⇒ 목사는 헝거 프로젝트에 관해 이야기하려고 그녀를 초대했었다.

혼공TIP '~하려고, ~하기 위해서'니까 부사적 용법의 목적이지? 참고로 to 부정사의 목적 용법은 「in order to + 동사원형」으로도 쓸 수 있어. 잘 나오니까 꼭 기억해 둬야 해.

6. Refugees / from burning cities / were desperate / to find safe refuge.
피난민들은 불타는 도시에서 온 필사적이었다 안전한 피난처를 찾는데

⇒ 불타는 도시들에서 온 피난민들은 안전한 피난처를 찾는데 필사적이었다.

혼공TIP '~하는데 필사적이다'라는 의미니까 to 부정사가 형용사 desperate를 수식해주고 있지? 그래서 부사적 용법이야.

7. To be a better reader, / be more / like Sherlock Holmes.
더 나은 독자가 되기 위해 더욱 되어라 셜록 홈즈처럼

⇒ 더 나은 독자가 되기 위해서, 더욱 셜록 홈즈처럼 되어라.

혼공TIP to 부정사가 문장 맨 앞에 나왔어. 그리고 문장 단위가 아닌데 콤마가 나오게 되면, 보통 '~하기 위해서'라는 목적을 의미해.

8. Problems / occur / when we try too hard / to avoid these feelings.
문제들은 / 발생한다 / 우리가 너무 열심히 노력할 때 / 이러한 감정들을 피하기 위해

⇒ 문제들은 우리가 이러한 감정들을 기피하는데 너무 많이 노력할 때 발생한다.

혼공TIP to avoid(피하기 위해서)는 '~하기 위해서'로 해석되었으니 부사적 용법의 '목적'으로 쓰였어.

9. Eating together / gives / employees / time / to make connections / with each other.
함께 식사하는 것은 / 준다 / 피고용인들에게 / 시간을 / 유대감을 형성할 / 서로

⇒ 함께 식사하는 것은 피고용인들에게 서로 유대감을 형성할 시간을 준다.

혼공TIP 이 문장에서 to 부정사의 용법을 분석하는 건 너무나 쉬운 일이야. '~할'이라는 뜻이고 명사 뒤에 오니까 형용사적 용법이지. 주어는 동명사로 eating together이 왔고 본동사는 gives, 그리고 '~에게'를 의미하는 간접목적어가 employees로 왔어. 그리고 바로 뒤에는 '~을'에 해당하는 직접목적어 time이 왔지. 그 이하부터는 전부 time을 수식해줄 뿐이야! 그러면 4형식이라는 것을 알 수 있지!

4단계 빈칸 요리하기

p.86

1. (t)o (s)peak **2.** (t)o (f)ind **3.** (T)o (b)e **4.** (t)o (a)void **5.** (t)o (m)ake (c)onnections

p.87

A. Larger groups also put more pressure on their members to conform.

❶ **Larger groups** also put more pressure on their members to conform.
→ 더 큰 그룹들은

❷ **Larger groups also put more pressure** on their members to conform.
→ 더 큰 그룹들은 또한 더 많은 압력을 가한다

❸ **Larger groups also put more pressure on their members to conform.**
→ 더 큰 그룹들은 또한 그들의 구성원들에게 순종하라는 더 많은 압력을 가한다.

혼공TIP Larger groups / also put / more pressure / on their members/ to conform.
더 큰 그룹들은 / 또한 가한다 / 더 많은 압력을 / 그들의 구성원들에게 / 순종하라는

B. To be courageous under all circumstances requires strong determination.

❶ **To be courageous** under all circumstances requires strong determination.
→ 용감해지는 것은

❷ **To be courageous under all circumstances** requires strong determination.
→ 모든 상황들 속에서 용감해지는 것은

❸ **To be courageous under all circumstances requires strong determination.**
→ 모든 상황들 속에서 용감해지는 것은 강한 결단력을 요구한다.

혼공TIP To be courageous / under all circumstances / requires / strong determination.
용감해지는 것은 / 모든 상황들 속에서 / 요구한다 / 강한 결단력을

09일차 **동명사를 이용해 길어진 문장**

개념 요리하기

p.91

 **디저트 퀴즈**

EX) 라디오의 소리를 줄여주실 수 있나요?

1. 주어 요트를 조종하는 것은 때로는 위험하다.

2. 목적어 그녀의 아버지는 그녀가 적의 아들과 데이트하는 것에 분노했다.

3. 보어 나의 직업은 커피를 만드는 것이다.

4. 목적어 나는 너에게 네가 틀렸다고 말한 것을 후회한다.

문법 요리하기

p.92

1. Giving up a bad habit / is not easy.
나쁜 습관을 버리는 것은 / 쉽지 않다

혼공TIP giving up은 '버리는 것은'으로 해석되니까 문장의 주어 역할이지.

2. My dad / forgot / ordering some books.
나의 아빠는 / 잊어버렸다 / 책 몇 권을 주문했던 것을

혼공TIP forget은 뒤에 두 가지 형태가 올 수 있다는 거 알지? 했던 일을 잊어버린 것은 ~ing가 목적어로 온다는 것 명심해서 해석해 보자.

Word order 주문하다

3. He / finished / writing his first novel.
그는 / 끝마쳤다 / 그의 첫 번째 소설을 쓰는 것을

혼공TIP finish 역시 동명사를 목적으로 취하는 동사네. 반복하면서 숙지하자.

4. Her part time job / is taking care of kids.
그녀의 아르바이트는 / 아이들을 돌보는 것이다

혼공TIP 문장의 형식이 무척 간단해. '~은 ~이다'니까 2형식이 되네. 보어에 동명사가 온 거 보이지?

5. I / regret / talking / in the library.
나는 후회한다 말했던 것을 도서관에서

혼공TIP regret 역시 뒤에 to 부정사 또는 동명사가 올 수 있는 동사잖아. '~했던 것'을 후회할 땐 동명사 목적어가 오지.

6. He / practices / speaking English / a lot.
그는 연습한다 영어로 말하는 것을 많이

혼공TIP practice는 동명사만을 목적어로 취하는 동사인데 별 특징이 없다보니 잘 안 외워지는 동사 중에 하나야. 이거 외우려고 계속 연습(practice)해야겠지?

7. He / is good / at telling lies.
그는 잘한다 거짓말하는 것을

혼공TIP be good at은 '~을 잘한다'라는 숙어야. at은 전치사니까 그 다음엔 명사 형태가 와야 하잖아. 동사 tell을 쓸 수 없으니 telling으로 명사화 시켜 준거지.

Word tell a lie 거짓말 하다

8. He / tried to avoid / answering my question.
그는 피하려고 노력했다 내 질문에 대답하는 것을

혼공TIP 「try + to 부정사」와 「avoid + 동명사」라는 두 가지를 확인할 수 있는 문제네. 일석이조! '내 질문에 대답하다'니까 어떤 학생들은 answering to my question으로 생각하는데 to가 절대 들어가지 않아. answer 자체가 '~에 대답하다'라는 의미이기 때문이지.

9. I / tried solving / the problem.
나는 시험 삼아 풀어보려 했다 그 문제를

혼공TIP 이번엔 8번과 달리 '시험 삼아 ~하다'라는 뜻의 「try + 동명사」가 나왔네. 헷갈릴 일 없겠지?

10. She / avoided / telling the truth.
그녀는 회피했다 진실을 말하는 것을

혼공TIP 피하거나 즐길 수 없는 계통의 동사는 보통 목적어로 동명사가 온다는 것 마지막까지 깊이 새겨보자.

Word tell the truth 진실을 말하다

3 단계 해석 요리하기

p.93

1. I / never wake up / without being full of ideas.
나는 결코 일어나지 않는다 아이디어가 가득 찬 것 없이

⇒ 나는 아이디어가 가득 찬 상태 없이 일어난 적이 없다. (= 난 일어날 때마다 아이디어로 가득 차 있다.)

혼공TIP 전치사 뒤에 오는 동사엔 ~ing를 붙여야 한다는 걸 잘 알고 있을 거야. 이걸 동명사가 전치사의 목적어로 쓰였다고 해.

2. We / will put up lost dog signs / and keep looking.
우리는 개를 잃어버렸다는 공고를 올릴 것이다 그리고 계속해서 찾을 것이다

⇒ 우리는 개를 잃어버렸다는 공고를 올릴 것이고 계속해서 찾을 것이다.

혼공TIP keep 뒤에 동명사 looking이 왔네. 해석해보면 '찾는 것을 계속해서 하다'니까 이 문장에서 동명사는 목적어 역할을 하는 것이지. 참고로 keep ~ing를 숙어로 외우기도 해.

3. Psychologist Lee Ross / began / studying this / in 1977.
심리학자 로즈 리는 시작했다 이것을 연구하는 것을 1977년에

⇒ 심리학자 로즈 리는 1977년에 이것을 연구하기를 시작했다.

혼공TIP begin이라는 동사는 시작 동사로 동명사, to 부정사 둘 다 목적어로 취하고 그 의미도 같아. start도 같은 성격을 가진 동사지.

4. Bringing in some cookies / sometimes / is enough.
약간의 쿠키를 가져오는 것은 때때로 충분하다

⇒ 때때로 약간의 쿠키를 가져오는 것으로 충분하다.

혼공TIP 주어가 길지만, 간단한 2형식 문장이지. 동명사가 문장 가장 앞에 위치하여 주어 역할을 하고 있는 것 쉽게 알 수 있을 거야.

5. He / kept singing and / the fly / landed back / on his nose.
그는 계속해서 노래했고 파리는 다시 내려앉았다 그의 코 위로

⇒ 그는 계속해서 노래했고 파리는 그의 코 위로 다시 내려앉았다.

혼공TIP 이 문장은 간단해. keep ~ing는 '계속해서 ~을 하다'라는 숙어로 생각하면 아주 쉬워.

6. Therefore, / designing a home / is a very personal venture.
그러므로 집을 설계하는 것은 굉장히 개인적인 모험이다

⇒ 그러므로, 집을 설계하는 것은 굉장히 개인적인 모험이다.

혼공TIP 애초에 문장 맨 앞에 나온 것부터 이 동명사가 주어 역할을 하고 있다는 걸 대충 짐작할 수 있겠지? (그렇다고 ~ing 형태가 문장 맨 앞에 나오면 무조건 주어 역할을 하는 동명사라는 건 아니야. 다만 그런 경우가 많다는 거지!) 해석으로 봐도 이건 주어 역할인게 분명하지?

7. Dr. John / was well-known / for helping his patient.
존 박사는 잘 알려져 있었다 환자를 돕는 것으로

⇒ 존 박사는 그의 환자를 도와주는 것으로 잘 알려져 있었다.

혼공TIP 전치사 뒤에 ~ing가 나오면 '아, 전치사의 목적어 역할을 하는 동명사구나!'라는 게 이제 감이 올 거야. 만약

문장이 Dr. John was well-known.으로 끝나버리면 '뭐로 잘 알려져 있었는데?'라는 의문이 생길 수도 있으니까 뒤에 「전치사 + 목적어」 세트를 넣어준 거야. 그래서 보통 be well-known for를 숙어처럼 '~로 잘 알려져 있다'로 외우면 편해.

8. We / are all responsible / for <u>looking</u> after / the environment.
우리는 / 모두 책임이 있다 / 돌보는 데에 / 환경을

⇒ 우리는 모두 환경을 돌볼 책임이 있다.

혼공TIP be responsible for처럼 전치사까지 묶어 하나의 덩어리로 외워두자. for는 전치사니까 뒤에는 당연히 명사 또는 동명사가 오는 거고.

9. That is why / <u>treating</u> other people / with tolerance / is very important.
그래서 / 다른 사람을 대하는 것은 / 참을성을 가지고 / 아주 중요하다

⇒ 그래서 다른 사람들을 참을성으로 대하는 것은 중요하다.

혼공TIP that is why를 '그것이 ~하다는 이유이다'라고 장황하게 외운 친구들 있을 거야. 그냥 '그래서'라고 해석하면 아주 깔끔해. 쉿~~~ 혼자만의 비법으로 간직해. 그럼 그 뒤부터는 2형식의 쉬운 문장이지?

4단계 빈칸 요리하기

p.94

1. (k)ept (s)inging **2.** (d)esigning **3.** (f)or (h)elping **4.** (l)ooking (a)fter
5. (t)reating, (t)olerance

p.95

A. I began listening to my own feelings and inner wisdom.

❶ I began listening to my own feelings and inner wisdom.
→ 나는 시작했다

❷ I began listening to my own feelings and inner wisdom.
→ 나는 내 고유의 감정들에 귀 기울이기 시작했다

❸ I began listening to my own feelings and inner wisdom.
→ 나는 내 고유의 감정들과 내면의 지혜에 귀 기울이기 시작했다.

혼공TIP I began / listening / to my own feelings / and inner wisdom.
나는 시작했다 / 귀 기울이기를 / 내 자신의 감정들에 / 그리고 내면의 지혜에

B. Such behavior is like closing a wound which is still infected.

❶ Such behavior is like closing a wound which is still infected.
→ 그러한 행동은

❷ Such behavior is like closing a wound which is still infected.
→ 그러한 행동은 마치 상처를 덮는 것과 같다

❸ Such behavior is like closing a wound which is still infected.
→ 그러한 행동은 마치 여전히 감염된 상처를 덮는 것과 같다.

혼공TIP Such behavior / is like / closing a wound / which is still infected.
그러한 행동은 / ~과 같다 / 상처를 덮는 것 / 여전히 감염된

혼공 10일차 길어진 문장 – 분사

1단계 개념 요리하기

p.99

디저트 퀴즈

EX) 그녀는 모자를 쓰고 있다.

1. arrested 나는 네가 체포되도록 할 것이다.

2. watched 지켜봐지는 냄비는 끓지 않는다.

3. barking 짖는 개는 절대로 물지 않는다.

4. pulled 그는 그의 이가 뽑히도록 했다.

5. crossed 나는 내 손가락이 교차된 상태를 유지할 것이다.(행운을 빌 것이라는 의미)

2단계 문법 요리하기

p.100

1. She / heard / the song / sung / by him.
그녀는 들었다 그 노래가 불려지는 것을 그에 의해

혼공TIP 「지각동사 + 목적어 + 목적격보어」의 구조는 이미 알고 있지? 목적격보어의 형태는 목적어와의 관계가 중요하지. '노래를 부르다'로 '~을,~를' 관계니까 sung을 쓴 거야.

2. Time / will heal / your broken heart.
시간은 치유해 줄 거야 너의 아픈[산산조각난] 마음을

혼공TIP 노래 가사에도 많이 나오지. 아픈 마음(broken heard)은 '마음을 깨부수다'라는 break와 heart의 관계를 생각하면 쉽지. '~을,~를' 관계니까 broken이 타당해.

Word heal 치유하다

3. He / was smoking / outside the building.
그는 담배를 피고 있었다 건물 밖에서

혼공TIP 진행의 의미를 표현하고 싶을 때는 현재분사를 써야해. '담배를 피고 있었다'니까 smoking이 적절한 형태겠지.

4. The book / read most / in the world / is the Bible.
책은 가장 많이 읽힌 세계에서 성경이다

혼공TIP 사실 read의 형태 때문에 헷갈릴 수 있어. read는 과거, 과거분사가 다 read야. 여기서는 '책을 읽다'가 되니까 p.p.형태의 read가 쓰인 거야.

Word the Bible 성경

5. You / should always keep / the door / closed.
너는 항상 유지해야 한다 문을 닫힌 채로

혼공TIP keep도 5형식 동사로 참 많이 쓰이지. '문을 닫다'로 '~을, ~를' 관계니까 closed가 맞지?

6. I / made / the car / washed.
나는 시켰다 그 차가 세차[청소] 되도록

혼공TIP 차를 세차하다, 청소하다가 되니까 washed가 되는 거야. 척척 박사 되겠지?

7. I / saw / a frightening movie.
나는 보았다 두려운[무서운] 영화를

혼공TIP 이 문장은 '~가 ~했다 ~을[~를]'이라는 3형식이네. 영화를 앞에서 수식하는 분사를 선택하는 문제인데, '영화가 (우리를) 무섭게 하다'가 되니까 영화와 무섭게 하는 것의 관계는 '은, 는, 이, 가'잖아? 그래서 frightening이 정답이야.

Word frightening 두려운, 무서운

8. Her lecture / was boring.
그녀의 강의는 지루했다

혼공TIP boring과 bored는 참 많이 나와. 보통 사물은 boring(지루하게 만드는)하고, 사람은 bored(지루해진)하기 쉬워. 하지만 남을 지겹게 만드는 사람도 a boring person이라고 하니까 기본에 충실해야 해.

Word lecture 강의

9. I / felt / the building / shaking.
나는 느꼈다 건물이 흔들리는 것을

혼공TIP '건물이 흔들리다'니까 shaking이 되는 거지. 지각동사이기 때문에 선택지에는 없지만, shake를 써도 문법적으로 타당해.

Word shake 흔들리다

10. I / saw / her / waiting for a bus.
나는 보았다 그녀가 버스를 기다리는 것을

혼공TIP 지각동사는 목적격보어로 동사원형 그리고 「동사 + ing」를 쓰지. 물론 목적어와 목적격보어의 관계가 능동일 때야. 여기서는 '그녀가 (버스를) 기다리다'니까 그녀와 '기다리다'라는 동사의 관계는 능동이네. 그래서 waiting이 정답이야.

3 단계 해석 요리하기

p.101

1. He was sad / and depressed.
그는 슬펐다 / 그리고 우울했다

⇒ 그는 슬프고 우울했다.

혼공TIP 보어가 두 개인 간단한 2형식 문장이지? depress는 depressed와 depressing의 두 가지 형태가 있어. 어떤 것이 우리를 '우울하게 만드는'일이라면 depressing, 그 일 때문에 우리가 '우울해진'거라면 depressed가 되는 거야.

2. Texture / also can be / misleading.
질감은 / 또한 ~될 수 있다 / 오해하게 만드는

⇒ 질감 역시 오해할 수 있게 한다.

혼공TIP 이 문장 또한 아주 간단해. misleading은 사실 mislead라는 단어만 알아도 떠올릴 수 있어. 「mis(잘못) + lead(이끌다)」니까 오도하다는 뜻이지.

3. Then I saw something / creeping / toward me.
그러고 나서 나는 어떤 것을 보았다 / 기어오는 / 나를 향해

⇒ 그러고 나서 나는 내게로 슬금슬금 기어오는 무언가를 보았다.

혼공TIP 어떤 것이 기어가는 거니까 능동의 관계인 creep 또는 creeping이 되어야 하지.

4. The total amount / collected / was only $1,600.
총액은 / 수집된[모인] / 단지 1,600 달러였다

⇒ 모인 금액은 겨우 1,600달러뿐이었다.

혼공TIP 수동의 collected라는 분사가 the total amount라는 주어를 수식해주고 있네. 따라서 수식어구까지 전부 주어로 보고, 이 문장의 동사인 was를 쉽게 찾을 수 있다면 해석에는 문제없을 거야.

5. This is why / "mixed signals" / can be confusing.
그래서 / 혼합된 신호들은 / 혼란스러울 수 있다

⇒ 그래서 혼합된 신호들이 혼란스러울 수 있다.

혼공TIP 한 문장에 과거분사와 현재분사가 모두 쓰인 것을 볼 수 있는 아주 좋은 예야. '신호를 혼합하다'라고 생각하면 mixed가 맞고, 신호가 혼란스럽다는 것이니 confuse는 현재분사인 confusing이 맞겠지? this is why나 that is why는 '그래서'라고 해석하면 아주 쉬워.

6. He / wrote / a letter / asking his father / to punish him.
그는 / 썼다 / 편지를 / 그의 아버지에게 부탁하는 / 그를 처벌해달라고

⇒ 그는 그의 아버지에게 그를 처벌해달라고 부탁하는 편지를 썼다.

혼공TIP ask A to B 구문이 a letter의 수식어로 통째로 왔어. 다만 여기서 마지막에 나온 him이 누군지 잘 모르겠지? 하지만 주어인 He와 같은 사람이 아니야. 같은 사람이라면 재귀대명사를 써서 himself라고 나타내야 하거든. 아버지에게 제 3의 남자를 벌해달라고 부탁한 거야.

7. Consider / a fascinating study / involving carrot juice.
고려해봐라 / 매혹적인 연구를 / 당근 주스와 관련된

⇒ 당근 주스와 관련된 매혹적인 연구를 고려해봐라.

혼공TIP 짧은 한 문장 안에 분사가 두 개나 쓰였어. 둘 다 역시 명사와 밀접하게 붙어있지?

8. The low-level light / of the candle / puts / her / in a relaxed spirit.
희미한 빛은 / 촛불의 / 몰아넣는다 / 그녀를 / 안정된 분위기 속으로

⇒ 촛불의 흐릿한 불빛은 그녀를 안정된 분위기 속으로 몰아넣는다.

혼공TIP relaxed가 뒤의 spirit을 수식해주고 있어. 해석을 보면 '그녀를 안정시키는' 분위기가 아니라 '이미 안정된' 분위기로 그녀를 몰아 넣는거니까 현재분사가 아닌 과거분사가 쓰였어. 이렇게 둘 다 쓸 수 있는 경우에는 철저하게 의미로 접근해야 해.

9. As we grew older, / this hiding behavior / became more sophisticated.
우리가 커갈수록 / 이 숨는 행위는 / 더욱 정교하게 되었다

⇒ 우리가 커갈수록, 이 숨는 행동은 더욱 정교해졌다.

혼공TIP hiding이 뒤의 behavior를 수식해주고 있어. 이 경우에 '~은, ~는'으로도 '~을, ~를'으로도 접근할 수 없어. hide가 '숨다'라는 뜻이 있으니 현재분사로 만들면 '숨는'이라고 해석되거든. 이렇게 해석으로 접근해야 해. 참고로 as가 grow 등과 같이 쓰면 '~할수록'이라는 의미야.

10. Inferences / are conclusions / based on reasons, facts or evidence.
추론은 / 결론이다 / 이유와 사실, 그리고 증거에 기반을 둔

⇒ 추론은 이유와 사실, 그리고 증거에 기반을 둔 결론이다.

혼공TIP be based on은 '~에 근거한, ~에 기반을 둔'이라는 뜻의 숙어 표현이야. 주로 수동의 형태로 쓰이기 때문에 여기서도 based가 되어야 '~에 기반을 둔'이라고 해석돼지. 단어만 조금 어렵지 문장은 「S + V + C + M」의 2형식이야.

빈칸 요리하기

p.102

1. (a)sking **2.** (f)ascinating, (i)nvolving **3.** (r)elaxed **4.** (h)iding **5.** (b)ased

5 단계 수능 요리하기

p.103

A. Rumors published on the Internet now have a way of becoming facts.

❶ **Rumors** published on the Internet now have a way of becoming facts.
→ 소문들은

❷ **Rumors published on the Internet** now have a way of becoming facts.
→ 인터넷에서 퍼져 나온 소문들은

❸ **Rumors published on the Internet now have a way of becoming facts.**
→ 인터넷에서 퍼져 나온 소문들은 사실이 될 수 있는 방법을 이제 가지고 있다.

혼공TIP Rumors / published on the Internet / now have a way / of becoming facts.
소문들은 / 인터넷에서 퍼져 나온 / 이제 방법이 있다 / 사실이 되는

B. Researchers studied two phone companies trying to solve a technological problems.

❶ **Researchers studied** two phone companies trying to solve a technological problems.
→ 조사자들은 연구했다

❷ **Researchers studied two phone companies** trying to solve a technological problems.
→ 조사자들은 두 개의 휴대폰 통신사들을 연구했다

❸ **Researchers studied two phone companies trying to solve a technological problems.**
→ 조사자들은 기술적인 문제들의 해결을 노력하는 두 개의 휴대폰 통신사들을 연구했다.

혼공TIP Researchers / studied / two phone companies / trying to solve / a technological problems.
조사자들은 / 연구했다 / 두 개의 휴대폰 통신사들을 / 해결을 노력하는 / 기술적인 문제들의

혼공 11일차 길어진 문장 – 분사구문

1단계 개념 요리하기

p.107

디저트 퀴즈

1. ⓐ 시간 또는 ⓔ 부대상황 차를 주차하면서, 나는 다른 차에 부딪혔다.
2. ⓓ 양보 옆집에 살지만, 나는 그를 만나지 않는다.
3. ⓑ 이유 피곤해서, 나는 일찍 잤다.
4. ⓑ 이유 러시아에 대해서 거의 아는 것이 없어서, 우리는 여행 가이드를 고용했다.

2단계 문법 요리하기

p.108

1. Opening the door, / I saw my mom.
   문을 열었을 때 / 나는 나의 엄마를 봤다

   혼공TIP 뒤 문장을 보면 주어 I가 보이지? 그게 원래 앞에 있었을 문장의 주어이기도 해. '나'와 open이라는 동사의 관계를 생각해 보자. '내가 문을 열다'가 되지? '은,는,이,가' 관계이니까 능동으로 Opening이 정답이지!

2. Having no car, / she stayed at home.
   차가 없었기 때문에 / 그녀는 집에 머물렀다

   혼공TIP '그녀가 (차를) 가지고 있지 않다'라는 문장을 떠올릴 수 있지. 능동이니 Having이 정답이네.

3. Considering his age, / he is very wise.
   그의 나이를 고려하면 / 그는 매우 현명하다

   혼공TIP '~하면'이니까 조건에 해당하는 분사구문이지. '그가 고려하다'이니까 역시 능동으로 Considering이 맞네.

4. Admitting / he is right, / I cannot forgive him.
   인정하지만 / 그가 옳다는 것을 / 나는 그를 용서할 수 없다

   혼공TIP Admit 다음에 접속사 that이 생략되어 있어. 즉 '그가 옳다는 것을 인정하다'와 같은 식으로 해석해야 해. 이와 같이 목적어로 문장[절]이 올 수도 있다는 것 명심해야 해. 그리고 '내가 (그것을) 인정하다'로 해석되니까 능동으로 Admitting이 정답!

Word admit 인정하다 forgive 용서하다

5. Disappointed, / he went to Paderewski / and explained his difficulty.
실망한 채 그는 Paderewski에게 갔다 그리고 자신의 어려움을 설명했다

혼공TIP 한 단어만 앞에 있으니 이상하지? 원래 주어인 he를 생각하면 돼. 그리고 disappoint는 '실망시키다'라는 뜻이지. '그가 실망시키다'일까 '그를 (어떤 것이) 실망시키다'일까? 너무 쉽지? '을,를' 관계에서는 p.p.(과거분사)가 정답이야.

6. John picked up a stone, / throwing it / at the lion.
John은 돌을 집어 들었고 그리고 그것을 던졌다 사자에게

혼공TIP 분사구문이 뒤쪽에 등장하기도 해. 앞 문장을 먼저 해석해봐. 특히 문장의 주어가 누구인지를 늘 생각해야 해. John이 돌을 던진 거니까 John과 throw의 관계를 생각하면 간단해. 능동이기 때문에 throwing이 정답이지.

Word pick up ~을 집다

7. Finishing her work, / she went shopping.
그녀의 일을 끝마치고 그녀는 쇼핑을 갔다

혼공TIP '그녀가 (일을) 끝마치다'니까 능동의 finishing이 정답! 이제 5초면 뚝딱!

8. Asked a strange question, / Mr. Kim couldn't reply.
이상한 질문을 받아서 김 선생님은 답변을 할 수 없었다

혼공TIP 김 선생님이 질문을 한 게 아니네? 해석을 보니 질문을 받았잖아? 그러면 주어 입장에선 당한 거니까 수동의 개념이지.

Word reply 답변하다

9. Written in Japanese, / it is easy / for me.
일본어로 쓰여 있어서 그것은 쉬워 나에게

혼공TIP 주어는 it이고 동사는 write잖아? '그것[그 책]이 쓰다'일까, '그것을 쓰다'일까? 너무 간단하지? 정답은 Written이 될 수밖에 없지.

10. I fell asleep, / reading a novel / in the living room.
나는 잠들었다 소설을 읽다가 거실에서

혼공TIP 역시 앞에 미리 주어가 나오니 사실 더 쉽게 생각해도 돼. '내가 (소설을) 읽다'가 되니까 '능동'의 개념이네.

3단계 해석 요리하기

p.109

1. Holding it / in his hand, / he shouted / "Look!"
그것을 쥐면서 / 그의 손에 / 그는 외쳤다 / 봐!

⇒ 그것을 그의 손에 쥐면서, 그는 "봐!"라고 외쳤다.

혼공TIP 평범한 부대상황 분사구문이야. 동시동작이기 때문에 '~하면서'라고 해석해야 해.

2. Facing a severe source / of stress, / you may react / immediately.
심각한 요인과 직면한다면 / 스트레스의 / 너는 반응할지도 모른다 / 즉시

⇒ 스트레스의 심각한 요인과 직면한다면 너는 바로 반응할지도 모른다.

혼공TIP 조건을 나타내는 분사구문이니까 If you face ~로 풀어지겠지.

3. With many students / reporting anxiety, / a school / arranges / pet therapy.
많은 학생들이 / 불안함을 보임에 따라 / 학교는 / 선보인다 / 동물 치료법을

⇒ 많은 학생들이 불안 증세를 보임에 따라 학교는 동물 치료법을 선보인다.

혼공TIP 「with + 목적어 + 현재분사/과거분사」도 분사구문의 한 형태야. 주로 '목적어가 ~한 채로, ~함에 따라' 정도로 해석하면 자연스러워. 여기서는 '학생들이 불안함을 보임에 따라' 정도 되겠네?

4. Travelling overseas, / Barton learned / of an organization / called IRC.
해외를 여행하면서 / 바튼은 배웠다 / 한 기구에 대해 / IRC라 불리는

⇒ 해외를 여행하면서, 바튼은 IRC라고 불리는 기구를 배웠다.

혼공TIP 여행하는 시점과 IRC에 대해 배운 시점이 일치하지? 그래서 '~하면서'라는 해석이 자연스럽지. Travelling은 '여행하면서'로 해석 하면 안성맞춤!

5. Not knowing / that the product exists, / customers / would probably not buy it /
모르기 때문에 / 그 제품이 존재한다는 것을 / 소비자들은 / 그것을 사지 않을 것이다

even if that may have worked / for them.
그것이 도움이 되었을 지라도 / 그들을 위해

⇒ 그 제품이 존재한다는 것을 모르기 때문에, 소비자들은 그것이 설령 그들에게 도움이 된다 하더라도 그것을 사지 않을 것이다.

혼공TIP 무지 긴 문장이지? 하지만 겁먹을 필요 없어. 다른 문장들에서 뒤에 even if절이 하나 더 붙은 것일 뿐이니까. 이렇게 복잡해 보일 때는 문장 덩어리 단위로 끊어서 읽으면 편해. 가령 exists와 customers 사이를 끊고 it과 even if 사이를 끊어 구조를 분석하는 거지. 그럼 한결 편해질 거야!

6. Published in 1967, / this / ultimately made Conroy / a noted figure
1967년에 출간되어져서 / 이것은 / 궁극적으로 Conroy를 만들었다 / 주목받는 인물로

/ in the literary world.
문학계에서

⇒ 1967년에 출간된 이 책은 궁극적으로 Conroy를 문학계에서 주목 받는 인물로 만들었다.

혼공TIP noted figure에서 figure는 사람, 인물을 의미해. 공인이라는 말 들어봤지? public figure라고 해.

7. Considering the immense benefits, / don't hesitate / to give re-consuming a try.
큰 이점들을 고려해볼 때 / 망설이지 마라 / 재소비를 시도하는 것을

⇒ 많은 이점을 고려해 볼 때, 재소비를 시도하는 것을 망설이지 마라.

혼공TIP '분사구문, 명령문'으로 이루어진 단순한 구조야. '~을 시도하다'라는 표현으로 give it a try라는 것이 있어. it 자리에 re-consuming이 들어와서 '재소비를 시도해라'라는 뜻이 되었어.

8. The Korowai are still self-sufficient, / producing / almost everything / themselves.
Korowai족은 여전히 자급자족한다 / 생산하면서 / 거의 모든 것을 / 그들 스스로[직접]

⇒ Korowai족은 거의 모든 것을 직접 생산하며 여전히 자급자족한다.

혼공TIP 문장이 먼저 등장하고, 동시동작을 나타내는 producing ~의 분사구문이 왔어. '~하면서'라고 해석을 하고 뒤의 내용들을 차례대로 해석하면 쉬워.

4단계 빈칸 요리하기

p.110

1. (F)acing, (r)eact **2.** (r)eporting (a)nxiety **3.** (N)ot (k)nowing, (c)ustomers
4. (P)ublished, (f)igure **5.** (C)onsidering, (b)enefits

5단계 수능 요리하기

p.111

A. Born in Heidelburg, Germany, he was the son of a gardener who taught him much about art and nature.

❶ **Born in Heidelburg, Germany,** he was the son of a gardener who taught him much about art and nature.

→ 독일의 하이델부르크에서 태어났고,

❷ **Born in Heidelburg, Germany, he was the son of a gardener** who taught him much about art and nature.

→ 독일의 하이델부르크에서 태어났고, 그는 정원사의 아들이었다

❸ **Born in Heidelburg, Germany, he was the son of a gardener who taught him much about art and nature.**

→ 독일의 하이델부르크에서 태어났고, 그는 그에게 예술과 자연에 대해 많은 것을 가르쳐주었던 정원사의 아들이었다.

혼공TIP Born in Heidelburg, / Germany, / he was the son / of a gardener / who taught him much / about art and nature.
하이델부르크에 태어났고 / 독일의 / 그는 아들 이었다 / 정원사의 / 그에게 많이 가르쳐줬던 / 예술과 자연에 대해

B. Meanwhile, observing the seller carefully, Paul sensed something wrong in Bob's interpretation.

❶ **Meanwhile, observing the seller carefully,** Paul sensed something wrong in Bob's interpretation.

→ 그 사이, 판매자를 주의 깊게 관찰하다가,

❷ **Meanwhile, observing the seller carefully, Paul sensed something wrong** in Bob's interpretation.

→ 그 사이, 판매자를 주의 깊게 관찰하다가, Paul은 뭔가 잘못된 것을 감지했다

❸ **Meanwhile, observing the seller carefully, Paul sensed something wrong in Bob's interpretation.**

→ 그 사이, 판매자를 주의 깊게 관찰하다가, Paul은 Bob의 통역에 뭔가 잘못된 것을 감지했다.

혼공TIP Meanwhile, / observing the seller carefully, / Paul / sensed something wrong / in Bob's interpretation
그 사이 / 판매자를 주의 깊게 관찰하다가 / Paul은 / 뭔가 잘못된 것을 감지했다 / Bob의 통역에

혼공 12일차 길어진 문장 – 관계대명사

1단계 개념 요리하기

p.117

디저트 퀴즈

EX) 한때 함께 일했던 두 도둑들이 있었다.

1. He often buys cakes which taste sweet in Susan's bakery. 주격
   그는 종종 수잔의 빵집에서 달콤한 맛이 나는 케이크들을 산다.
2. She loves her cat whose eyes are blue. 소유격
   그녀는 푸른 눈을 가진 그녀의 고양이를 좋아한다.
3. Kate tried to fix her laptop which had been broken. 주격
   케이트는 고장난 그녀의 노트북을 고치려고 노력했다.
4. The company which produces soccer balls is going well. 주격
   축구공을 생산하는 회사는 잘 되어가고 있다.
5. I met a woman whose car was stolen. 소유격
   나는 차량을 도난당한 여성을 만났다.

2단계 문법 요리하기

p.118

1. I have a book / whose cover / is black.
나는 책을 가지고 있다 그것의 표지가 검정색인

혼공TIP 관계대명사 바로 뒤에 주어처럼 보이는 명사가 나오니까 목적격 관계대명사라고 착각하기 쉬워. 하지만 해석상 '책의 표지'가 검정색이니까, 소유격 관계대명사라는 걸 알 수 있을 거야! 소유격에서는 선행사가 사물이어도 which가 아니라 whose를 써주는 거 헷갈리면 안 돼.

2. I will take the cookie / which is on the table.
나는 그 쿠키를 가져갈 것이다 테이블 위에 있는

혼공TIP 선행사가 명사(the cookie)니까 관계대명사 which가 주격으로 온 거야. 물론 that도 가능하지.

3. He is the first Korean / that won / the gold medal.
그는 최초의 한국인이다 수상했던 금메달을

혼공TIP He is the first Korean. He won the gold medal. 이 두 개의 문장을 결합한 거야. 뒤 문장의 He를 삭제하고 주어 자리가 비었으니 주격 관계대명사를 써야지.

4. Friendship is a plant / which must be watered.
우정은 식물이다 반드시 물을 줘야하는

혼공TIP 선행사가 사물이고 뒤 문장의 주어가 없으니 주격 관계대명사 which가 왔군. water는 '물'이라는 명사도 있지만, '물을 주다'라는 동사도 있어. 뒤 문장은 A plant must be watered.잖아? '식물이 물을 주다'하면 말이 안 되고, 식물에 물을 줘야 하니까 수동태로 나타낸 거야.

Word water 물을 주다

5. The photo / which you're looking at / was taken / by your father.
그 사진은 네가 보고 있는 촬영되었다 너의 아버지에 의해

혼공TIP 이런 문장을 학생들이 힘들어 하더라고. 일단 The photo was taken by your father.이 기본 문장이고 그 사이에 '네가 보고 있는'이란 표현이 들어간 거야.

6. 'Gulliver's Travels' / is a story / which every child will enjoy.
걸리버 여행기는 이야기이다 모든 아이들이 즐길

혼공TIP Every child will enjoy a story.가 원래 뒤 문장이었어. a story는 공통 명사 즉, 선행사와 같으니까 생략된 거지. 목적어 자리가 비니까 which는 목적격 관계대명사라고 볼 수 있어.

7. You are the only person / who can understand me.
당신은 유일한 사람입니다 나를 이해할 수 있는

혼공TIP 관계대명사 뒤에 바로 can이라는 조동사가 왔어. 주격 관계대명사라는 증거야. 주격 관계대명사는 be동사가 오지 않는 한 독립적으로 생략될 수 없다는 거 꼭 알아두자.

8. This is the point / which is hard / for me / to understand.
이것이 그 점이다 어려운 나에게 이해하기에

혼공TIP 역시 주격 관계대명사라는 것은 쉽게 보이지? 그 위에 hard for me to understand는 to 부정사에서 다룬 내용이야. 내가 이해하기 어렵기 때문에 의미상의 주어 for me를 to 부정사 앞에 쓴 거지. 기억나니?

9. He has the watch / which I had bought / for him.
그는 시계를 가지고 있다 내가 사주었던 그를 위해

혼공TIP 뒤 문장을 보니 bought이라는 '샀다' 뒤에 '~을,를'에 해당하는 목적어가 보이지 않지? 그렇다면 목적격 관계대명사를 써야 한다는 것이 딱 감이 와야 해.

10. The man / whom Scarlett truly loved / was Smith.
남자는 스칼렛이 진심으로 사랑했던 스미스였다

혼공TIP 이런 문장은 사실 눈에 잘 안 들어오니 지속적으로 연습해야 해. The man was Smith.라는 간단한 2형식 문장이야. 거기에 '스칼렛이 진심으로 사랑했던'이라는 표현으로 The man을 수식한 거지. Scarlett truly loved the man.이 원래 문장인데 공통 명사인 the man이 생략되었으니 선행사가 사람일 때 쓰는 목적격 관계대명사 who 또는 whom이 적합하지.

Word truly 진정, 진심으로

3 단계 해석 요리하기

p.119

1. A brilliance / of beautiful colors / (that lit up the sky)!
찬란함 / 아름다운 색깔들의 / 하늘을 환하게 밝히는

⇒ 하늘을 화려하게 꾸며주는 아름다운 색깔들의 찬란함!

혼공TIP 본동사가 없는 하나의 구야. 거의 감탄문 형식이지. that이라는 주격 관계대명사가 앞의 beautiful colors를 수식해주고 있네?

2. Also, / think back / on the books / (that you liked).
또한 / 다시 생각해 봐라 / 책들에 대해 / 네가 좋아했던

⇒ 또한, 네가 좋아했던 책들을 다시 생각해 봐라.

혼공TIP 이번에는 명령문 형식이야. books와 you 사이의 목적격 관계대명사 that이 보이니? 보통 목적격 관계대명사는 종종 생략되기 때문에 생략된 부분도 발견할 수 있는 힘을 키워야 해. 그 힘은 '자주 보다보면' 나와.

3. According to him, / entertainers / (who are alive) / are not included.
그에 따르면[의하면] / 연예인들은 / 살아있는 / 포함되지 않는다

⇒ 그에 의하면, 살아있는 연예인들은 포함되지 않는다.

혼공TIP are라는 동사가 한 문장에 두 개나 튀어나와서 놀랐을 수도 있어. 하지만, 앞에서 배웠던 대로 관계대명사로 추정되는 것들이 보이면 바로 괄호를 치면서 문장을 분석해 봐! 앞의 are은 entertainers를 꾸며주는 주격 관계사절의 동사야. 즉 who are alive가 한 덩어리고 그 다음의 are이 이 문장의 진짜 동사야. 그럼 이 문장의 주어는 뭘까? 바로 entertainers지.

4. Food / is the most important tools / (that you can use / as a manager).
음식은 / 가장 중요한 도구이다 / 당신이 사용할 수 있는 / 경영인으로서

⇒ 음식은 당신이 경영인으로서 사용할 수 있는 가장 강력한 도구다.

혼공TIP 역시나 마찬가지로 tools와 you 사이의 목적격 관계대명사가 쓰인 형태야. 그 관계사절은 앞의 tools를 꾸며주고 있을 뿐이고.

5. We're social animals / (who need to discuss / our problems / with others).
우리는 사회적 동물들이다 / 논의할 필요가 있는 / 우리의 문제들을 / 다른 사람들과

⇒ 우리들은 우리의 문제를 다른 사람들과 논의할 필요가 있는 사회적 동물들이다.

혼공TIP 꽤 긴 문장이지만 사실은 아주 간단한 2형식 문장이지? 괄호 치기 기법의 위력을 아주 잘 실감할 수 있는 문장이야. who라는 주격 관계사가 선행사인 social animals를 꾸며주고 있지.

6. Keep the money / (that you need / for your fees).
돈을 챙겨라[유지해라] / 네가 필요한 / 너의 등록금을 위한

⇒ 너의 등록금에 필요한 돈을 챙겨라.

혼공TIP 목적격 관계대명사 이하 문장이 선행사 the money를 꾸며주고 있어. that 대신에 which를 쓸 수 있는 거 알지? 그리고 목적격이니까 생략도 가능해.

7. "I'm sorry, / but this is the best / (that I can do)."
죄송합니다 / 하지만 이것이 최선이에요 / 제가 할 수 있는

⇒ "죄송합니다, 하지만 이게 제가 할 수 있는 최선이에요."

혼공TIP 이 문장에서는 best가 the를 만나 '최선'으로 해석되고 있어. 뒤에 목적격 관계대명사 that절은 the best를 꾸며주고 있는 것이고.

8. One hardworking couple / (that I know) / regularly gets together / for lunch.
한 성실한 부부는 / 내가 아는 / 정기적으로 함께 한다 / 점심을 먹기 위해

⇒ 내가 아는 한 성실한 부부는 정기적으로 점심식사를 함께 한다.

혼공TIP that I know같은 것은 사실 일반회화에서도 많이 쓰이는 표현이야. '내가 아는 ~'이라고 해석하면 돼.

9. There are a few things / about dams / (that are important / to know).
몇 가지가 있다 / 댐에 대한 / 중요한 / 알아둘

⇒ 댐에 대해서 알아둘 중요한 몇 가지 것들이 있다.

혼공TIP 아주 쉬운 문장이지? 다만 여기서 잘 구분해야 하는 점은 선행사가 things인지 dams인지에 대해서인데, 해석상 '댐에 대해 알아둘 것인지' '몇 가지 사항에 대해 알아둘 것인지'를 생각해봐. 선행사로 a few things가 된다는 것을 알 수 있겠지?

10. Gahndi / handed / the letter / to his father / (who was lying ill / in bed).
간디는 / 건넸다 / 편지를 / 그의 아버지에게 / 아파서 누워계셨던 / 병상에[침대에]

⇒ 간디는 병들어 침대에 누워있던 그의 아버지에게 편지를 건넸다.

혼공TIP 자, 이제 구문이 아주 잘 분석이 되지? who라는 주격 관계사가 앞의 his father을 수식해주고 있어. 이제 아무리 긴 문장이라도 관계대명사가 보이면 괄호를 쳐서 분석해봐. 그러면 너무나 쉽게 풀릴 거야.

빈칸 요리하기

p.120

1. (w)ho, (a)live **2.** (t)ools (t)hat **3.** (t)hat, (f)ees **4.** (t)hat, (r)egularly **5.** (t)hat (a)re

5단계 수능 요리하기

p.121

A. Cells that are produced as a result of these conditions are densely arranged.

❶ Cells that are produced as a result of these conditions are densely arranged.
→ 생산된 세포들은

❷ Cells that are produced as a result of these conditions are densely arranged.
→ 이러한 조건의 결과로서 생산된 세포들은

❸ Cells that are produced as a result of these conditions are densely arranged.
→ 이러한 조건의 결과로서 생산된 세포들은 밀도 있게 배열되어 있다.

혼공TIP Cells / that are produced / as a result of these conditions / are densely arranged.
세포들은 / 생산되어진 / 이러한 조건의 결과로서 / 밀도 있게 배열되어 있다

B. The people who are most different from us probably have the most to teach us.

❶ The people who are most different from us probably have the most to teach us.
→ 사람들은

❷ The people who are most different from us probably have the most to teach us.
→ 우리와 가장 다른 사람들은

❸ The people who are most different from us probably have the most to teach us.
→ 우리와 가장 다른 사람들이 아마도 우리에게 가르쳐줄 것을 가장 많이 가지고 있다.

혼공TIP The people / who are most different from us / probably have the most / to teach us.
사람들은 / 우리와 가장 다른 / 아마도 가장 많은 것을 가지고 있다 / 우리에게 가르쳐 줄

혼공 13일차 길어진 문장 – 관계부사

1단계 개념 요리하기

p.125

EX) 이곳은 내 돈을 숨기곤 했었던 장소[집]이다.

1. when 5월 5일은 내가 태어난 날이다.

혼공TIP 선행사가 시간을 나타내는 표현이고 문장 뒤에 전치사가 없기 때문에 on which가 when[on the day]으로 쓰여진 형태야.

2. why 나는 그가 갑자기 사라진 이유를 너에게 말할 것이다.

혼공TIP 선행사가 이유를 나타내기 때문에 why가 오는 것이 당연하겠지.

3. where 그녀가 공부하는 도서관은 조용하다.

혼공TIP She studies in the library.라는 문장에서 공통명사 the library는 생략되고 남은 in과 관계대명사 which가 합쳐지면 장소를 나타내는 where(관계부사)가 짜잔!!하고 탄생해.

4. how[why] 나는 그 학생이 방에 들어온 방법을 모른다.[나는 그 학생이 방에 들어온 이유를 모른다.]

혼공TIP 내용상 '어떻게' 또는 '왜'라는 뜻이 둘 다 가능하니까 how 또는 why가 답이 될 수 있어.

2단계 문법 요리하기

p.126

1. That's the way / X we got to know / each other.
그것이 방식이다 / 우리가 알게 되었던 / 서로를

혼공TIP 다른 관계부사들과는 달리, how와 선행사 the way는 함께 오지 못해. the way만 오거나, how만 오거나, 아니면 the way 다음 in which라는 관계대명사 형태를 붙여 줘야해.

Word get to know 알게 되다

2. I don't know / the reason / why she hates me.
나는 모르겠다 / 그 이유를 / 왜 그녀가 나를 싫어하는지

혼공TIP 선행사로 the reason이 왔으니까 당연히 관계부사 why를 써야겠지? 더불어, 관계대명사절에는 기본적으로 주어나 목적어 같은 문장 성분이 빠져버리는데, 여기선 she hates me로 완전하잖아. 그래서 더더욱 관계부사인 why가 와야 해.

3. Is there a restaurant / around / at which I can have a good meal?
식당이 있니 근처에 내가 좋은 식사를 할 수 있는

혼공TIP have a good meal at a restaurant이라고 써야 하지, 전치사 없이 have a good meal a restaurant이라고 쓰진 않잖아. 관계사절 맨 뒤에 이 전치사가 없기 때문에 전치사를 관계대명사 앞에 써 준거야.

4. A boy entered a coffee shop / where / I worked / as a waitress.
한 소년이 커피숍으로 들어갔다 거기에서는 내가 일했었다 종업원으로

혼공TIP 너무 쉬운 문제야. 선행사가 coffee shop이라는 공간이니까, 당연히 where이 오겠지?

5. The reason / for which he was absent yesterday / is not clear.
이유는 그가 어제 결석했었던 분명하지 않다

혼공TIP 기본적으로 why 대신에 의미상 for which로 바꿔 쓸 수 있어. 그 이유 때문에 결석한 거잖아? 전치사 for는 '~ 때문에'라는 이유를 담고 있거든. for the reason이라 생각하면 간단해. 예를 들어 Thank you for coming here.은 '여기 와주셔서 감사합니다.'로 이유를 담고 있어.

6. This is the way / in which that accident happened.
이것이 방식이다 그 사고가 발생했던

혼공TIP 1번에서 언급했듯, the way랑 how는 나란히 붙여 쓸 수 없어. 정 붙여 쓰고 싶다면 관계부사 how를 「전치사 + 관계대명사」 꼴로 바꿔야 한다고 했지? 그래서 in which를 쓴 거야.

Word accident 사고

7. Let's go to a quiet place / where you are not likely to be disturbed.
조용한 장소로 가자 당신이 방해받지 않을 곳인

혼공TIP a quiet place라는 장소가 선행사로 왔으니까 관계사는 당연히 where이 와야 해.

Word be likely to ~할 법하다 disturb 방해하다

8. The exact day / when that event happened / is not known.
정확한 날은 그 일이 발생했던 알려져 있지 않다

혼공TIP 선행사가 day이니까 시간을 나타내는 when이 관계부사로 오는 게 맞겠지? 이렇게 관계부사절이 문장 중간에 수식을 담당하는 경우도 많으니 이런 것들을 복습을 통해 쉽게 해석하는 연습을 하도록 해.

9. That is why / it is called / one of the best restaurants / in Tokyo.
그게 ~이유이다 그것이 불리는 최고의 식당 중 하나라고 도쿄에서

혼공TIP 이유를 나타내기 때문에 '왜'라는 의미의 why가 적합해. 「one of the 최상급 + 복수명사」는 '가장 ~한 것 중 하나'라는 의미로 참 많이 나오는 표현이야.

10. I didn't like the restaurant / where I visited in New York.
나는 그 식당이 마음에 들지 않았다 내가 뉴욕에서 방문했던

혼공TIP 선행사가 장소를 나타내는 식당이니까 where을 관계부사로 써야 해.

3 단계 해석 요리하기

p.127

1. And then / he asked / why he was retiring.
그러고 나서 / 그는 물었다 / 왜 그가 은퇴하려는지

⇒ 그러고 나서 그는 왜 그가 은퇴하려는지 물어보았다.

혼공TIP 사실 여기에 the reason이라는 선행사가 생략된 형태로도 볼 수 있어. he asked the reason why ~라고 써도 무방하지.

2. The reason / it looks that way / is / that the sun is on fire.
이유는 / 그것이 그런 식으로 보이는 / ~이다 / 태양이 불타오르고 있다

⇒ 그것이 그렇게 보이는 이유는 태양이 불타오르고 있기 때문이다.

혼공TIP 문장의 주어는 the reason, 동사는 is, 보어는 that절 이하가 되는 거지. 중간에 삽입된 it looks that way는 앞에 why가 생략된 the reason을 꾸며주는 관계부사절일 뿐이야.

3. They / tended to call / around the time / the trains used to run.
그들은 / 전화를 하는 경향이 있었다 / 시간 즈음에 / 기차들이 달리곤 하는

⇒ 그들은 기차들이 달리곤 했던 시간 즈음에 전화를 하는 경향이 있었다.

혼공TIP 여기서 around는 '~즈음'이라는 전치사고 그 전치사의 목적어로 the time이 온 거야. the time과 the trains 사이에 when이라는 관계부사가 생략된 형태야. 즉, the trains 이하는 the time을 꾸며주고 있어.

4. Another dog / was barking, / and he had no idea / where the dogs were.
또 다른 개가 / 짖고 있었다 / 그리고 그는 몰랐다 / 어디에 그 개들이 있는지

⇒ 또 다른 개는 짖고 있었고, 그는 그 개들이 어디에 있는지 알 수 없었다.

혼공TIP 두 문장이 연결된 내용이네. where만 보면 본능적으로 관계부사일 거란 생각을 깨주기 위해 이 문장을 넣었어. 여기서 where은 의문사야. have no idea는 영어로 don't know 즉, '모른다'라는 표현이야. 그래서 where은 '어디에'라는 의미의 의문사고 그 뒤에 「주어 + 동사」의 어순인 간접의문문이 오는 거야.

5. Staring at the bare Sun / is more harmful / than when the Moon blocks it.
아무것도 가려지지 않은 태양을 보는 것은 / 더 해롭다 / 달이 그것을 가로막고 있을 때 보다

⇒ 아무것도 가려지지 않은 태양을 바라보는 것은 달이 그것을 막고 있을 때 보는 것보다 더 해롭다.

혼공TIP 사실 이 문장에서의 when은 관계부사가 아니야. 앞의 문장을 참고하면 Staring at the bare Sun when the Moon blocks it is ~이렇게 되는 거야. '달이 그것을 가로막고 있을 때 태양을 보는 것이 ~하다'라는 것이지. 고로 when은 '~할 때'라는 의미를 지닌 접속사가 되는 거야. 자꾸 섞어서 보면서 개념을 명확히 구분하는 연습을 하도록 선생님이 트레이닝 시켜주는 거야.

6. But / there are situations / where that compassion might cause problems.
그러나 / 상황들도 있다 / 그 동정이 문제를 야기할 수도 있는

⇒ 그러나 그 동정이 문제를 초래할 수도 있는 상황들이 있다.

혼공TIP 기본적으로 관계부사절은 일종의 형용사절로 앞 선행사를 수식해줘. 여기서 where 이하는 situations라는 선행사를 꾸며주고 있어. '그 동정이 ~할 수 있는'이란 내용으로 상황을 수식하고 있지.

7. Responsibility is when / one takes on a burden / and accepts its outcomes.
책임은 때이다 / 한 사람이 짐을 짊어진다 / 그리고 그것의 결과를 받아들이는

⇒ 책임이라는 것은 한 사람이 짐을 짊어지고 그것의 결과에 대해 받아들일 때이다.

혼공TIP when 이하가 2형식 문장의 보어 역할을 하고 있어. 그리고 보어 자리에 and를 가운데에 두고 두 개가 나란히 온 거야. 아주 단순한 문장이니 다시 한번 읽고 해석해 보자.

8. Eventually / the use of this alarm call / will be restricted / to those situations / when an eagle is spotted / in the skies above.
결국 / 이 경계 신호의 사용은 / 제한될 것이다 / 그런 상황에 / 독수리가 보이는 / 위쪽 하늘에

⇒ 결국 이 경계 신호의 사용은 위쪽 하늘에 독수리가 보이는 그런 상황에 제한될 것이다.

혼공TIP 6번 문장에도 선행사가 situation이 나왔잖아? 같은 situation인데 관계부사가 where, when으로 달라졌지? 무조건 외우는 게 아니라는 방증이지. when을 쓸 때는 '이런 상황일 때에' 즉, '독수리가 보일 때에'라는 시간적 느낌이 강해. 하지만 6번은 그 속을 들여다보니 이렇더라는 상황 속을 나타내서 where을 쓴 거야. 즉 문맥에 따라 달라질 수 있어. 의미 파악에 힘을 쏟자.

9. The day / when the percentage of the population / was the least, / however, / was Monday with 5.6%.
그 날은 / 인구의 비율이 / 가장 낮았던 / 하지만 / 5.6%로 월요일이었다

⇒ 그러나 인구의 비율이 가장 낮았던 날은 5.6%를 기록한 월요일이었다.

혼공TIP 이 문장은 The day was Monday.라는 아주 쉬운 문장이었어. when ~ the least까지는 the day를 수식하는 관계부사절이고, however(하지만)는 접속부사로 중간에 들어 온 거야.

4단계 빈칸 요리하기

p.128

1. (r)eason, (w)ay **2.** (t)ended, (t)ime **3.** (w)here, (c)ompassion **4.** (w)hen
5. (w)hen, (l)east

5단계 수능 요리하기

p.129

A. You see the world as a big contest, where everyone is competing against everybody.

❶ **You see the world** as a big contest, where everyone is competing against everybody.

→ 당신은 세상을 본다

❷ **You see the world as a big contest,** where everyone is competing against everybody.

→ 당신은 세상을 하나의 큰 경합으로 본다

❸ **You see the world as a big contest, where everyone is competing against everybody.**

→ 당신은 세상을 모든 이들이 모든 이들에 대항해 경쟁을 벌이는 하나의 큰 경합으로 본다

혼공TIP You see the world / as a big contest, / where everyone is competing / against everybody.
당신은 세상을 본다 / 하나의 큰 경합으로 / 거기서 모든 이들이 경쟁하고 있다 / 모든 사람에 대항해서

B. Grandpa got most of the materials for his little house from the Oakland docks, where he was working.

❶ **Grandpa got most of the materials** for his little house from the Oakland docks, where he was working.

→ 할아버지는 재료들의 대부분을 얻었다

❷ **Grandpa got most of the materials for his little house from the Oakland docks,** where he was working.

→ 할아버지는 그의 작은 집에 필요한 재료들의 대부분을 오클랜드 갑판에서 얻었다

❸ **Grandpa got most of the materials for his little house from the Oakland docks, where he was working.**

→ 할아버지는 그의 작은 집에 필요한 재료들의 대부분을 그가 일하고 있던 오클랜드 갑판에서 얻었다.

혼공TIP Grandpa / got most of the materials / for his little house / from the Oakland docks, / where he was working.
할아버지는 / 대부분의 재료들을 얻었다[구했다] / 그의 작은 집을 위한 / 오클랜드 갑판에서 / 그곳은 그가 일하던 곳이다

혼공 14일차 길어진 문장

– 관계대명사 what, 전치사 + 관계대명사, 복합관계사

1 단계 개념 요리하기

p.135

디저트 퀴즈

EX) 너는 무엇에 대해 이야기 하고 있니?[너 무슨 말 하고 있니?]

1. 관계대명사 너는 그가 말하는 것에 동의하니?
2. 의문사 그것은 정확하게 무엇을 의미하니?
3. 의문사 그건 뭐야? 나는 내 눈을 믿을 수가 없어!
4. 관계대명사 그녀가 지금 먹고 있는 것을 너는 먹을 수 있니?

2 단계 문법 요리하기

p.136

1. There is not / enough money / for what you want to buy.
~가 없다 / 충분한 돈이 / 네가 사고 싶은 것에 대한

혼공TIP 만약 which가 오게 된다면 There is not enough money for the thing which you want to buy.가 되어야 해. '사고 싶은 것을 위한 돈'이 되기 때문에 의미상 for가 들어간 것이고, the thing which는 what으로 바꿀 수 있거든. 그러면 for what이라는 구조가 성립해.

2. This is / what you are looking for.
이것은 ~이다 / 네가 찾고 있는 것

혼공TIP 원래는 This is the thing. You are looking for it.을 합쳐놓은 거야. This is the thing which you are looking for.에서 the thing which는 what으로 바꿀 수 있거든. 그래서 This is what you are looking for.가 되는 거지.

3. She / is the girl / about whom I talked.
그녀는 / 그 소녀이다 / 내가 이야기 했던

혼공TIP 보통 talk라는 동사를 써줄 때 단독으로 쓰지 않아. '~에 대해 이야기하다'라고 자주 말하잖아? 영어로는 talk about이 되는 거야. whom이 되려면 talked 뒤에 about이 왔어야 했는데 없는 것 보니까 talk 옆에 붙어 다니는 전치사가 관계사 앞으로 옮겨진 것으로 밖에 볼 수가 없어.

4. There wasn't information / which I need to know.
정보가 없었다 내가 알고 싶은

혼공TIP know가 '알다'라는 동사니까 '~에 대해서'라는 about이 와 줘야 할 것 같지? 그런데 know는 거의 대부분 바로 뒤에 목적어가 오는 타동사로 쓰이고 전치사가 온다 해도 of를 써줘. 그래서 굳이 전치사를 필요로 하지 않으니까 know 뒤에 아무것도 안 와도 그냥 관계대명사가 오는 게 맞아.

5. The hotel / at which I stayed / was clean.
그 호텔은 내가 머물렀던 깨끗했다

혼공TIP stay는 '머물다'란 뜻의 동사이고 장소를 나타내는 전치사가 뒤에 주로 따라오지. '가령 호텔에 머물다'라고 하면 stay at a hotel이라고 해. 여러 번 읽어봐. 여기서 at which는 where로 바꾸어 쓸 수도 있겠지. 선행사가 장소니까!

6. There is an obvious goal / for which I should study hard.
명백한 목표가 있다 내가 열심히 공부해야 하는

혼공TIP 조금 어려운 문제였을 수 있어. study English(영어를 공부하다) 이런 식으로 study 다음에 바로 목적어가 올 수 있거든. 하지만 '시험, 목표'와 같은 공부할 거리가 아니라 '준비해야 할 거리'의 경우에는 그것을 위해서 공부하는 거라서 study for the finals(기말고사를 대비해서 공부하다)와 같이 for를 꼭 써야 해. 여기서도 goal이라는 목표가 나왔으니 for라는 전치사를 살려준 거야.

Word obvious 명백한

7. Whatever you do, / do your best.
네가 무엇을 하든 최선을 다해라

혼공TIP 너무 쉽네. '무엇을 하든'이라는 뜻이니까 당연히 what이 아니라 whatever가 와야지!

8. Wherever you go / on this globe, / you can get along with English.
당신이 어디를 가든지 이 지구상에서 영어와 함께 살아갈 수 있다

혼공TIP 내용상 '어디'라는 것이 들어가기 때문에 wherever가 되는 거야. 어렵지 않게 찾았지?

Word globe 지구 get along with ~와 어울리다

9. This is the show / during which she fell asleep.
이것이 쇼야 도중에 그녀가 잠들었던

혼공TIP 먼저 fall asleep은 '잠들다'라는 동사로 목적어를 필요로 하지 않아. 그리고 공연 도중에 잠들게 되었으니 during the show라는 어구가 성립하지? the show가 생략되고 문장 중간으로 during이 이동하면 사물이 선행사이기 때문에 관계대명사 which랑 결합되어서 during which가 되는 거야.

Word fall asleep 잠들다

10. The works / which you're looking at / are mine.
그 작품들은 네가 보고 있는 내 것이다

혼공TIP look at ~은 '~를 봐라'라고 보통 쓰여. '그 작품들을 보고 있다'가 되니까 which가 오는 게 적합하지? works가 언뜻 잘못 보면 동사처럼 보일수도 있지만 The 다음이니 명사로 봐야 해. 원래 문장은 The works are mine.이라는 뼈대를 가지고 있었어.

3단계 해석 요리하기

p.137

1. They have / their own gardens / in which they can cultivate vegetables.
그들은 가지고 있다 그들 자신의 텃밭들을[정원들을] 거기서 그들은 채소를 재배[경작]할 수 있다

⇒ 그들은 채소를 재배할 수 있는 그들 소유의 텃밭을 가지고 있다.

혼공TIP 정원 안에서 채소를 경작하니까 전치사 in이 들어가야 해. 그게 문장 끝에 오든지, 관계사 바로 앞에 오든지는 상관없어. 만약 전치사가 없게 되면, which는 바로 뒤에 주어가 있으니 목적격 관계사로 봐줘야 하는데, 관계사절에는 목적어가 이미 있는 걸!

2. What is different today, / though, / is the speed / of these interactions.
오늘날 다른 것은 그래도[하지만] 속력이다 이러한 상호작용의

⇒ 그래도, 오늘날 다른 것은 이러한 상호작용의 속력이다.

혼공TIP 이 문장에서 though처럼 접속사는 문장 맨 앞뿐만이 아니라 문장 중간에도 올 수 있어. 주어에 what이 이끄는 문장이 통째로 왔지. 역시 '~은, 는'으로 해석하면 아주 쉬워. 이런 주어를 what절이라고 해.

3. They / live off / whatever nature provides / in their surroundings.
그들은 살아간다 자연이 무엇을 제공하든 그들의 환경 안에서

⇒ 그들은 자연이 무엇을 제공하든 그들의 환경 안에서 살아간다.

혼공TIP whatever nature provides는 '은, 는, 을, 를'이 뒤에 붙지 않지? 그리고 전체 문장 속에서 빼도 '그들은 그들의 환경 안에서 살아간다'라는 완벽한 문장이 되잖아? 이것은 whatever nature provides가 부사절이라는 의미야. 부사절일 때는 '무엇을 ~하던지'라고 해석하니 참고해.

4. When kids turn 4, / they start to consider / what others are thinking.
아이들이 4살이 되면 그들은 고려하기 시작한다 다른 사람들이 무엇을 생각하는지를

⇒ 아이들은 4살이 되면, 그들은 다른 사람들이 무엇을 생각하고 있는지를 고려하기 시작한다.

혼공TIP turn이라는 단어를 어려워하는 친구들이 있어. '~되다'라는 뜻을 가지고 있고, 특히 나이와 같이 많이 쓰지. 뒤 문장은 아주 간단한 구조야. 「S + V + O(생각하는지를)」의 3형식이지.

5. Whatever an answer is, / the research / demonstrates / one thing / clearly.
정답이 무엇이던지 그 연구는 증명[입증]한다 한 가지를 명확하게

⇒ 정답이 무엇이던지, 그 연구는 한 가지를 명확히 증명한다.

혼공TIP 여기서의 복합관계사절은 부사절 역할이야. 4번에서 나온 것과 같은 역할이야. 주로 '~든지, ~든'이라고 해석되지.

6. The emotion itself, / is tied to the situation / in which it originates.
감정 그 자체는 속박되어 있다 그것이 발현된 상황에

⇒ 감정 그 자체는 그것(=감정)이 발현된 상황에 속박되어 있다.

혼공TIP 일단 be tied to라는 숙어를 먼저 알아야 해. 넥타이를 생각하면 간단하지. 목에 묶여 있잖아? 그래서 be tied to는 '~에 묶여[속박] 또는 연결되어 있다'라는 뜻이야. in which는 선행사 situation을 대입하면 '그 상황 속에서'라는 의미지? 그래서 그것이 기원하는 상황에 '연결되어 있다'라는 전체적인 뉘앙스가 만들어지는 거지.

7. An observer / who didn't know / to which group each baby belonged / studied / the babies.
관찰자는 / 몰랐던 / 어떤 그룹에 각 아기들이 속해있는지를 / 연구했다 / 그 아기들을

⇒ 어떤 그룹에 각 아기들이 속해있는지를 몰랐던 한 관찰자는 그 아기들을 연구했다.

혼공TIP who부터 belonged까지가 an observer를 수식하는 형용사절이야. to which가 조금 어려울 수 있는데, belong to는 '~에 속해있다'라는 숙어거든. 그때의 to가 앞으로 나가서 to which가 된 거야. 본동사는 studied이고 the babies는 목적어야.

8. What you and your spouse need / is quality time / to talk.
당신과 당신의 배우자가 필요로 하는 것은 / 귀중한 시간이다 / 이야기 할

⇒ 당신과 당신의 배우자가 필요로 하는 것은 이야기 할 귀중한 시간이다.

혼공TIP What you and your spouse need가 주어로 쓰이고 있어. 해석상 '~하는 것'으로 해석되니까 what은 의문사가 아니라 관계대명사야. quality time은 보통 '가족들과 보내는 귀중한 시간'을 말할 때 원어민들이 잘 쓰는 표현이니 꼭 알아둬. 원어민들이 가족 여행 간다고 할 때 Enjoy your quality time.이라고 말하면 좋아할 거야.

9. Everyone / with whom you come in contact / in your life / can be your teacher.
모든 사람들은 / 당신이 접촉하게 되는 / 당신의 삶에서 / 당신의 선생님이 될 수 있다

⇒ 당신의 삶에서 당신이 만나게 되는 모든 이들이 당신의 스승이 될 수 있다.

혼공TIP 「come in contact with + 사람」이라는 숙어가 있어. 그때의 with가 앞으로 나와서 who랑 결합한 거지. 전치사 뒤니까 목적어 자리에 whom을 쓰는 게 문법적으로 타당한 거고.

4단계 빈칸 요리하기

p.138

1. (w)hich, (c)ultivate **2.** (W)hat, (i)nteractions **3.** (c)onsider (w)hat
4. (W)hatever, (d)emonstrates **5.** (W)hat, (s)pouse, (q)uality

5 단계 수능 요리하기

p.139

A. What disturbs me is the idea that good behavior must be reinforced with incentives.

❶ What disturbs me is the idea that good behavior must be reinforced with incentives.
→ 나를 혼란스럽게 하는 것은

❷ What disturbs me is the idea that good behavior must be reinforced with incentives.
→ 나를 혼랍스럽게 하는 것은 생각이다

❸ What disturbs me is the idea that good behavior must be reinforced with incentives.
→ 나를 혼란스럽게 하는 것은 '좋은 행동은 보상에 의해 강화되어야만 한다'라는 생각이다.

혼공TIP What disturbs me / is the idea / that good behavior / must be reinforced / with incentives.
나를 혼란스럽게 하는 것은 / 생각이다 / 좋은 행동은 / 강화되어야만 한다 / 보상으로

B. Both eye and camera have a light-sensitive layer onto which the image is cast.

❶ Both eye and camera have a light-sensitive layer onto which the image is cast.
→ 눈과 카메라 모두는 가지고 있다

❷ Both eye and camera have a light-sensitive layer onto which the image is cast.
→ 눈과 카메라 모두는 빛에 민감한 막을 가지고 있다

❸ Both eye and camera have a light-sensitive layer onto which the image is cast.
→ 눈과 카메라 모두는 상이 맺히게 되는 빛에 민감한 막을 가지고 있다.

혼공TIP Both eye and camera / have a light–sensitive layer / onto which the image is cast.
눈과 카메라 모두는[둘 다는] / 빛에 민감한 막을 가지고 있다 / 상[이미지]이 맺히게 되는

혼공 15일차 명사절 때문에 진짜 길어진 문장

1단계 개념 요리하기

p.145

디저트 퀴즈

EX) 나는 그가 경주[시합]에서 승리할지 궁금하다.

1. (Whether Penny loves her or not) doesn't matter to me.
   페니가 그녀를 사랑하는지 아닌지는 나에게 중요하지 않다.
2. The fact (that he can't drive anymore) surprises me.
   그가 더이상 운전을 할 수 없다는 사실은 나를 놀라게 한다.
3. (What made me depressed) was her cold attitude. 나를 우울하게 만든 것은 그녀의 차가운 태도였다.
4. (Whatever has a beginning) also has an end, too. 시작이 있는 것은 어느 것이나 끝을 또한 가지고 있다.

2단계 문법 요리하기

p.146

1. What happened / in the vineyard / was cruel.
   일어났던 일은 / 그 포도밭에서 / 참혹했다

   혼공TIP 기본적으로 주어 자리에 명사절이 오면 단수 취급해서 본동사는 단수로 수의 일치를 해줘.

   Word vineyard 포도밭 cruel 참혹한

2. The question / is whether I should pay / or not.
   의문점은 / 내가 지불해야 하느냐이다 / 또는 마느냐

   혼공TIP whether은 뒤에 or not이 붙어서 '~인지 아닌지'라는 의미로 쓰여. 자주 나오는 표현이니까 덩어리째 알아두자.

3. No one can deny / the fact / that everything changes.
   아무도 부정할 수 없다 / 그 사실을 / 모든 것이 변화한다는

   혼공TIP 답이 that인 이유는 여기가 동격 자리이기 때문이야. fact, idea, belief와 같이 눈에 보이지 않는 명사(추상명사) 뒤의 that은 대부분 동격의 that이야.

   Word deny 부정하다

4. It is a good thing / that she broke up with him.
좋은 일이다 그녀가 그와 헤어진 것은

혼공TIP 여기서는 조금 접근이 달라. 맨 앞의 It은 사실 별 의미가 없는 가주어야. 고로 that 이하가 진주어가 되는 거지. 진주어 절을 이끄는 접속사 that이 정답이야. which는 관계대명사인데 의미상 앞의 a good thing은 선행사가 아니야. That she broke up with him is a good thing.이 원래 문장이니 왜 선행사가 아닌지 알겠지?

Word break up with ~와 헤어지다

5. What I saw / in a drawer / of his desk / was a gun.
내가 보았던 것은 서랍 속에서 그의 책상의 총 이었다

혼공TIP that이 오려면 뒤에 완벽한 문장이 와야 해. 그런데 I saw in a drawer of his desk.에는 '무엇을'이라는 목적어가 빠져있지? 그래서 The thing that이라 볼 수 있는 관계대명사 What을 써야 그 빠진 부분을 선행사로 채울 수 있게 되는 거야.

Word drawer 서랍

6. Remember / that life is a game / where there are multiple winners.
기억해라 인생은 게임이다 다수의 승자들이 있는

혼공TIP Remember라는 동사로 시작하는 문장이니 명령문이겠지? '기억해라'는 의미니까 그 다음에는 '을,를'이라는 목적어가 와야 해. 그 목적어로 문장이 왔으니 접속사 that이 필요해. 문장 중반의 where 부분을 설명해줄게. there are multiple winners in a game.이 원래 문장이야. 거기서 앞의 a game이 선행사니까 which there are multiple winners in이 되고 전치사 in이 앞에 나온 in which를 한 단어로 바꾸면 where이 되는 거야.

Word multiple 다수의

7. The truth / is that everyone has a story.
진실은 모든 이가 이야기를 가지고 있다는 것이다

혼공TIP that 이하는 문장에서 보어의 역할을 해주고 있네. '보어에도 문장이 올 수 있다'라는 것을 이제 당연하게 생각할 수 있어야 해.

8. That she is Japanese / is obvious.
그녀가 일본인이라는 것은 명백하다

혼공TIP 잠시 쉬어가는 문제라고 해도 무방할 정도로 쉬운 문제야. 주어는 That she is Japanese이고 하나의 절이니 단수로 취급해야 해.

9. Food / plays a large part / in how much you enjoy the outdoors.
음식은 큰 역할을 한다 얼마나 많이 당신이 야외를 즐기는지에 있어서

혼공TIP 간접의문문의 어순과 관련된 문제야. 보통 「의문사 + 주어 + 동사」의 어순으로 '의주동'이라 부르지. how much는 '얼마나 많은'이란 의미로 하나의 의문을 표현하는 덩어리로 봐야 해. 그러면 그 뒤에 「you + enjoy」의 어순이 자연스럽겠지?

Word play a part[role] 역할을 하다 outdoors 야외

10. Whether you will do it or not / is up to you.
당신이 그것을 할지 또는 아닐지는 당신에게 달려있다

혼공TIP 2번에서 공부했던 것처럼 whether은 or not과 함께 '~인지 아닌지'란 의미로 쓰여. 그 뒤에 주어면 '은, 는'을, 목적어면 '을, 를'을 붙이면 간단해.

Word up to ~에게 달려있는

3단계 해석 요리하기

p.147

1. I feel / that this approach is a serious mistake.
나는 느낀다 / 이 접근법이 심각한 실수라는 것을

⇒ 나는 이 접근법이 심각한 실수라고 느낀다.

혼공TIP that 이하의 명사절이 문장 전체에서 목적어 역할을 해주고 있어. 그래서 '~라는 것을'이라고 해석하는 거야.

2. The kind teacher / told / her / that she was not stupid.
그 친절한 선생님은 / 말했다 / 그녀에게 / 그녀가 바보 같지 않다고

⇒ 그 친절한 선생님은 그녀에게 그녀는 바보 같지 않다고 이야기해 주었다.

혼공TIP 전체적으로 보면 4형식 문장이야. her는 간접목적어이고, that 이하의 명사절은 직접목적어로 사용되고 있어. '직접목적어도 이렇게 문장으로 나올 수 있구나'라고 생각할 수 있어야 해.

3. But / you should know / that multitasking doesn't save / any time.
하지만 / 당신은 알아야 한다 / 멀티태스킹이 절약해 주지 못한다 / 어떠한 시간도

⇒ 그러나 당신은 멀티태스킹이 어떠한 시간도 절약해주지 못한다는 것을 알아야만 한다.

혼공TIP that 이하의 명사절이 목적어 역할을 해주고 있어. 결국 조사인 '~을, ~를'을 잘 붙이면 쉽게 해석할 수 있어.

4. Caleb, / an anthropologist, / decided to map / where this sound occurs.
케일럽은 / 인류학자인 / 지도로 나타내기로 결심했다 / 어디서 이 소리가 발생하는지

⇒ 인류학자인 케일럽은 이 소리가 어디서 발생하는지를 지도로 나타내기로 결심했다.

혼공TIP map은 '~를 지도로 그리다'라는 뜻이니까 where 이하의 절이 map에 대한 목적어로 사용되고 있어. 간접의문문의 어순 기억나지? 의주동!

5. Show / how the gentle wind / touches / the edge of her silky, brown hair.
보여줘라 / 어떻게 부드러운 바람이 / 어루만지는지 / 그녀의 곱고[비단결 같은], 갈색 머리의 가장자리[머리칼]를

⇒ 부드러운 바람이 어떻게 그녀의 곱고 갈색 빛의 머리칼을 어루만지는지 보여줘라.

혼공TIP 주어가 없으니 명령문인데, 문장의 구조는 무척 간단해. 「S + V + O」인데 O(목적어)가 문장[절]으로 온 거야. how 이하의 절이 문장 전체의 목적어 역할을 해주고 있어. 그리고 간접의문문이니까 알지? 의주동!

6. You will find / the hardboiled egg / spins so easily / while the raw doesn't.
당신은 발견할 것이다 / 삶은 달걀이 / 너무 쉽게 회전한다는 것을 / 날계란은 그렇지 않은 반면

⇒ 당신은 날계란은 그렇지 않은 반면 삶은 달걀은 너무나 쉽게 회전한다는 것을 발견할 것이다.

혼공TIP find와 the hardboiled 사이에 that이 생략된 형태라고도 볼 수 있어. 접속사 that은 종종 생략되거든. 즉 that절이 문장 전체에서 목적어 역할을 해주고 있어. while절은 앞뒤에 상반된 내용이 나왔으니까, '~하는 동안에'가 아니라 '~하는 반면에'로 해석된다는 것을 알아 둬.

7. Imagine / that a study / on the effects of drinking coffee / comes out / in the news.
상상해 봐라 연구가 커피를 마시는 것의 효과에 대한 나오는 것을 뉴스에

⇒ 커피를 마시는 것의 효과에 대한 연구가 뉴스에 나오는 것을 상상해 봐라.

혼공TIP 5번과 똑같이, 명령문 안에서 that절이 목적어 역할을 해주는 것을 볼 수 있을 거야. 참고로 that절 안에서 주어가 많이 길어졌는데, a study가 주어이고 on ~ coffee까지는 수식어구야.

8. Your parents / may be afraid / that you won't spend / your allowance / wisely.
당신의 부모님들은 염려할 수도 있다 당신이 쓰지 않을까봐 당신의 용돈을 현명하게

⇒ 당신의 부모들은 당신이 (당신의) 용돈을 현명하게 쓰지 않을까봐 염려할 수도 있다.

혼공TIP that 이하의 절이 문장 전체의 목적어로 사용되고 있어. 구조는 상당히 단순하지? 문장 덩어리를 잘 묶어주면 쉽게 해석할 수 있어.

9. That's why / I knew / something was terribly wrong / that afternoon / last spring.
그래서 나는 알았다 뭔가가 끔찍하게 잘못되었다는 것을 그날 오후에 지난봄에

⇒ 그래서 나는 지난봄 그날 오후에 뭔가가 끔찍하게 잘못되었다는 것을 알게 되었다.

혼공TIP That's why를 '그것이 ~하는 이유이다'라고 참 많이들 해석해. 그런데 조금 긴 문장에서는 해석이 내 마음에 와 닿지 않아. 그래서 선생님은 '그래서'라고 해석하곤 하지. 논리상 딱 맞고, 깔끔해. 쉿~~~ 혼공하는 친구들만 알자구. 가령 That's why I came here. 하면 '그것이 왜 내가 여기 왔는지 이유이다.'라고 하는 것보다 '그래서 제가 여기에 왔습니다.'라는 게 훨씬 더 쉽잖아?

10. They / also had to estimate / how many other students / would do the task.
그들은 또한 추정해야만 했다 얼마나 많은 다른 학생들이 그 과업을 할지를

⇒ 그들은 또한 얼마나 많은 다른 학생들이 그 과업을 할지 추정해야만 했다.

혼공TIP how 이하의 간접의문문이 문장 전체에서 estimate에 대한 목적어로 사용되고 있어. 마찬가지로 의주동의 어순 지키는 거 명심하자. 전체 구조는 「S + V + O」의 3형식이야. 목적어에 how로 시작되는 절[문장]이 와서 길어진 것 뿐.

빈칸 요리하기

p.148

1. (k)now, (s)ave **2.** (m)ap, (o)ccurs **3.** (s)pins, (r)aw **4.** (t)hat, (e)ffects
5. (s)pend, (a)llowance

p.149

A. His idealism ran high and he thought he would be able to fix all of their problems.

❶ His idealism ran high and he thought he would be able to fix all of their problems.

→ 그의 이상주의는 높아졌다

❷ His idealism ran high and he thought he would be able to fix all of their problems.

→ 그의 이상주의는 높아졌고 그는 생각했다

❸ His idealism ran high and he thought he would be able to fix all of their problems.

→ 그의 이상주의는 높아졌고 그는 그가 그들의 모든 문제들을 해결할 수 있을 거라 생각했다.

혼공TIP His idealism / ran high / and he thought / he would be able to fix / all of their problems.
그의 이상주의는 / 높아졌다 / 그리고 그는 생각했다 / 그가 해결할 수 있을 거라 / 모든 그들의 문제들을

B. That requires, of course, that his parents know where they themselves stand.

❶ That requires, of course, that his parents know where they themselves stand.

→ 그것은 필요로 한다

❷ That requires, of course, that his parents know where they themselves stand.

→ 그것은 물론 그의 부모님들께서 안다는 것을 필요로 한다

❸ That requires, of course, that his parents know where they themselves stand.

→ 그것은 물론 그의 부모님들께서 어디에 그들 자신이 서 있는지를 안다는 것을 필요로 한다.

혼공TIP That requires, / of course, / that his parents know / where they themselves stand.
그것은 필요로 한다 / 물론 / 그의 부모님들께서 안다는 것을 / 어디에 그들 자신이 서 있는지를

혼공 16일차 부사절 때문에 진짜 길어진 문장

1단계 개념 요리하기

p.153

디저트 퀴즈

EX) 내가 일어섰을 때, 그녀는 울기 시작했다.

1. (While she was walking along the street), she met him.
그녀가 길을 따라서 걷는 동안, 그녀는 그를 만났다.

2. I can go out (after Mom comes home). 나는 엄마가 집에 오신 다음에 갈 수 있다.

3. Don't start (until I give the word). 내가 명령할 때까지 시작하지 마라.

4. The city has changed a lot (since I moved here). 내가 여기로 이사온 이후로 도시는 많이 바뀌었다.

2단계 문법 요리하기

p.154

1. While I am good at math, / my brother is hopeless.
내가 수학을 잘하는 반면 / 내 오빠는 가망이 없다

혼공TIP '반면'이란 의미를 지닌 접속사는 while이야. as는 '~이기 때문에, ~로서, ~함에 따라'의 의미를 가져.

Word hopeless 가망이 없는

2. I have waited / for you / since you left me.
나는 기다려왔다 / 너를 / 네가 나를 떠난 이후로

혼공TIP 뒤에 since로 시작하는 부사절이 왔어. '~이후로'라는 뜻의 since와 완료 표현은 늘 같이 오지? '네가 떠난' 시점 이후로 현재까지 쭉 기다렸다는 거니까 과거 시제보다는 현재완료 시제가 적합하지.

3. As soon as I know the result, / I'll let her know.
내가 그 결과를 알자마자 / 나는 그녀가 알게할 거야

혼공TIP as soon as possible이라고 들어봤어? ASAP라고 '가능한 한 빨리'라는 표현이지. 이 표현을 통해 '~하자마자'라는 as soon as를 꼭 숙지하길 바라.

4. Now that you mention it, / I do remember.
네가 그것을 언급한 이상 / 나는 똑똑히 기억해

혼공TIP '~한 이상'이라는 의미를 지닌 접속사는 now (that)야. I remember과 I do remember의 차이도 알아야 해. do는 '정말로'라는 뜻의 조동사로 강조를 표현할 때 쓰여.

5. I will leave here / if it doesn't rain.
나는 여기를 떠날 것이다 만약 비가 내리지 않는다면

혼공TIP '비가 오지 않는다면' 떠난다고 했기 때문에 부사절에 이미 부정 표현이 있지. 그래서 unless가 아닌 if가 와야 해. 만약 부사절이 it rains였다면 unless가 와야겠지.

6. Even though he wasn't feeling well, / he went to work today.
그는 비록 몸이 좋지 않았지만 그는 오늘 출근했다

혼공TIP even though든, 그냥 though든 간에 모두 '~에도 불구하고'라는 뜻의 양보 접속사야. 다만 even though는 '심지어 ~에도 불구하고, 심지어 ~인데도'로 더 강조되는 느낌이야.

7. Go early / in order / that you can get a good seat.
일찍 가라 ~하기 위해서 네가 좋은 자리를 얻을 수 있도록

혼공TIP '~하기 위해서'라는 목적을 나타낼 때에는 in order that이 맞지. 참고로 in order to 부정사도 '~하기 위해서'라는 목적을 나타내지.

8. It is so dark / that I can't see my hands.
너무 어둡다 그래서 나는 내 손들을 볼 수 없다

혼공TIP 「so 형용사/부사 that ~」이 있고, 「so that ~」 구문이 있어. 전자는 '너무 ~해서 그 결과 ~하다'이고, 후자는 '~할 수 있도록'이라는 뜻이야. 잘 구분해야 해.

9. He studied very hard / so that he might pass this exam.
그는 굉장히 열심히 공부했다 그가 이 시험에 통과할 수 있도록[통과하기 위해]

혼공TIP 「so that ~」은 '너무 ~해서 그 결과 ~하다'라는 뜻이니까 8번과 잘 구분해야 해.

10. Since she is ill, / we can't go on a trip / with her.
그녀가 아프기 때문에 우리는 여행을 갈 수 없다 그녀와 함께

혼공TIP 해석 상 '~이기 때문에'란 접속사가 와야 하잖아. 순간 since가 '~이후로, ~이래로'라는 뜻이 있으니 헷갈릴 수도 있어. 하지만 since는 '~이기 때문에'란 의미도 지녀. 문맥에서의 의미가 아주 중요해.

3단계 해석 요리하기

p.155

1. When the bus arrived, / I just hopped on.
버스가 도착했을 때 / 나는 그냥 올라탔다

⇒ 버스가 도착했을 때, 나는 그냥 올라탔다.

혼공TIP hop이란 표현은 재미로 '깡충 하고 뛰다'라는 것이야. 버스에 즐겁게 올라탄 느낌이 나지?

2. If you leave the situation, / the opposite is true.
만약 여러분들이 그 상황을 떠나면 / 정반대가 사실이 된다

⇒ 만약 여러분들이 그 상황을 떠나면 정반대가 사실이 된다.

혼공TIP 아직까지 많이 쉽지? if도 기본적인 '만약 ~한다면'이라는 뜻이잖아. opposite이라는 단어만 좀 주의하자.

3. When Louis finished, / everybody burst into laughter.
루이스가 끝마쳤을 때 / 모든 사람들이 웃음보를 터뜨렸다

⇒ 루이스가 끝마쳤을 때, 모든 사람들이 웃음보를 터뜨렸다.

혼공TIP burst into laughter라는 숙어만 잘 알아도 쉬운 문장이야. 부사절과 뒤의 주절 사이만 잘 끊어주면 문제될 것이 없어.

4. If you are at a baseball game, / how do you know / where to look?
만약 당신이 야구 경기에 있다면 / 어떻게 아는 것일까 / 어디를 봐야 할지를

⇒ 만약 당신이 야구 경기에 있다면, 어디를 봐야 할지를 어떻게 아는 것일까?

혼공TIP 뒤에 평서문이 아니라 의문문이 올 수도 있어. where to look은 「의문사 + to 부정사」의 구조이고 should의 의미[의무]가 녹아 있어. '어디를 봐야 할지'로 해석되고 목적어 자리이니까 '을,를' 붙여주면 끝!

5. What's happening / when we're actually doing / two things / at once?
무슨 일이 일어나고 있을까 / 우리가 실제로 하고 있을 때 / 두 가지 일을 / 동시에[한번에]

⇒ 우리가 실제로 두 가지 일을 동시에 하고 있을 때 무슨 일이 일어나고 있을까?

혼공TIP when부터 at once까지는 하나의 부사절이야. 실제로는 What's happening?이라는 단순한 문장이야.

6. The addax is active / at night / since the heat of the desert / makes it exhausted.
아닥스 여우는 활동을 한다 / 밤에 / 왜냐하면 사막의 열기가 / 그것을 지치게 만들기 때문이다

⇒ 사막의 열기가 그것을 지치게 만들기 때문에, 아닥스 여우는 야행성이다.

혼공TIP since가 여기선 '~ 이래로'라는 의미가 아니라 '~ 때문에'라는 의미로 쓰였어. 무작정 since가 나왔다고 현재완료 시제를 써 주는 것이 아니라 문맥 안에서 각 접속사가 어떤 의미를 가지는지 그때그때 판별해 줘야 해.

7. As you worked hard / in order to enter that college, / you deserve your success.
네가 열심히 노력했기 때문에 / 그 대학에 들어가기 위해 / 너는 그 성공에 대한 자격이 있다

⇒ 네가 그 대학에 들어가기 위해 열심히 노력했기 때문에, 너는 그 성공에 대한 자격이 있다.

혼공TIP 여기서 as는 '~이기 때문에'란 의미의 접속사로 쓰였어. 이렇게 문맥 안에서 의미를 자연스럽게 해석하려면 문장을 많이 보고 해석하는 연습을 되풀이 할 수밖에 없어.

8. The English find an English document / of the year 1300 / very difficult
영국인들은 영어 문서를 생각한다 1300년의 아주 어렵다고

/ to understand / unless they have special training.
이해하기에 그들이 특별한 훈련을 받지 않는다면

⇒ 영국인들은 특별한 훈련을 받지 않고서는 1300년의 영어 문서를 이해하기 매우 어렵다고 생각한다.

혼공TIP 이 문장이 갑자기 나와서 당황했지? find가 발견하다는 뜻도 있지만, '어떤 것이 쉽다, 어렵다'와 같이 쓰이면 '생각하다'라는 뜻이 자연스러워. 고로 unless 이전의 문장은 「S + V + O + O.C.(very difficult) + M(to understand)」의 아주 단순한 구조야.

9. Perhaps / the biggest mistake / that most investors make
아마도 가장 큰 실수는 대부분의 투자자들이 만드는

/ when they first begin investing / is getting into a panic / over losses.
그들이 처음으로 투자를 시작할 때 공황상태에 빠지는 것이다 손실에 대해

⇒ 아마도 대부분의 투자자들이 투자를 처음 시작할 때 저지르는 가장 큰 실수는 손실을 보고 공황상태에 빠지는 것이다.

혼공TIP 중간에 when ~ investing은 부사절이 들어 간 거야. 구조 자체는 '실수는 공황상태에 빠지는 것이다'라는 2형식이야. 수식어구가 많은 것 뿐이야. 위의 끊어 읽기를 잘 보고 반복해서 연습해 보자.

4 단계 빈칸 요리하기

p.156

1. (W)hen, (b)urst **2.** (a)ctive, (s)ince, (e)xhausted **3.** (I)f, (w)here
4. (o)rder, (d)eserve **5.** (i)nvestors, (w)hen, (p)anic, (l)osses

5단계 수능 요리하기

p.157

A. Hikers tend to take more risks when they think a rescuer can access them easily.

❶ Hikers tend to take more risks when they think a rescuer can access them easily.
→ 하이커들은 더 많은 위험을 감수하는 경향이 있다

❷ Hikers tend to take more risks when they think a rescuer can access them easily.
→ 하이커들은 그들이 생각할 때 더 많은 위험을 감수하는 경향이 있다

❸ Hikers tend to take more risks when they think a rescuer can access them easily.
→ 하이커들은 그들이 구조대원들이 그들에게 쉽게 접근할 수 있을 거라고 생각할 때 더 많은 위험을 감수하는 경향이 있다.

혼공TIP Hikers / tend to take more risks / when they think / a rescuer can access them / easily.
하이커들은 / 더 많은 위험을 감수하는 경향이 있다 / 그들이 생각할 때 / 구조대원들이 그들에게 접근할 수 있다고 / 쉽게

B. Jeremy became so stressed that he even dreaded going into his classroom.

❶ Jeremy became so stressed that he even dreaded going into his classroom.
→ 제레미는 되었다

❷ Jeremy became so stressed that he even dreaded going into his classroom.
→ 제레미는 너무 스트레스를 많이 받았다

❸ Jeremy became so stressed that he even dreaded going into his classroom.
→ 제레미는 너무 스트레스를 많이 받아서 그는 심지어 그의 교실로 들어가는 것도 두려워하게 되었다.

혼공TIP Jeremy became so stressed / that he even dreaded / going into his classroom.
제레미는 너무 스트레스를 많이 받았다 / 그 결과 그는 심지어 두려워했다 / 그의 교실로 들어가는 것도

혼공 17일차 가주어, 가목적어 it

1단계 개념 요리하기

p.161

디저트 퀴즈

EX) 비가 많이 내리고 있네. 집에 있자.

1. 대명사 나는 '로미오와 줄리엣'을 읽었다. 그리고 나는 그것을 매우 즐겼다.

2. 가주어 그와 이야기하는 것은 언제나 유쾌하다.

3 가목적어 나는 심리학을 공부하는 것이 흥미롭다는 것을 알게 되었다.

4. 비인칭주어 곧 어두워졌다.

2단계 문법 요리하기

p.162

1. I found it difficult / to do my math homework / by myself.
나는 어렵다고 생각했다 / 내 수학 숙제를 하는 것을 / 나 혼자서

혼공TIP 뒤에 to do부터가 진짜 목적어가 되는 거야. 진짜 목적어가 뒤에 있으니 앞의 found 다음에는 가목적어인 it이 나와야겠지.

2. It is dangerous / to talk to a stranger.
위험하다 / 낯선 사람과 이야기 하는 것은

혼공TIP 앞의 주어 It은 큰 의미가 없지? 바로 진짜 주어는 뒤에 to talk 이하이기 때문이지. 그래서 '~은, 는'으로 해석한 거야.

Word stranger 이방인[낯선 사람]

3. It was rude / of you to go away / without saying good-bye.
무례했다 / 네가 떠나버린 것은 / 작별 인사 없이

혼공TIP 사람의 성격을 나타내는 형용사 다음에 to 부정사의 의미상의 주어를 쓸 때에는 「of + 목적격」을 쓰지? It은 가주어이고, to go away가 진주어가 되는 거야.

4. She thought it easy / to finish the task / within two hours.
그녀는 쉽다고 생각했다 / 그 일을 끝내는 것을 / 두 시간 내로

혼공TIP it은 가목적어이고 to finish the task가 진목적어가 되는 거야.

5. It is hard / for a rich man / to enter the kingdom of heaven.
어렵다 / 부자가 / 천국이란 왕국으로 들어가는 것은

혼공TIP 가주어 진주어 구문이야. hard는 사람의 성격을 나타내는 형용사가 아니기 때문에 「for + 의미상의 주어」가 나왔어.

Word kingdom 왕국

6. It was very irresponsible / of you / to drive / after drinking.
아주 무책임했다 / 네가 / 운전하다니 / 음주 후에

혼공TIP 역시 '무책임한'이라는 형용사는 사람의 성격, 성향을 나타내는 형용사니까 「of + 의미상의 주어」가 나왔네?

Word irresponsible 무책임한

7. It is clear / that we should find / another energy source.
명백하다 / 우리가 찾아야 한다는 것은 / 또 다른 에너지 원동력을

혼공TIP that 이하가 진짜 하고 싶은 말, 즉 진주어인 거 알겠지? that절 속의 문장은 참고로 3형식이야. 「S + V + O」 잖아.

8. He thought it wise / to say nothing / about the matter.
그는 현명하다고 생각했다 / 아무것도 말하지 않는 것이 / 그 일에 대해

혼공TIP 5형식 문장이야. it은 가목적어이고 to say nothing이 진목적어이지. 「가목적어 it + 형용사 + 진목적어」의 어순이기 때문에 형용사인 wise가 정답이야.

9. It is better / to light a candle / than to curse the darkness.
더 낫다 / 촛불에 불을 붙이는 게 / 어둠을 저주하는 것보다

혼공TIP 비교급 문장이네. better ~ than으로 구조가 보여야 해. to 부정사끼리 to light와 to curse를 비교해 놓은 거야.

Word curse 저주하다

10. It is not known / when Shakespeare first appeared / in London.
알려져 있지 않다 / 언제 셰익스피어가 처음으로 나타났는지 / 런던에서

혼공TIP 역시 궁금한 정보가 뒤에 다 나오지. It을 굳이 '그것'이라고 해석하지 않아도, 직독 직해를 해봐. 순서대로 해석해도 이해할 수 있어.

Word appear 나타나다

3 단계 해석 요리하기

p.163

1. But it makes sense / to think / about how often you do.
하지만 이치에 맞다 / 생각해보는 것은 / 얼마나 종종 네가 하는지에 대해

⇒ 그러나 네가 얼마나 종종 하는지 생각해보는 것은 이치에 맞다.

혼공TIP 여기서 it은 가주어야. 진주어는 to think about이 왔고 그것의 목적어로 how often ~ 이라는 간접의문문[의문사절]이 왔어.

2. Rosa made it clear / that our happiness was important / to her / as well.
로사는 분명히 밝혀주었다 / 우리의 행복이 중요하다라는 것을 / 그녀에게 / 또한

⇒ 로사는 우리의 행복이 그녀에게 또한 중요하다라는 것을 분명히 밝혀주었다.

혼공TIP 여기서 it은 가목적어고, 진주어는 that절 이하이네. 기본적으로 이 문장은 5형식이야. 진목적어가 that절로 나올 수도 있다는 것 배웠으니 당황하지 말고 유연하게 대처하자.

3. It is important / to recognize your pet's particular needs / and respect them.
중요하다 / 당신의 애완동물의 특정한 요구를 인식하는 것 / 그리고 그것들을 존중하는 것은

⇒ 당신의 애완동물의 특정 요구를 인식하고 그들을 존중하는 일은 중요하다.

혼공TIP 여기서 it은 가주어고 진주어는 to recognize ~ and respect them이야. and 다음에 to respect이지만 앞과 병렬 연결될 때 생략하기도 하니까 참고해.

4. More and more people / find it quite a fulfilling task / and very beneficial.
점점 더 많은 사람들이 / 그것을 아주 성취감을 주는 일이라 생각한다 / 그리고 유익하다고

⇒ 점점 더 많은 사람들이 그것이 아주 성취감을 주는 일이며 굉장히 유익하다고 생각한다.

혼공TIP it을 보자마자 '가목적어'구나 라고 단정하면 안 돼. 여기서는 뒤에 to 부정사나 that절이 안 나왔잖아? 말 그대로 '그것'이라는 대명사로 받아들여야 해. find A B는 'A를 B라고 생각하다'라는 뜻의 5형식 문장이야.

5. It's great / to have people / in your life / who believe in you / and cheer you on.
대단하다 / 사람들을 가지고 있는 것은 / 당신의 삶에서 / 당신을 믿는 / 그리고 당신을 응원해주는

⇒ 당신을 믿어주고 응원해주는 사람들이 삶에 있다는 건 대단한 일이다.

혼공TIP 여기서 it은 가주어야. 진주어는 to have 이하고 who는 사람에 대한 정보를 주는 관계대명사니까 선행사는 당연히 people이 되겠지? 꼭 바로 앞의 명사가 선행사가 되는 것은 아니라는 것을 알아 둬. believe와 cheer 두 개가 and로 연결되어 있어.

6. It's better / that you make your mistakes / early on / rather than later / in life.
더 낫다 / 당신이 실수를 하는 것이 / 일찍 / 나중 보다 / 삶에서

⇒ 당신이 삶에서 늦게 실수를 하는 것보단 일찍 실수를 하는 게 더 낫다.

혼공TIP 가주어는 It이고 진주어는 that 이하야. 그리고 than 이하부터는 동어 반복 때문에 생략되어 있는 부분들이 많은데, 풀어쓰자면 you make your mistakes later in life야. 비교 대상이 early와 later인 거 이제 좀 보이지?

7. Technology makes it much easier / to worsen a situation / with a quick response.
기술은 훨씬 더 쉽게 만든다 / 한 상황을 악화시키는 것을 / 성급한 반응으로

⇒ 기술은 성급한 반응으로 상황을 악화시키는 것을 훨씬 더 쉽게 만든다.

혼공TIP 기본적으로 5형식 문장이야. 목적어가 it, 목적격보어가 much easier이지. it의 진목적어는 to worsen 이하이고. 여기서 주목할 점은 비교급의 강조 표현인데 easier를 강조해주기 위해 much를 썼어. 비교급 앞에서 still, even, a lot, much, far, by far는 '훨씬'이라는 의미를 가지고 있다는 것 꼭 알아둬야 해.

8. It is important / to realize / that shopping is really a search / for information.
중요하다 / 깨닫는 것은 / 쇼핑이 실제로 찾는 것[검색]이라는 것을 / 정보를 위한

⇒ 쇼핑이 실제로 정보 검색이라는 것을 깨닫는 것은 중요하다.

혼공TIP It은 가주어이고 그것의 진주어는 to realize that 이하야. that 이하의 문장만 차분히 정리하면 어렵지 않아.

4 단계 빈칸 요리하기

p.164

1. (i)t (c)lear, (i)mportant **2.** (I)t, (r)ecognize, (n)eeds **3.** (i)t, (b)eneficial
4. i(t), (w)orsen, (r)esponse **5.** (I)t, (r)ealize

5단계 수능 요리하기

p.165

A. Therefore, it is not surprising that humans use all their five senses to analyze food quality.

❶ Therefore, it is not surprising that humans use all their five senses to analyze food quality.

→ 따라서 놀랍지 않다

❷ Therefore, it is not surprising that humans use all their five senses to analyze food quality.

→ 따라서 인간이 오감을 모두 사용하는 것은 놀랍지 않다

❸ Therefore, it is not surprising that humans use all their five senses to analyze food quality.

→ 따라서 인간이 음식의 질을 분석하기 위해 모든 오감을 모두 사용하는 것은 놀랍지 않다.

혼공TIP Therefore, it is not surprising / that humans use all their five senses / to analyze food quality.
따라서 놀랍지 않다 / 인간이 모든 오감을 모두 사용하는 것은 / 음식의 질을 분석하기 위해

B. It is best to assume nothing and treat the problem as if you have never seen it.

❶ It is best to assume nothing and treat the problem as if you have never seen it.

→ 아무것도 추정하지 않는 것이 최고다

❷ It is best to assume nothing and treat the problem as if you have never seen it.

→ 아무것도 추정하지 않고 문제를 다루는 것이 최고다

❸ It is best to assume nothing and treat the problem as if you have never seen it.

→ 아무것도 추정하지 않고 마치 그것을 한 번도 본 적이 없는 것처럼 문제를 다루는 것이 최고다.

혼공TIP It is best / to assume nothing / and treat the problem / as if you have never seen it.
최고다 / 아무것도 추정하지 않는 것이 / 그리고 문제를 다루는 것이 / 마치 당신이 그것을 절대 본 적이 없는 것처럼

혼공 18일차 비교, 최상 표현

1단계 개념 요리하기

p.171

디저트 퀴즈

EX) 시간은 가장 귀중한 것이다.

1. stupid

그는 돌고래만큼이나 멍청하다.

2. bigger

샘의 가게는 피터의 가게보다 더 크다.

3. sweetest

가장 사랑스러운 꽃이라고 해서 가장 달콤한 건 아니다.

4. larger

서울은 한국 안에서 그 어떤 도시보다 크다.

2단계 문법 요리하기

p.172

1. No other music fascinates me / more than Jazz.

어떠한 다른 음악도 나를 매혹시키지 않는다 / 재즈보다 더

혼공TIP 최상급의 의미를 비교급으로 나타내준 경우야. '그 어떤 음악도 재즈만큼 날 설레게 하지 못한다'라는 의미니까 '재즈가 최고다!'란 의미가 성립되는 거겠지?

Word fascinate 매혹하다

2. The air / is as badly polluted / as the river.

공기는 / 나쁘게 오염되어 있다 / 강만큼

혼공TIP 애초에 이 자리가 바로 뒤의 '오염된(polluted)'이라는 형용사를 수식해주는 거니까, 부사가 와야 해. 그래서 해석도 '나쁘게 오염된'으로 되는 것이지.

Word pollute 오염시키다

3. Enjoy your school life / as much as possible!

너의 학창 생활을 즐겨라 / 가능한 한 많이

혼공TIP 「as + 원급 + as」의 표현이니 more는 비교급이라 탈락! as soon as possible 이나 as much as possible은 그 자체로 많이 쓰이는 표현이니까 덩어리째 외워 둬야 해.

4. He is not so arrogant / as I thought he was.
그는 오만하지 않다 내가 생각했던 것만큼

혼공TIP 사실 원급 표현의 정석은 「as + 원급 + as」이지만, 「so + 원급 + as」라고 써도 상관없어. 변형된 모습에도 당황하기 없기!

Word arrogant 오만한

5. The faster he drove, / the more nervous I became.
더 빨리 그가 운전할수록 나는 더 긴장되었다

혼공TIP 그 유명한 더비 더비[the 비교급] 구문이야. 「the 비교급 ~, the 비교급」은 '더 ~할수록 더 ~하다'란 의미를 나타내. 따라서 이러한 의미가 통하기 위해서는 빈칸에 최상급 표현이 아닌 비교 표현 more가 와야겠지?

6. This rope / is five times as long as that one.
이 밧줄은 저것보다 다섯 배나 더 길다

혼공TIP 해석이 '다섯 배 더 길다'로 되니까 「배수사 + as long(원급) as」를 써줘야 해.

7. The more you study, / the more satisfied you feel with the result.
네가 더 많이 공부할수록 너는 결과에 더 만족할 것이다

혼공TIP 헷갈리는 문제였을 수 있어. '더 만족한'이라는 표현은 more satisfied가 되어야 해. 그것이 하나의 덩어리가 되고 그 뒤에 「주어 + 동사」의 어순이 되는 거지.

8. The most stupid man / can solve / this problem.
가장 멍청한 사람이 풀 수 있다 이 문제를

혼공TIP 일말의 의심도 없이 the를 골랐어야 해. 최상급 표현이 명사를 수식하는 역할을 할 땐 반드시 정관사 the와 같이 쓰여.

9. No other jewel is more expensive / than diamond.
어떤 다른 보석도 더 비싸지 않다 다이아몬드보다

혼공TIP 1번과 똑같은 형태의 문장이야. 비교 표현으로 다이아몬드에 대한 최상급 의미를 나타내주었지? 이런 문장들은 형식이 똑같으니까 아예 통째로 외워주는 게 오히려 더 편할 수 있을 거야. 부정어로 시작하고 뒤에 than이 나온다면 than 다음이 최고라는 뜻이야.

10. Please explain / what happened / as clearly as possible.
설명해 주세요 무슨 일이 발생했는지 가능한 한 명확하게

혼공TIP as ~ as안에는 형용사와 부사 모두 올 수 있어. 하지만 이 문장에서 as ~ as가 의미를 더해주는 부분이 explain이라는 동사니까 안에는 부사가 와야 해. 해석도 그래서 '최대한 명료하게 설명해 봐!'로 되잖아. 그래서 부사인 clearly를 써줘.

3단계 해석 요리하기

p.173

1. No other country / exported more rice / than India / in 2012.
어떤 다른 나라도 ~않다 / 더 많은 쌀을 수출했다 / 인도보다 / 2012년에

⇒ 그 어떤 국가도 2012년에 인도보다 더 많은 쌀을 수출하지 않았다.

혼공TIP 앞에서 반복했던 형태의 문장이야. 비교 표현으로 최상급 의미를 표현하는 문장은 자주 나오니 통째로 외워두자.

2. This led / to one of the most difficult decisions / of Tim's life.
이것은 이끌었다 / 가장 어려운 결정 중 하나로 / 팀의 인생에서

⇒ 이것은 팀의 인생에서 가장 어려웠던 결정들 중 하나로 이끌어냈다.

혼공TIP 여기서 주목해야 할 점은 「one of the 최상급 + 복수명사」 표현이야. 이 표현이 주어로 오게 되면 복수명사에 현혹되지 말고 one을 보고 주어를 단수로 생각해야 해. lead to는 '~로 이끌다' 즉, 야기하다(cause)의 의미야.

3. Education / was not the least popular travel purpose / for all 3 years.
교육이 / 가장 인기가 적은 여행 목적은 아니었다 / 3년 전체 동안

⇒ 교육이 3년 전체 동안 가장 인기가 적은 여행 목적은 아니었다.

혼공TIP least는 less의 최상급 표현이야. '덜 ~한'의 최상급이니 당연히 '가장 적게 ~한'이란 의미겠지? 근데 이걸 또 부정하는 걸 보니 의미상 교육이 여행 목적에 있어 꼴찌는 아니었던 모양이야.

4. But / they unintentionally left another, / more positive legacy as well.
그러나 / 그들은 의도치 않게 또 다른 것을 남겼다 / 더 긍정적인 유산 또한

⇒ 그러나 그들은 의도치 않게 또 다른, 더욱 긍정적인 유산 또한 남겼다.

혼공TIP another(또 다른 것)을 남겼다고 하는데 무엇인지 궁금했지? 그래서 필자는 콤마 다음에 그것에 대한 설명을 남겼어. '좋은 것도 남겼다'라는 거겠지.

5. The emotion / begins to disappear / as soon as you move away / from the situation.
감정은 / 사라지기 시작한다 / 당신이 멀어지자마자 / 그 상황으로부터

⇒ 감정은 당신이 그 상황으로부터 멀어지자마자 사라지기 시작한다.

혼공TIP as soon as는 하나의 덩어리로 '~하자마자'란 의미로 쓰여. 이것도 덩어리째 암기하자.

6. Germany, / which spent 20 billion dollars / less than the USA, / took 3rd place.
독일은 / 200억 달러를 사용했던 / 미국보다 덜 / 3위를 차지했다

⇒ 미국보다 200억 달러나 덜 사용한 독일은 3위를 차지했다.

혼공TIP 콤마와 콤마 사이에 들어가는 내용을 문장에서 '삽입'이라고 해. 주로 필자가 앞에 나온 내용을 더 자세히 풀어서 설명하고 싶을 때 쓰지. 그 내용이 없어도 문장은 성립이 돼. 다만 내용이 덜 풍부할 뿐.

7. SF / involves much more / than shiny robots / and fantastic spaceships.
SF는 / 훨씬 더 포함한다 / 반짝이는 로봇보다 / 그리고 환상적인 우주선들보다

⇒ SF는 반짝이는 로봇들과 환상적인 우주선들보다 훨씬 더한 것을 포함한다.

혼공TIP 이 문장에서 주목해야할 점은 비교 표현의 강조야. 비교 표현을 강조해주는 단어들로는 much, far, still, even, a lot 등이 있어. 비교급 앞에서는 '훨씬'이라는 뜻으로 쓰인다는 점 기억해둬.

8. The more / you know about baseball, / the more / that knowledge informs
더 많이 / 당신이 야구에 대해 알수록 / 더 많이 / 그 지식이 알려 준다

/ how you see a game.
어떻게 당신이 게임을 보는지를

⇒ 당신이 야구에 대해 더 많이 알수록, 그 지식은 더 많이 당신이 게임을 어떻게 보는지를 알려준다.

혼공TIP 대표적인 더비더비 구문이야. 앞에서 다룬 것 안에서 크게 벗어나지 않고 있어. 주목할 점은 뒤 문장에서 informs의 목적어로 간접의문문이 왔다는 정도.

9. The employees / as a whole / had a higher job satisfaction / than industry norms.
근로자들은 / 전체적으로 / 더 높은 직장 만족도를 가졌다 / 산업 기준보다

⇒ 전체적으로 근로자들은 산업 기준보다 더 높은 직장 만족도를 보였다.

혼공TIP 비교급 higher가 나왔으니 '더 높은'이라고 해석하면 되겠지?

4단계 빈칸 요리하기

p.174

1. (o)ther, (e)xported **2.** (l)ed, (d)ecisions **3.** (u)nintentionally, (l)egacy
4. (l)ess, (p)lace **5.** (e)mployees, (h)igher, (n)orms

5단계 수능 요리하기

p.175

A. This matter is more complex than simply regarding all extrinsic rewards as controlling or diminishing learning.

❶ This matter is more complex than simply regarding all extrinsic rewards as controlling or diminishing learning.
→ 이 문제는 더 복잡하다

❷ This matter is more complex than simply regarding all extrinsic rewards as controlling or diminishing learning.
→ 이 문제는 단지 모든 외적인 보상을 여기는 것보다 더 복잡하다

❸ This matter is more complex than simply regarding all extrinsic rewards as controlling or diminishing learning.
→ 이 문제는 단지 모든 외적인 보상을 학습을 통제하거나 축소시키는 것으로 여기는 것보다 더 복잡하다.

혼공TIP This matter is more complex / than simply regarding / all extrinsic rewards / as controlling or diminishing learning.
이 문제는 더 복잡하다 / 단지 여기는 것보다 / 모든 외적인 보상을 / 학습을 통제하거나 축소시키는 것으로

B. Many disciplines are better learned by entering into the doing than by abstract study.

❶ Many disciplines are better learned by entering into the doing than by abstract study.
→ 많은 규율들은 더 잘 학습된다

❷ Many disciplines are better learned by entering into the doing than by abstract study.
→ 많은 규율들은 (실제로) 하는 것을 시작함으로써 더 잘 학습된다

❸ Many disciplines are better learned by entering into the doing than by abstract study.
→ 많은 규율들은 추상적인 학습을 하는 것보다 (실제로) 하는 것을 시작함으로써 더 잘 학습된다.

혼공TIP Many disciplines / are better learned / by entering into the doing / than by abstract study.
많은 규율들은 / 더 잘 학습 된다 / (실제로) 하는 것을 시작함으로써 / 추상적인 학습을 하는 것보다

혼공 19일차 가정법 문장

1단계 개념 요리하기

p.181

디저트 퀴즈

EX) 만약 내가 충분한 시간이 있다면, 나는 패스트 푸드를 먹지 않을 텐데.

1. 가정법 과거 만약 그녀가 똑똑하다면, 그녀는 그 문제를 해결할 수 있을텐데.

2. 가정법 과거완료 내가 더 열심히 공부했다면, 나는 그 시험을 통과할 수 있었을텐데.

3. 가정법 과거완료 나는 내가 부자였기를 바란다.

4. 가정법 과거 그녀는 항상 그녀가 아이인 것처럼 행동한다.

2단계 문법 요리하기

p.182

1. If he were an artist, / he could live / more freely.
만약 그가 예술가라면 / 그는 살 수 있을 텐데 / 더 자유롭게

혼공TIP 가정법 과거에서는 특이하게 주어가 뭐가 되었든 be동사를 were로 써야 해. 주어가 he라도 was가 아니라 were이기 때문에 '가정'이라는 것이 더 눈에 띄지.

Word freely 자유롭게

2. Were it not for your advice, / I would fail.
네 충고가 없다면 / 나는 실패할 텐데

혼공TIP 분명 가정법 문장이긴 한데 if가 생략된 형태야. 문두의 if가 생략되었으면 자연스럽게 주어와 동사가 도치가 돼. 그리고 가정법 문장에서 not for ~가 나오면 '~가 없다면'이라는 의미로 해석하면 돼.

3. But for my son, / I wouldn't have been happy.
내 아들이 없었다면 / 나는 행복하지 않았을 텐데

혼공TIP But for ~ 역시 가정법에 쓰이는 표현이야. 뒤에 「would + 동사원형」이 올 때에는 '~가 없다면'으로 해석되고, 지금처럼 「would + have p.p.」가 오면 '~가 없었다면'으로 해석해야 해.

4. I wish / that you had told me / that you needed money / at that time.
나는 소망한다 네가 나에게 말했기를 네가 돈이 필요하다고 그 당시에

혼공TIP 가정하고 있는 상황 자체가 at that time으로 과거의 일이지? 아마 너란 사람은 과거에 나에게 돈이 없다고 솔직하게 말하지 못한 모양인가 봐. 과거 상황에 대한 가정이니까 가정법 과거완료가 와야 해!

5. Were I rich, / I would travel / around the world.
내가 부자라면 나는 여행할 텐데 세계 곳곳을

혼공TIP 문두에 주어와 동사가 도치되어 있는 것을 보니 if가 생략된 형태의 가정법이구나. 근데 동사가 were이네? 그럼 이건 가정법 과거라는 뜻이잖아! 그래서 시제를 맞춰주기 위해 would travel을 썼지.

6. The secretary wishes / that she had studied English more / in the past.
그 비서는 소망한다 그녀가 영어를 더 공부했기를 과거에

혼공TIP 해석을 보면 가정하고 있는 상황 자체가 in the past야. 즉, 과거의 상황을 지금 가정하고 있는 거지. 따라서 가정법 과거완료가 와줘야 해.

7. If the government were more efficient, / it would make our life / easier.
만약 정부가 더 효율적이라면 그것은 우리 삶을 만들 텐데 더 쉽게

혼공TIP 가정법 과거의 공식 기억하지? 가정법 과거에서 be동사를 쓰고 싶을 때는 were의 형태로 써야 하지. 어색해 보이지만 이것이 가정법이라는 하나의 표시라고 생각하면 돼.

Word efficient 효율적인

8. If war broke out, / what would happen / to us?
만약 전쟁이 발발한다면 무슨 일이 일어날까 우리에게

혼공TIP if절이 다음에 꼭 평서문만 나오는 것은 아니야. 지금처럼 의문문이 나올 수도 있어. 우리말도 그렇잖아. 당황하지 말자.

Word break out 발발하다

9. You drive / as if you were the only driver / on the road.
너는 운전한다 마치 네가 유일한 운전자인 것처럼 도로에서

혼공TIP 우리말 의미를 잘 보면 '~인 것처럼'이니까 앞의 drive와 시제가 같다는 거지. 그래서 가정법 과거를 썼어. 참고로 only를 무조건 '단지'라고 해석하지 말고 명사 앞에서는 '유일한'이라고 해석해야 해. 외동도 only child 라고 해. 유일한 아이니까. 그것을 '단지 아이'하면 안 돼.

10. If it had not been for the accident, / we could have been there / on time.
만약 사고가 없었다면 우리는 거기에 갈 수 있었을 텐데 제때에

혼공TIP 마찬가지로 정말 기본적인 문제야. if절의 시제가 이미 가정법 과거완료라는 걸 말해주고 있기 때문에 당연히 could have p.p.가 들어가야 해.

3 단계 해석 요리하기

p.183

1. If you were crossing a rope bridge / over a valley, / you'd likely stop talking.
만약 당신이 줄다리를 건너고 있다면 / 골짜기 위의 / 당신은 아마 말하는 것을 멈출 것이다

⇒ 만약 당신이 골짜기 위의 줄다리를 건너고 있다면 당신은 아마 말하는 것을 멈출 것이다.

혼공TIP 가정법 과거 시제를 사용하고 있어. if절에 과거진행을 쓴다고 해서 문법적으로 오류가 있는 건 아니야. 기본적으로 가정법 과거라는 큰 틀은 변함이 없어. you'd에서 'd는 would의 축약형인거 알겠지?

2. If we mixed the paints together, / we would fail / in getting that result.
만약 우리가 그 페인트들을 함께 섞는다면 / 우리는 실패할 것이다 / 그 결과를 얻는 데에

⇒ 만약 우리가 그 페인트들을 함께 섞는다면, 우리는 그 결과를 얻는 데에 실패할 것이다.

혼공TIP 위 2번의 문장과 형태가 거의 일치해. 마찬가지로 가정법 과거를 사용해주고 있어.

3. If he had taken that attitude, / he might have ended his days / as a vendor.
만약 그가 그러한 태도를 가지고 있었다면 / 그는 아마도 그의 생애를 끝냈을 것이다 / 행상인으로서

⇒ 만약 그가 그러한 자세를 가지고 있었다면, 그는 행상인으로서의 인생을 마쳤을지도 모른다.

혼공TIP 과거에 그가 '그러한 자세'를 가지고 있지 않았는데 '만약 그때 그러한 자세를 지니고 있었더라면 망했을 것이다'란 내용이잖아. 그래서 가정법 과거완료를 쓴 거야. 남들에게도 충분히 설명할 수 있어야 해. 자, 지나가는 친구를 잡아보자.

4. What difference / would it make / if you now attempted it?
무슨 차이점을 / 그것이 만들까 / 만약 네가 지금 그것을 시도한다면

⇒ 만약 네가 지금 그것을 시도한다면, 무슨 차이점을 그것이 만들까?

혼공TIP if가 뒤에 있어서 당황했니? if절이 뒤에 가도 본질은 변함없어. 가정법 과거라는 것 attempted와 would를 보면 보이지?

5. If the advertisement were recorded / in her voice, / the local radio station / would play it.
만약 그 광고가 녹음된다면 / 그녀의 목소리로 / 그 지역 라디오 방송국이 / 그것을 재생해줄 텐데

⇒ 만약 그녀의 목소리로 그 광고가 녹음된다면, 그 지역 라디오 방송국이 그것을 재생해줄 텐데.

혼공TIP 이제 가정법 과거는 아주 잘 보이지? were, would라는 두 개의 단어만 봐도 아주 쉬울 거야. 이렇게 기초 개념만 쌓으면 그 다음은 단어와 반복연습의 싸움이 되는 거야.

6. If you have a small budget, / you're not going to want to buy lunch / at a restaurant / for your entire group.
만약 당신이 작은 예산이 있다면 / 당신은 점심을 사고 싶지 않을 것이다 / 식당에서 / 당신의 전체 그룹[일행]을 위해서

⇒ 만약 당신이 작은 예산[돈]이 있다면, 당신은 당신의 전체 일행을 위해 식당에서 점심을 사고 싶지 않을 것이다.

혼공TIP 이번에는 가정법 과거가 아니야. 하지만 해석은 똑같잖아. 다시 한번 강조할게. 해석이 같을지라도 가능성이 다르다는 거지. 이 사람은 평소에 돈이 있을 때도 있고, 없을 때도 있는 사람인거야. 만약 가정법 과거로 이 해석이라면, 평소에 돈이 아주 많은 사람일 때 쓰겠지?

7. If you tried to explain / on the cell phone / how to operate a machine,
만약 당신이 설명하려 노력한다면 / 휴대폰 상에서 / 어떻게 기계를 작동하는지를

/ you'd stop walking.
당신은 걸음을 멈출 것이다

⇒ 만약 당신이 휴대폰 상에서 어떻게 기계가 작동하는지를 설명하려 노력한다면, 당신은 걸음을 멈출 것이다.

혼공TIP 가정법 과거지? tried와 'd[would]의 구조가 이제 딱 들어 와야 해. 다만 explain의 목적어로 how to 이하가 왔다라는 것, 그 사이에 on the cell phone이라는 전치사구가 들어왔다는 것 정도가 변수야. 이런 것들에는 흔들리지 말자.

8. If colored green, / it would be difficult / to identify the flavor / as strawberry /
만약 녹색으로 칠해져 있다면 / 어려울 것이다 / 맛을 식별하는 것이 / 딸기로서

unless it was very strong.
그것이 아주 강하지 않다면

⇒ 그것이 아주 강하지 않다면 만약 녹색으로 칠해져 있다면 딸기로 맛을 식별하는 것이 어려울 것이다.

혼공TIP 색깔에 따른 맛의 실험을 하는 내용인가 봐. 딸기 본연의 빨간색을 녹색으로 해놓는다면 아주 강한 딸기 맛이 아닌 이상 '어, 이게 무슨 맛이지'라고 하게 되는 거지. 왜? 색깔 때문에. 이런 내용의 독해 진짜 많이 보게 될 거야. If 다음에 주어가 생략된 형태야. If it were colored green인데 it이 뒤에 또 한 번 나오니 생략되고 be 동사도 생략된 형태야. 어쨌든 핵심어는 다 남아있으니 해석할 수 있어야 해.

9. Researchers / measured / how fast and how many times / dogs would give their paw
연구자들은 / 측정했다 / 얼마나 빨리 그리고 얼마나 많은 횟수에 / 개들이 그것들의 발을 내놓는지

/ if they were not rewarded.
만약 그들이 보상을 받지 않는다면

⇒ 연구자들은 개들이 보상을 받지 않는다면 얼마나 빨리 그리고 얼마나 자주 발을 내놓는지 측정했다.

혼공TIP 역시 개를 데리고 하는 실험의 일부분이네. 먹이를 주지 않고 얼마나 충성심 있게 발을 내놓는지에 대한 거야. would와 were를 보고 가정법 과거라는 구조를 볼 수 있어야 해.

4단계 빈칸 요리하기

p.184

1. (a)ttitude, (e)nded **2.** (r)ecorded, (w)ould **3.** (t)ried, (o)perate
4. (c)olored, (i)dentify, (u)nless **5.** (m)easured, (w)ould, (r)ewarded

5단계 수능 요리하기

p.185

A. How would you feel if I were to offer you the Sales Director position in London?

❶ **How would you feel** if I were to offer you the Sales Director position in London?
→ 당신은 어떻게 느낄까

❷ **How would you feel if I were to offer you** the Sales Director position in London?
→ 만약 내가 당신에게 제공해 준다면 당신은 어떻게 느낄까

❸ **How would you feel if I were to offer you the Sales Director position in London?**
→ 만약 내가 당신에게 런던의 판매 감독 직책을 제공해 준다면 당신은 어떻게 느낄까?

혼공TIP How would you feel / if I were to offer you / the Sales Director position / in London?
당신은 어떻게 느낄까 / 만약 내가 당신에게 제공한다면 / 판매 감독 직책을 / 런던에서

B. People act as if their involvement will somehow affect the outcome of the toss.

❶ **People act** as if their involvement will somehow affect the outcome of the toss.
→ 사람들은 행동한다

❷ **People act as if their involvement will somehow affect** the outcome of the toss.
→ 사람들은 마치 그들의 개입이 어떻게든 영향을 미칠 것처럼 행동한다

❸ **People act as if their involvement will somehow affect the outcome of the toss.**
→ 사람들은 마치 그들의 개입이 동전던지기의 결과에 어떻게든 영향을 미칠 것처럼 행동한다.

혼공TIP People act / as if their involvement / will somehow affect / the outcome of the toss.
사람들은 행동한다 / 마치 그들의 개입이 / 어떻게든 영향을 미칠 거라고 / 동전던지기의 결과에

혼공 20일차 도치, 강조

1단계 개념 요리하기

p.189

디저트 퀴즈

EX) 단 한 마디의 말도 그는 하지 않았다.

1. At our feet lies the valley. 우리의 발에 계곡이 놓여 있다. 부사어구

2. So great was her sorrow that she could hardly speak. 보어

그녀의 슬픔은 너무 커서 그녀는 말을 할 수 없었다.

3. Only through this way can we solve the problem. 부정어구

오직 이 방법을 통해서만 우리는 그 문제를 해결할 수 있다.

4. Never have I tasted such a delicious meal! 나는 그렇게 맛있는 밥을 먹어본 적이 없다! 부정어구

2단계 문법 요리하기

p.190

1. Only for the love / of his family / does he do / hard work.

단지 사랑을 위해 / 그의 가족의 / 그는 한다 / 어려운 일을

혼공TIP 앞에 only라는 부정어가 문두에 나왔으니 「V + S」 형식의 도치가 되어야 해. 여기선 does라는 조동사가 앞에 나오고 그 다음 주어, 그 다음 나머지 동사가 남게 됐어.

2. It is the Internet / that has revolutionized / our way of life.

그것이 인터넷이다 / 대변혁을 일으켰던 것은 / 우리의 삶의 방식에

혼공TIP 전형적인 it ~ that ~ 강조 구문이야. It과 that 사이의 the Internet이 강조되는 거야.

Word revolutionize 대변혁을 일으키다

3. Not only was she a star / of the stage, / but also of the screen.

단지 그녀는 스타였을 뿐 아니라 / 무대에서의 / 또한 영화에서도 (스타였다)

혼공TIP Not only A but also B라는 구문 들어봤지? 'A뿐 아니라 B역시 ~이다'라는 뜻인데 not only를 문두에 두면서 부정어가 앞에 왔으니까 뒤에 was she라고 도치가 일어났어.

4. Around them was / wooden board.
그것들 주위에 있었다 나무로 만든 판자가

혼공TIP 뒤죽박죽 도치된 문장에서는 주어와 동사를 잘 찾아내는 것이 중요해. 여기서 주어는 wooden board이지? 동사 앞에 them이 나왔다고 해서 무작정 were을 고르면 안돼. 심지어 them은 주격도 아닌 목적격이잖아! 이런 류의 문제에 의외로 학생들이 많이 낚여.

5. Between tomorrow's dream and yesterday's regret is / today's opportunity.
내일의 꿈과 어제의 후회 사이에 있다 오늘의 기회가

혼공TIP 4번과 동일한 유형이야. 주어만 찾으면 쉽게 문제를 풀 수 있어. 여기서 주어는 today's opportunity라는 단수기 때문에 are이 아닌 is가 와야 해.

Word opportunity 기회

6. Never did I know / that he had / such a positive attitude.
결코 나는 몰랐다 그가 가지고 있었는지 그렇게 긍정적인 태도를

혼공TIP Never이라는 부정표현이 문두에 나왔기 때문에 「V + S」꼴로 도치가 돼야 해. 보통 조동사 did가 먼저 나오고 그 다음에 「S + V」 어순으로 온다는 것 잊지 마.

7. Little did she dream / that she would marry Bob.
거의 그녀는 꿈에도 생각하지 못했다 그녀가 밥이랑 결혼할지를

혼공TIP 6번과 같은 유형이야. Little이라는 부정표현이 문장 맨 앞에 나왔기 때문에 「V + S」 꼴로 도치가 돼야 해. 따라서 did she dream이 정답이 돼. Little도 '거의 ~없는'이라는 부정어야. 참고로 marry는 뒤에 '누구와'라는 뜻의 with가 올 것 같지만, marry 자체가 이미 '~와 결혼하다'란 뜻이야.

8. She couldn't understand / what the speaker was saying, / and neither could I.
그녀는 이해할 수 없었다 연사가 말하는 것을 그리고 나도 이해할 수 없었다

혼공TIP 마찬가지로 neither이라는 부정표현이 and로 연결되는 두 번째 문장 맨 앞에 나왔기 때문에 주어와 동사를 도치시켜 주어야 해.

9. Never in history / has the Korean language been confused / as it is today.
결코 역사상 한국어가 혼란스러워진 적은 없다 오늘 날처럼

혼공TIP The Korean language has never been confused in history as it is today.라는 문장에서 부정어구 Never가 문두에 오게 되면서 has been confused 부분의 조동사 역할을 하는 has 다음에 the Korean language의 어순으로 배열되었어. 마지막에 as it is today의 as는 '~처럼'이라는 뜻이야.

Word confuse 혼란시키다

10. In the USA / it is the husband / who is in charge of / the family finances.
미국에서는 남편이다 책임을 맡고 있는 사람은 가족의 재정[금전]을

혼공TIP 해석을 보면 it ~ that 강조 구문이라는 것을 알 수 있어. 그 사이에 들어가는 the husband를 강조해 주고 있지.

Word be in charge of ~의 책임을 맡고 있다 finances 자금, 재정

3단계 해석 요리하기

p.191

1. Deep within the jungle / of the southeast province / of Papua / lives the Korowai tribe.
깊은 정글 속에 / 남동쪽 주의 / 파푸아의 / 코로와이 부족이 산다

⇒ 남동쪽 파푸아 주의 깊은 정글엔 코로와이 부족이 산다.

혼공TIP 원래 The Korowai tribe lives deep within ~이라는 문장이야. 그런데 장소의 부사구가 문두로 나오면서 주어와 동사가 도치된 거지.

2. She saw him and said, / "Honey, / you do look depressed."
그녀는 그를 보았고 말했다 / 여보 / 당신 정말 우울해 보여요

⇒ 그녀는 그를 보고 "여보, 당신 정말 우울해 보여요."라고 말했다.

혼공TIP 큰 따옴표 안의 문장을 보면 동사가 do와 look으로 두 개야. 원래 하나의 절에는 동사가 한 개여야 하는 게 원칙인데, 수상하지? 여기서 do는 조동사로 look을 강조해주는 역할을 한다고 봐야 해. '정말로'라고 동사를 강조할 때 쓰지.

3. Some easily spoiled drugs / do require refrigeration, / but these should be labeled / as well.
몇몇의 쉽게 손상되는 약들은 / 냉장을 분명 필요로 하다 / 하지만 이러한 것들은 라벨이 붙여져 있어야 한다 / 또한

⇒ 쉽게 상하는 몇몇의 약들은 냉장을 분명 필요로 하지만, 이러한 것들은 또한 라벨이 붙여져 있어야 한다.

혼공TIP 4번과 똑같은 유형이야. 여기서도 do를 조동사로 보고 require을 강조해 주는 역할로 보는 게 맞겠지?

4. Everything / does happen / for a reason, / which is to say / that events have causes.
모든 것은 / 정말로 발생한다 / 한 이유 때문에 / 그것은 말하자면 / 사건들은 원인들이 있다는 것이다

⇒ 모든 일은 이유가 있기에 정말로 발생하는데, 이 말은 즉 모든 사건들에는 원인이 있다는 것이다.

혼공TIP 먼저 강조의 조동사 does가 쓰였어. 그리고 계속적 관계대명사가 쓰였는데 여기서 which는 앞의 reason을 꾸며주는 게 아니라 앞 문장 전체의 사실 즉, '모든 것은 이유가 있어서 발생한다'는 전체를 받고 있어. 바로 앞의 명사를 이어 받기도 하지만, 이렇게 전체를 이야기 하는 경우도 있으니 계속적 용법은 아주 잘 파악해야 해. 여기서 고수와 중수의 실력 차가 확연히 나게 되지.

5. In some cases, / fish / exposed to these chemicals / do indeed appear / to hide.
일부 경우에는 / 물고기는 / 이러한 화학물질에 노출된 / 정말 실제로 보인다 / 숨는 것으로

⇒ 일부 경우에는 이 화학물질에 노출된 물고기가 실제로 숨는 것으로 보인다.

혼공TIP exposed를 본동사로 착각하기 쉬운 문장이야. exposed ~ chemicals는 뒤에서 fish를 꾸며주는 수식어구야. do는 appear라는 동사를 강조하기 위한 조동사로 쓰였고, 「appear + to 부정사」는 '~하는 것처럼 보인다'야. 여기서 appear를 '나타나다'라고 해석하면 안 돼.

6. Not only will students be unwilling / to follow such schedules, / it is undesirable / for humans / to attempt such strict arrangements.
학생들은 내키지 않아 할 뿐만 아니라 / 이런 일정을 따르는 것을 / 바람직하지 않다 / 인간이 / 그렇게 세밀한 계획을 시도하는 것은

⇒ 학생들은 이런 일정을 따르는 것을 내키지 않아 할 뿐만 아니라, 인간이 그렇게 세밀한 계획을 시도하는 것은 바람직하지 않다.

혼공TIP 문법적으로 보면 not only라는 부사구가 문두에 나와 버려서 조동사가 주어 앞으로 나오게 됐어. 뒤의 it으로 시작하는 문장은 undesirable이라는 형용사 뒤에 「for + 목적격」으로 '의미상의 주어'를 나타낸 거야. 교재 앞에서 배운 내용과 연결시킬 수 있어야 해.

7. Not only does science fiction help students / see scientific principles / in action,
과학 소설이 학생들을 도울 뿐 아니라 / 과학적 원리들을 볼 수 있도록 / 실제로

/ but it also builds / their critical thinking / and creative skills.
그것은 또한 기른다 / 그들의 비판적 사고 / 그리고 창의적 기술들을

⇒ 공상 과학 소설은 학생들이 과학적 원리들이 실제로 쓰이는 것을 볼 수 있도록 도움을 줄 뿐만 아니라 또한 학생들의 비판적 사고와 창의적 기술을 길러준다.

혼공TIP not only A but also B 구문이야. 다만 앞의 not only를 문두로 옮기면서 「does + S + V」 어순이 되었어. 「help + 목적어 + (to) 동사원형」의 구조도 알아둬. 목적격보어로 to help 또는 help 둘 다 가능해.

4단계 빈칸 요리하기

p.192

1. (p)rovince, (l)ives **2.** (s)poiled, (l)abeled **3.** (d)oes, (e)vents, (c)auses
4. (o)nly, (u)nwilling, (u)ndesirable **5.** (d)oes, (p)rinciples, (b)uilds

5단계 수능 요리하기

p.193

A. It wasn't the music that he ever imagined playing.

❶ It wasn't the music that he ever imagined playing.
→ 그 음악이 아니었다

❷ It wasn't the music that he ever imagined playing.
→ 그가 상상했던 것은 그 음악이 아니었다

❸ It wasn't the music that he ever imagined playing.
→ 그가 연주하리라고 상상했던 것은 그 음악이 아니었다.

혼공TIP It wasn't the music / that he ever imagined / playing.
그 음악이 아니었다 / 그가 상상했던 것은 / 연주하리라고

B. So imprudent are we that we wander about in times that are not ours.

❶ So imprudent are we that we wander about in times that are not ours.
→ 우리는 너무나 경솔하다

❷ So imprudent are we that we wander about in times that are not ours.
→ 우리는 너무나 경솔해서 시간 속에서 여기저기를 방황한다

❸ So imprudent are we that we wander about in times that are not ours.
→ 우리는 너무나 경솔해서 우리의 것이 아닌 시간 속에서 여기저기를 방황한다.

혼공TIP So imprudent are we / that we wander about in times / that are not ours.
우리는 너무나 경솔하다 / 그래서 우리는 시간 속에서 여기저기를 방황한다 / 우리의 것이 아닌

혼공 MEMO

혼공 MEMO

혼공
구문독해
기본(순한맛)